新的备课 备新的课

指向语文要素的整体教材研读

唱晓旭 李宁 王颖 ◎ 主编

燕山大学出版社
·秦皇岛·

图书在版编目（CIP）数据

新的备课·备新的课：指向语文要素的整体教材研读／唱晓旭，李宁，王颖主编．—秦皇岛：燕山大学出版社，2023.9

ISBN 978-7-5761-0460-8

Ⅰ．①新… Ⅱ．①唱… ②李… ①王… Ⅲ．①小学语文课－教学研究 Ⅳ．① G623.202

中国版本图书馆 CIP 数据核字（2022）第 258173 号

新的备课·备新的课
——指向语文要素的整体教材研读

XIN DE BEIKE•BEI XIN DE KE:ZHIXIANG YUWEN YAOSU DE ZHENGTI JIAOCAI YANDU

唱晓旭 李　宁 王　颖 主编

出 版 人：陈　玉				
责任编辑：张岳洪			策划编辑：裴立超	
责任印制：吴　波			封面设计：吴　波	
出版发行：燕山大学出版社			电　　话：0335-8387555	
地　　址：河北省秦皇岛市河北大街西段 438 号			邮政编码：066004	
印　　刷：秦皇岛墨缘彩印有限公司			经　　销：全国新华书店	
开　　本：787 mm×1092 mm　1/16			印　　张：13.25	
版　　次：2023 年 9 月第 1 版			印　　次：2023 年 9 月第 1 次印刷	
书　　号：ISBN 978-7-5761-0460-8			字　　数：270 千字	
定　　价：56.00 元				

版权所有　侵权必究
如发生印刷、装订质量问题，读者可与出版社联系调换
联系电话：0335-8387718

编委会

主　编：唱晓旭　李　宁　王　颖
副主编：李　颖　邵子超　杨小光　王　珺　王雪婷
编　委：费　燕　华丽丽　高维敬　汪金悦　张　越
　　　　张栗莲　刘　铭　邸妍祺　刘亚丽　刘　倩
　　　　廉　芳　李博欣　李　蕊　王晶晶　张　驰
　　　　张艳丽　张翠月

目　录

一　统编版各年级语文教材研读

统编版小学语文一年级上册教材研读 ······ 3
统编版小学语文一年级下册教材研读 ······ 14
统编版小学语文二年级上册教材研读 ······ 25
统编版小学语文二年级下册教材研读 ······ 37
统编版小学语文三年级上册教材研读 ······ 47
统编版小学语文三年级下册教材研读 ······ 57
统编版小学语文四年级上册教材研读 ······ 70
统编版小学语文四年级下册教材研读 ······ 81
统编版小学语文五年级上册教材研读 ······ 92
统编版小学语文五年级下册教材研读 ······ 103
统编版小学语文六年级上册教材研读 ······ 115
统编版小学语文六年级下册教材研读 ······ 129
统编版小学语文教材语文要素汇总 ······ 142

二　教学设计

《彩虹》教学设计 ······ 151
《动物儿歌》教学设计 ······ 155
《狐假虎威》教学设计 ······ 159
《狐假虎威》教学设计 ······ 163
《揠苗助长》教学设计 ······ 169
《手术台就是阵地》教学设计 ······ 173
《昆虫备忘录》教学设计 ······ 178

《盘古开天地》教学设计 ……………………………………………………181
《芙蓉楼送辛渐》教学设计 ………………………………………………186
《山居秋暝》教学设计 ……………………………………………………189
《军神》教学设计 …………………………………………………………193
《伯牙鼓琴》教学设计 ……………………………………………………197
《家乡的风俗》教学设计 …………………………………………………202

一

统编版各年级语文教材研读

统编版小学语文一年级上册教材研读

王珺　费燕

一、教材整体结构研读

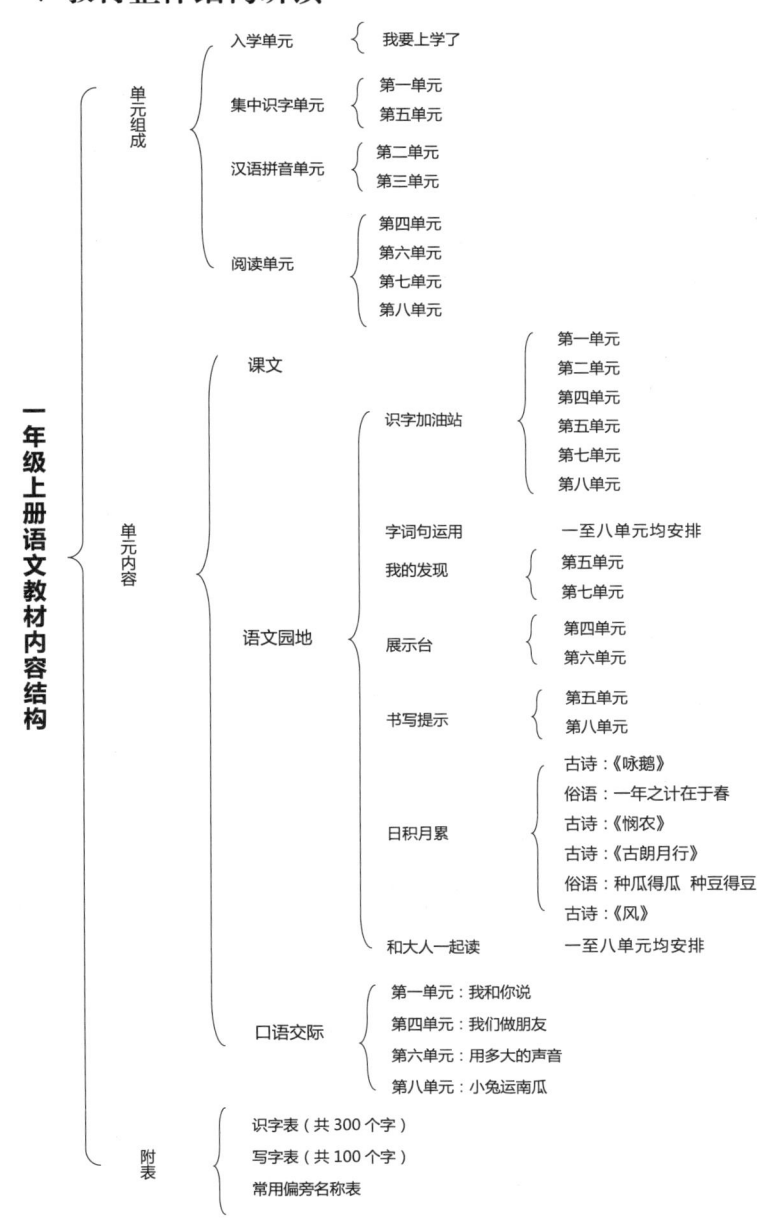

一年级上册语文教材内容结构
- 单元组成
  - 入学单元：我要上学了
  - 集中识字单元：第一单元、第五单元
  - 汉语拼音单元：第二单元、第三单元
  - 阅读单元：第四单元、第六单元、第七单元、第八单元
- 单元内容
  - 课文
  - 语文园地
    - 识字加油站：第一单元、第二单元、第四单元、第五单元、第七单元、第八单元
    - 字词句运用：一至八单元均安排
    - 我的发现：第五单元、第七单元
    - 展示台：第四单元、第六单元
    - 书写提示：第五单元、第八单元
    - 日积月累：
      - 古诗：《咏鹅》
      - 俗语：一年之计在于春
      - 古诗：《悯农》
      - 古诗：《古朗月行》
      - 俗语：种瓜得瓜 种豆得豆
      - 古诗：《风》
    - 和大人一起读：一至八单元均安排
  - 口语交际
    - 第一单元：我和你说
    - 第四单元：我们做朋友
    - 第六单元：用多大的声音
    - 第八单元：小兔运南瓜
- 附表
  - 识字表（共300个字）
  - 写字表（共100个字）
  - 常用偏旁名称表

二、单元人文主题研读

一年级上册第一单元、第五单元为集中识字单元，第二单元、第三单元为拼音单元，其他四个单元为阅读单元。按照统编版小学语文教材人文主题分类，可将这四个单元分为两类：

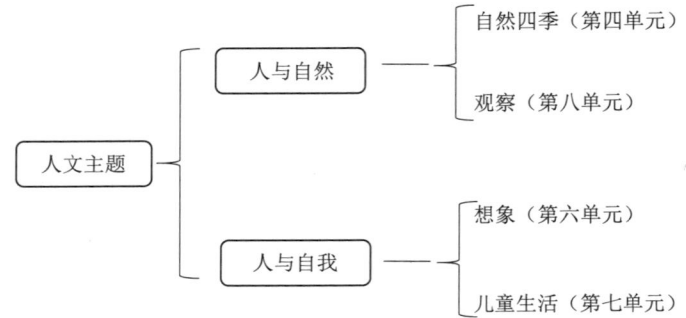

```
                    ┌─ 人与自然 ─┬─ 自然四季（第四单元）
                    │           └─ 观察（第八单元）
        人文主题 ───┤
                    │           ┌─ 想象（第六单元）
                    └─ 人与自我 ┴─ 儿童生活（第七单元）
```

第四单元和第八单元分属人与自然类。本册人与自然要求学生在学习观察自然之美的同时感受作者对自然万物的热爱。比如在《四季》中用修辞手法排比句式，通过生活中常见的草芽、荷叶、谷穗、雪人来感受四季的变换和大自然的神奇。

统编版教材中主要关注到现下学生内心成长过程，涉及学生理想意志、行为能力、思维情绪。低年级儿童的内心世界善良柔软又夹杂矛盾。在学习课文过程中，对于即将出现的问题，教师要给予暗示和解决。比如第七单元《大还是小》一课，就是要带领学生认知成长，潜移默化地使学生懂得"变大"不仅意味着身体的长大，还意味着会成为独立的人，有自己的性格特点，能做到自己的事自己做主。

三、整本书语文要素研读

教材	单元	人文主题	语文要素
一年级上册	我要上学了	角色转换，适应新环境	接触基本的语文学习活动，产生学习兴趣。
	第一单元	识字单元	在有趣的情景中认识象形字，感受汉语的音韵特点。
	第二单元	拼音单元	认读韵母、声母，整体认读音节，准确拼读音节。
	第三单元	拼音单元	认读复韵母、鼻韵母，整体认读音节，准确拼读音节。
	第四单元	自然四季	正确、流利地朗读课文。
	第五单元	识字单元	初步认识会意字、形声字，了解汉字偏旁表义的构字规律。
	第六单元	想象	把课文读正确、读通顺，初步建立句子的概念。
	第七单元	儿童生活	联系生活实际，理解课文内容，合理搭配"的"字词语。
	第八单元	观察	寻找明显信息，借助图画阅读课文。

（一）本册教材语文要素之间的联系

统编教材出现了双线并存结构，除了人文主题还有语文要素，在教什么、学什么方面有了非常清晰的目标。一年级上册语文要素大致分为表达和阅读两个方面。随课文安排的语文要素有"读准字音""朗读时注意停顿""认识逗号和句号""认识自然段""获取文中的信息"等，它们都有机渗透在课后练习中。一、五单元以认读生字，积累词语，读准课文为主要目的。六、七、八单元建立句子概念，要求学生在学会准确表达的同时借助图片理解基本的课文内容。

(二) 相关语文要素的联系

1."识字"的编排

一年级上册要求识字300个，除了在集中识字单元有安排以外，还安排在以下几部分：

《小学教学大纲》要求低年级识字要读准字音、认清字形、掌握字义和正确书写文字。一年级上册识字遵循学生学习规律，要求会认的字都是高频率出现在生活中的。构字类型多以字形简单的组合字或构字较为容易的独体字为主，主要以激发兴趣、培养识字方法、夯实基础为原则，为一年级下册自主识字以及二年级大量识字作铺垫。

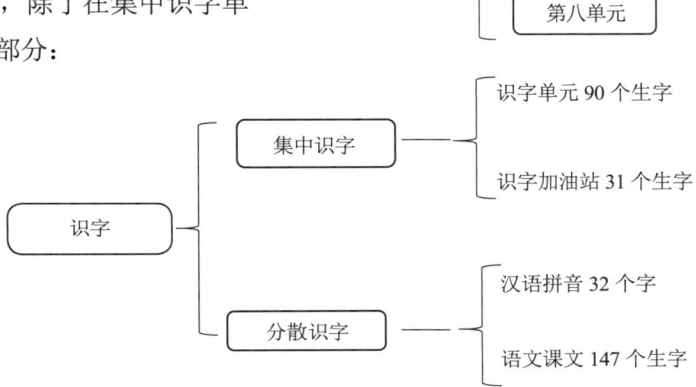

```
认读生字，积累词语，读准课文内容 ─┬─ 第一单元
                              └─ 第五单元

建立句子概念 ─┬─ 第六单元
            ├─ 第七单元
            └─ 第八单元

识字 ─┬─ 集中识字 ─┬─ 识字单元 90 个生字
     │           └─ 识字加油站 31 个生字
     └─ 分散识字 ─┬─ 汉语拼音 32 个字
                 └─ 语文课文 147 个生字
```

一年级的随文识字将文字嵌入文段中，是利用汉字特点进行识字教学的一种，强化随文正音，增强学生学习的积极性，要求听说读写并驾齐驱。随文识字从文入手，由音到字到词再到语句，一改传统枯燥的识字教学，以插图、古诗、歌谣、短小童话等形式，激发学生阅读兴趣，保证学生能主动参与到具体语言环境中，在反复接触、实践中通过阅读再次理解字形、字音、字意，这样能够有效提高学生学习生字的质量，调动学生多方面感观。在认读生字的过程中还要加强学生书写，注意笔画在田字格里的位置和笔顺。

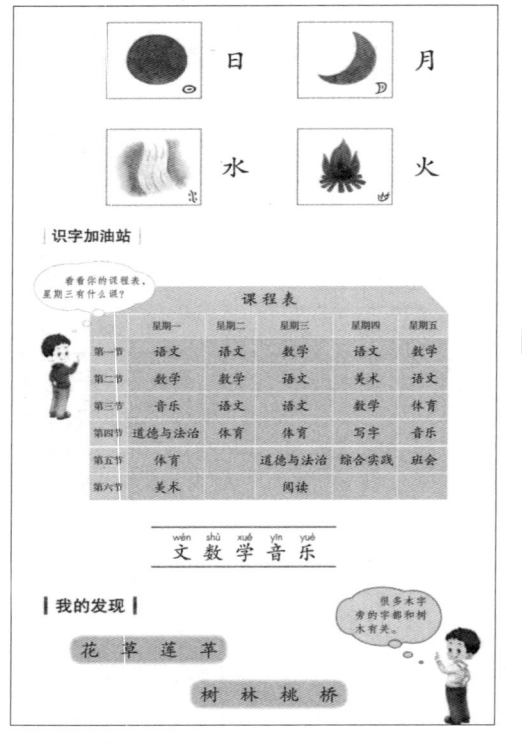

新的备课·备新的课
指向语文要素的整体教材研读

> 集中识字：真正体现统编教材"守正出新""蒙以养正"的新理念。一年级上册《天地人》《金木水火土》，一年级下册《姓氏歌》等都渗透了中国汉字文化的博大精深，展现了传统文化底蕴。
>
> 对于刚上学的小学生来说，拼音识字难度最大。所以教材中还一次次穿插了字理识字、象形识字、分类识字、归类识字等，汉字构字规律与插图结合，在识字过程中揭示汉字构字结构，感受表意文字的突出特点。同时泡泡提示又将识字方法进行迁移，加强同一类型汉字的学习，提高识字效率。

> 另一种"玩中学"，展示课堂内外的学习成果，鼓励学生掌握多种方法识字。引导学生在生活中有效识字，旨在提高发散思维、培养能力，也是学生相互学习交流的平台。

2. "读音"的编排

在学习新知识的同时，旧的知识同样要温故知新。

> 课文《秋天》课后题中读好多音字"一"是承接了二、三单元的读准汉语拼音，在课堂教学中，旨在让学生倾听、练习、模仿阅读并掌握。

> **字词句运用**
>
> 😊 读一读，读准字音。
>
> 你们　家里　男生　蓝色
> 上山　三年　写字　报纸
>
> 😊 朗读课文，读准字音。

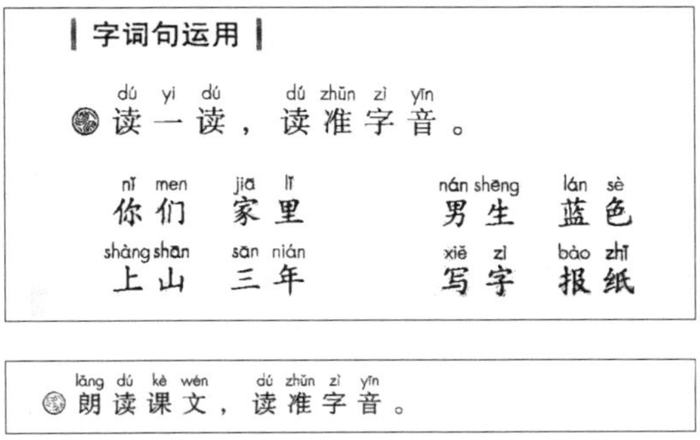

⇨ 语文园地中要求读准字音，课后题要求朗读课文，除了在阅读的过程中要求做到姿势正确外，还要做到熟读、读准、读清字音，不填字，不丢字漏字，读准儿化音，同时看准逗号、句号、感叹号等标点符号，最终达到积累背诵的要求。

3."表达"的编排

一年级的课文篇幅多短小精悍，语言简单明了，充满童真与趣味性。儿歌更是句式整齐押韵，读起来朗朗上口，孩子也积累了词句。

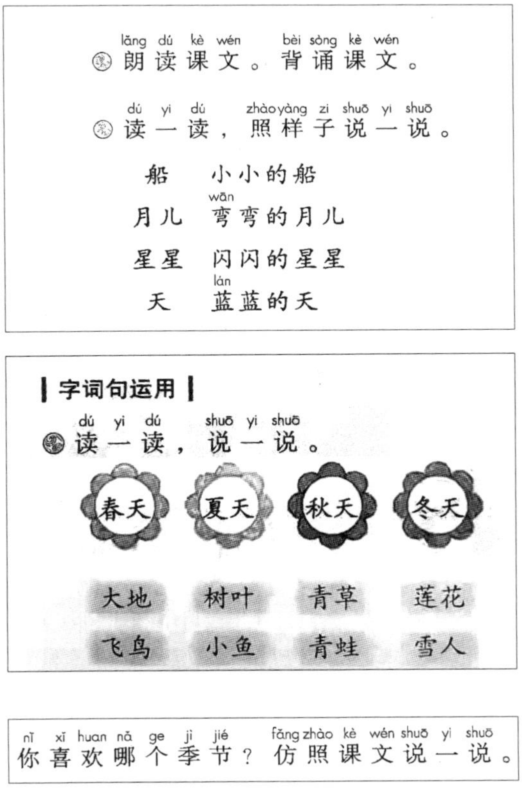

> 😊 朗读课文。背诵课文。
>
> 😊 读一读，照样子说一说。
>
> 船　　小小的船
> 月儿　弯弯的月儿
> 星星　闪闪的星星
> 天　　蓝蓝的天

> **字词句运用**
>
> 😊 读一读，说一说。
>
> 春天　夏天　秋天　冬天
>
> 大地　树叶　青草　莲花
> 飞鸟　小鱼　青蛙　雪人
>
> 你喜欢哪个季节？仿照课文说一说。

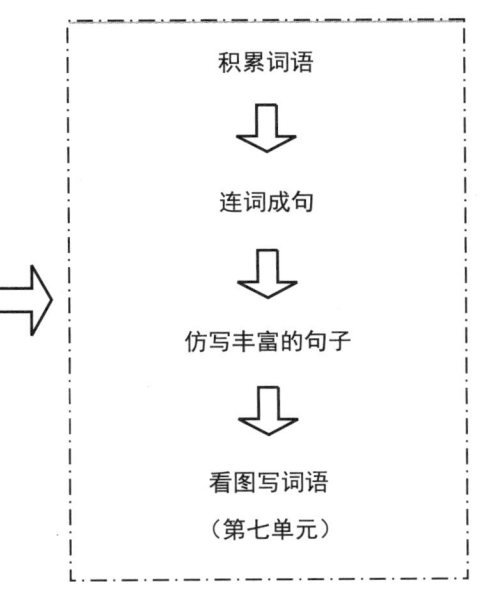

⇨ 积累词语 ⇨ 连词成句 ⇨ 仿写丰富的句子 ⇨ 看图写词语（第七单元）

4. "阅读"的编排

单元	课文	与复述相关的练习	作用
第六单元	《影子》	你的前后左右都是谁？	在生活环境中认识词语，并巩固"说完整的一句话"，体会想象带来的趣味性。
	《比尾巴》	照样子做问答游戏。	
	《青蛙写诗》	说一说青蛙写诗的时候谁来帮忙了。	
	日积月累	古诗背诵《古朗月行》。	对具体事物展开想象。

> 以"想象"为主题，重视学生积累，用拟人的手法让学生产生丰富的想象力，随着作者去感受想象的神奇，为二年级展开想象奠定基础。

单元	课文	相关练习	作用
第七单元	《明天要远足》	你有过这样的心情吗？	联系生活实际或经验理解课文内容，并思考问题。初步尝试通过找出课文中的明显信息解决相应的问题，要求学生能够组织好自己的语言。
	《大还是小》	什么时候觉得自己很大？什么时候觉得自己很小？	
	《项链》	说一说：大海的项链是什么？	

◎ 朗读课文。说一说青蛙写诗的时候谁来帮忙了。

◎ 雪地里来了哪些小画家？他们画了什么？

◎ 说一说乌鸦是用什么办法喝着水的。

> 第八单元继续延用第六单元"初步寻找课文中的明显信息并解决问题"的方法，体现了统编教材对于语文要素的过渡性和提升性。

另外，教材中首次出现了一篇没有全文注音的课文，要求学生利用课文中的连环插图来读懂课文内容，并猜一猜不认识的生字。语文教学本是依托插图而生的，一年级上册的插图教学涉及拼音、识字、积累词语等方面，有利于学生在展开丰富想象的同时更容易理解课文内容，并为一年级下册的理解词语，二年级的理解词句意思打下坚实的基础。

四、单元语文要素研读

统编版语文教材采用双线结构组织单元内容，每个单元以一个宽泛的人文主题将课文组织在一起，同时又将学生必备的语文知识、语文能力、学习方法习惯及语文要素，分成若干个知识能力训练点，分布在每册教材各个单元的教学之中。

下面以一年级上册第一单元为依托，对单元的语文要素进行研读。

（一）围绕语文要素的单元整体研读

统编版教材一年级并没有单元导语页，不像高年级的语文要素可以在单元导语页中清晰明了地得到，所以一年级的语文要素就需要教师在课后习题中进行总结。第一单元是集中识字单元，语文要素为在有趣的情境中认识象形字，感受汉语的音韵特点。本单元以丰富多彩的识字形式，激发初入学儿童学习汉字的兴趣。

本单元作为第一个集中识字单元，文化内涵丰富，传统意味浓郁。本单元渗透了韵语识字、看图识字、象形字识字、对对子识字等多种识字方法，让学生在有趣的情境中走进语文，乐于识字。

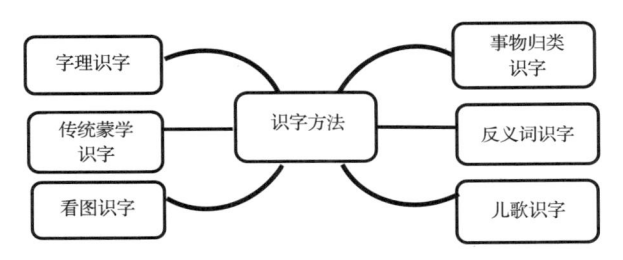

本单元以"天地人，你我他"作为第一课，渗透中华传统文化"天人合一"的思想，蕴含着人与自然、人与人之间和谐相处的理念。后面的几课《金木水火土》《口耳目》《日月水火》《对韵歌》也都围绕人与自然的主题，营造出和谐的氛围。

（二）围绕语文要素的"坐标"研读

1. 语文要素的横向勾连

以第六单元为例，本单元围绕"想象"这个主题编排了《影子》《比尾巴》《青蛙写诗》《雨点儿》4篇课文。这些课文以儿童的视角，对自然界和生活中的一些现象进行了生动的描摹，充满儿童情趣，能激发学生对自然、对生活的热爱。

按结构进行汉字分类，"巩固方位词"是本单元的识字写字训练要素。通过细细观察课文生字，会发现虽然上下结构、左右结构的字在课文中都有体现，但真正介绍这一概念则是在语文园地。所以承载"按结构进行汉字分类"这一识字重点目标的是语文园地，承载"巩固方位词"这一识字重点目标的是《影子》、语文园地。

"按结构进行汉字分类"是本单元重要的训练点。通过观察和思考，引导学生将汉字正确分类；通过创设情景，加深学生对上下结构和左右结构汉字的印象。从本单元的认识汉字并观察其结构特点，到了解汉字偏旁表义的规律，再到明白笔顺规则，一点一

滴，循序渐进，从而使学生能在田字格中正确、规范、美观地书写汉字，在潜移默化中习得汉字结构，明了构字规律。

"巩固方位词"是本单元另一个识字训练重点。通过观察课文插图，从直观上了解"前、后、左、右"这4个字所表示的位置，然后让学生联系实际进一步认识这4个字，并说一说自己的前后左右都是谁，通过这些实践活动来理解字义。语文园地中则利用一首儿歌对方位词进一步复习巩固，还可以根据课文插图和生活经验来理解方位词，在学习实践中巩固方位词，根据不同的文本来选择合适的学习方法。

"把课文读正确、读通顺，读好疑问句和陈述句，根据角色进行朗读"是本单元的阅读训练要素。那么，是不是单元内的每一篇文章都要用来落实这两个训练要素呢？只要认真仔细阅读课文，就会发现，答案是否定的。两篇课文、一篇儿歌、一篇儿童诗，四者体裁不一，形式不同，因此所承载的训练要素也略有偏差。当然"把课文读正确、读通顺"是我们本学期阅读训练的重点，也是衡量学生阅读水平的尺度，四篇课文全部涉及，但承载"读好疑问句和陈述句"这一阅读重点目标的，是《比尾巴》；承载"根据角色进行朗读"这一阅读重点目标的，是《青蛙写诗》和《雨点儿》。

2. 语文要素的纵向发展

（1）教材有关"想象"的编排

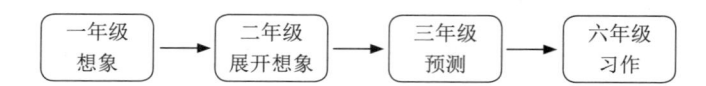

一年级想象 → 二年级展开想象 → 三年级预测 → 六年级习作

（2）教材有关阅读的编排

"把课文读正确、读通顺，读好关键句式"，模仿理解能力的培养是低年级重要的能力训练点。一年级重在"读正确、读通顺"，这样的目标在一年级各单元中的分布如下所示：

教材	单元	阅读训练要素
一年级上册	第四单元	运用普通话，把课文读正确、读通顺。
一年级下册	第二单元	根据句子的节奏，把语句读正确、读通顺。
	第四单元	正确朗读古诗，读好长句子和停顿。
	第六单元	正确朗读问句和感叹句。
	第七单元	正确朗读疑问句和祈使句。

对低年级学生来说，阅读训练目标是先把课文读正确、读通顺，再把课文读懂。根据上表所示，在不同阶段学生训练的重点不同，即使在同一阶段，不同单元的侧重点也是有区别的，编者根据学生身心发展规律，循序渐进，在不断强化的基础上提出更高层

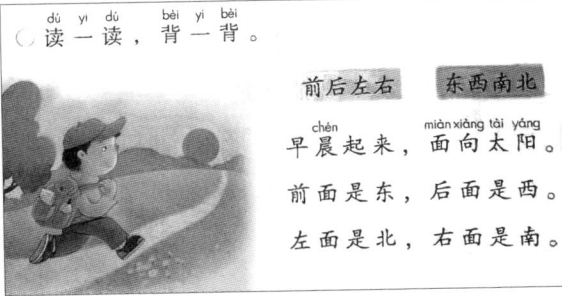

次的要求。

3. 以课后题为依托，落实语文要素

单元训练点的落实主要体现在课后题的编排上，了解课后题的编排目的、训练梯度，有助于教师有效地开展教学活动。接下来以本册第六单元的课后题编排为例，进行简要的分析，看看在一个单元中，课后题是怎样体现训练点的落实的，它们之间又有着怎样的训练梯度。

（1）同一课内语文训练点落实的梯度

第六单元围绕"把课文读正确、读通顺，初步建立句子的概念"这一语文要素，编排了4篇课文，分别是《影子》《比尾巴》《青蛙写诗》和《雨点儿》。接下来以第八课为例，进行分析。

第八课《雨点儿》内容浅显易懂，用拟人的手法展开想象。

课后习题一：要求学生分角色朗读课文。这是小学阶段重要的阅读形式，有助于学生领悟独特的语言魅力，加强学生学习的"趣与乐"。另外在前面的学习中学习了标点符号，在阅读的过程中进一步落实标点阅读，为文章附加了更生动的情感。

课后题第二题也是对朗读的训练，在习题一的基础之上，要求学生注意读好停顿。这也是对前面标点符号学习的巩固。

由此可见，同一课文中语文要素的训练也是分层次的。从简单地分角色朗读，到指定的句子要读好停顿，这是要求学生对标点的停顿时间有所掌握。第八课是这样，其他的课文也是如此。

（2）单元课文之间语文训练点落实的梯度

①认识方位

第六单元课文《影子》旨在帮助学生认识方位词语。课后问题：你的前后左右都是谁？让学生通过身边同学认知方位。泡泡提示"我的前边是王红""王红在我后面"为本课教学创造一个良好的开端，在环境中认识并巩固词语，加强了学生的识字信心和成就感，让学生能够更直观地领悟。

本单元的语文园地"字词句运用"中，更是参照生活中的太阳把方位词语通过儿歌加强记忆。

②朗读背诵

第五课《影子》对于朗读的要求比较简单基础，

> 朗读课文，读准字音。

只要求学生读准字音即可。作为小学阶段的第二个课文单元，语文要素相对简单，容易完成。

第六课《比尾巴》在之前的基础上，要求学生背诵

> 朗读课文。背诵课文。

课文。《比尾巴》采用了一问一答的方式抓住动物外形特点培养学生的感知，在潜移默化中引导学生积累句式，为后面的学习做好铺垫。

到了第七课《青蛙写诗》，就要

> 朗读课文。说一说青蛙写诗的时候谁来帮忙了。

求学生边读边思考，说一说青蛙写诗的时候谁来帮忙了。三篇诗歌从"押韵"到"对话"，把握了课文学习的趣味性、生活性。《青蛙写诗》课后要求在朗读课文后，抓住谁来帮忙，简单思考，从相关内容中找出答案，并回答问题。本题为后面理解课文内容打基础。

第八课《雨点儿》对于朗读的要求更高，要求学生分角色朗读课文，并读好句子中的停顿。

> 分角色朗读课文。
> 读下面的句子，注意读好停顿。
> 　不久，有花有草的地方，花更红了，草更绿了。没有花没有草的地方，开出了红的花，长出了绿的草。

一年级的教材着重引导学生进行朗读基本功的训练：把课文读正确、读通顺；读好长句子；读好问句、感叹句、祈使句的语气；读好多个角色之间的对话。学生已经具备了分角色朗读的基本能力，在此基础上，教材对朗读提出了进一步的要求：分角色朗读，在具体的语境中体会角色的心情，读出不同的语气，带着自己的体会朗读课文。以上是对学生已经习得的朗读方法的回顾与运用，同时在无形中以"读"促进学生对课文的理解，并为二年级下学期要求学生试着有感情地朗读课文打下坚实基础。

③认识逗号、句号，建立句子概念

《青蛙写诗》一课，初次在课后习题中提出圈出逗号和句号，借助具体事物认识逗号、句号。在通读课文后会发现与《比尾巴》有异曲同工之妙，都是借助外形特点展开想象，强化学生对比喻句的学习，让学生产生丰富的想象力的同时也学习了标点符号。

在前面的学习基础上，学生了解了标点符号，第八课《雨点儿》在阅读的过程中进

一步落实标点阅读，让学生知道不同标点的停顿时间不同，为文章附加了更生动的情感。

统编教材的语文要素线索清楚，由易及难、由浅入深。教材在编写时十分尊重语文教育规律，随处可见的"识字加油站""用拼音""读准字音"，从课文到识字再到课文学习，设计合理有梯度，将语文要素穿插到各个单元中形成阅读学习的要件，使知识能力要求更加清晰，教学也更加有章可循。

统编版小学语文一年级下册教材研读

王雪婷　华丽丽

一、教材整体结构研读

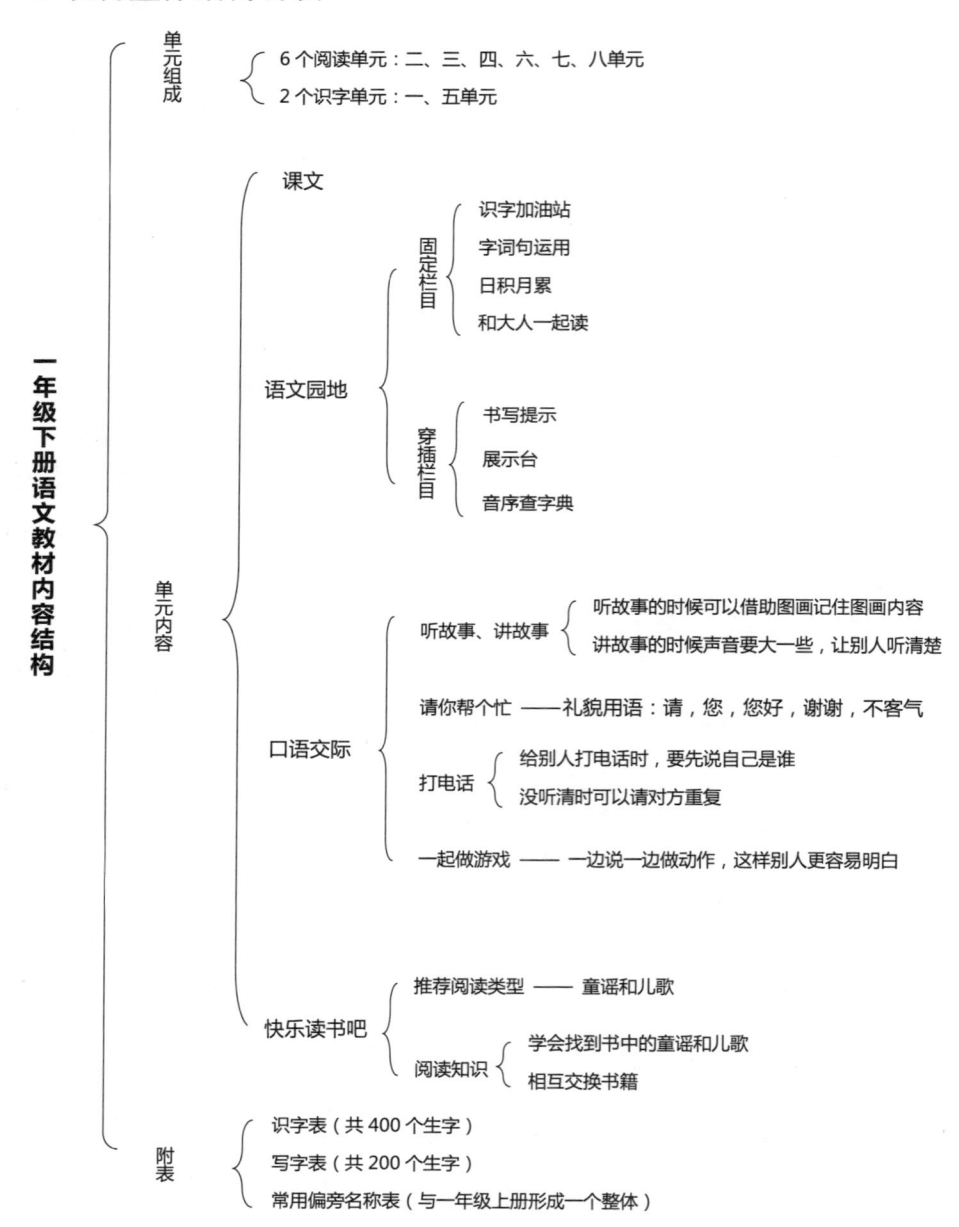

一年级下册语文教材内容结构
- 单元组成
  - 6个阅读单元：二、三、四、六、七、八单元
  - 2个识字单元：一、五单元
- 单元内容
  - 课文
  - 语文园地
    - 固定栏目
      - 识字加油站
      - 字词句运用
      - 日积月累
      - 和大人一起读
    - 穿插栏目
      - 书写提示
      - 展示台
      - 音序查字典
  - 口语交际
    - 听故事、讲故事
      - 听故事的时候可以借助图画记住图画内容
      - 讲故事的时候声音要大一些，让别人听清楚
    - 请你帮个忙——礼貌用语：请，您，您好，谢谢，不客气
    - 打电话
      - 给别人打电话时，要先说自己是谁
      - 没听清时可以请对方重复
    - 一起做游戏——一边说一边做动作，这样别人更容易明白
  - 快乐读书吧
    - 推荐阅读类型——童谣和儿歌
    - 阅读知识
      - 学会找到书中的童谣和儿歌
      - 相互交换书籍
- 附表
  - 识字表（共400个生字）
  - 写字表（共200个生字）
  - 常用偏旁名称表（与一年级上册形成一个整体）

二、单元人文主题研读

统编版教材的人文主题分为三大类：人与自然、人与社会、人与自我。

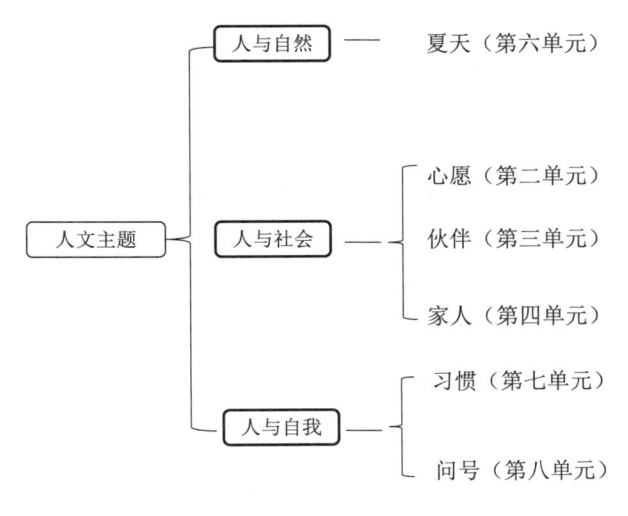

每单元都有相应的人文主题。相比于中高年级的单元导语页，一、二年级虽然没有明确写明"单元主题""单元导语"等，但是我们可以通过提炼每篇课文的主题，进而确定单元人文主题。

以第二单元为例：《吃水不忘挖井人》中通过井边石碑上的刻字"吃水不忘挖井人，时刻想念毛主席"，道出了人们对先辈的铭记与感激。《我多想去看看》写到两个孩子想去彼此家乡看看的心愿。《一个接一个》写的是孩子天真的想法，总想多玩一会、多睡一会。《四个太阳》则说的是孩子想把太阳分给四季，实现四季如春的愿望。通过总结不难发现，第二单元的课文说的都是与人们的心愿有关的内容。

```
                  ┌─ 人与自然 ── 夏天（第六单元）
                  │
                  │              ┌ 心愿（第二单元）
人文主题 ─────────┼─ 人与社会 ──┤ 伙伴（第三单元）
                  │              └ 家人（第四单元）
                  │
                  │              ┌ 习惯（第七单元）
                  └─ 人与自我 ──┤
                                 └ 问号（第八单元）
```

通过总结提炼每篇课文主题的方式，即使没有导语页也可以提炼出每单元的主题。在进行单元小结时，引导学生回忆课文内容，共同提炼单元人文主题，也起到回顾的效果。

三、整本书语文要素研读

（一）本册教材语文要素之间的联系

1. 识字

学生在一年级上册学习了象形字、会意字、形声字，在一年级下册识字不只是要求达到一定的数量，更进一步的要求是，学生要运用识字方法"主动识字、自主识字"。

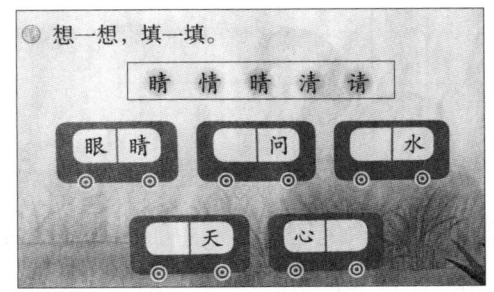

一年级下册书中出现的识字方法如下：

（1）字理识字

一年级下册主要以形声字为主要学习内容，如《小青蛙》的"青字族"，和不同的偏旁进行搭配，帮助学生理解形声字中声旁表音的特点。

《动物儿歌》中的"虫字旁",帮助学生了解形声字形旁表义的特点。"识字加油站"中的"包字族"是对课文学习知识的巩固,有助于加深理解。

蜻蜓半空展翅飞,
蝴蝶花间捉迷藏。
蚯蚓土里造宫殿,
蚂蚁地上运食粮。
蝌蚪池中游得欢,
蜘蛛房前结网忙。

(2)相同事物列举识字

操场 拔 拍 跑 踢 铃 热闹 锻炼 体

同类事物的列举,可以充分激发学生联想的能力,从而提高识字的效率,增强识字的效果。以《操场上》为例,首先列举了六项体育运动——打球、拔河、拍皮球、跳高、跑步、踢足球,其中的动词有着共同之处,"打、拔、拍"为"扌"旁,"跳、跑、踢"为"足"字旁。学生通过自己的观察,可以发现这些生字的共同之处,感受汉字的构字特点,并结合生活实际,加深对文字的记忆。

(3)传统文化识字

《三字经》、对韵歌。安排此类文章,除了学习生字外,还能帮助学生在低年级初步感受优秀的中华传统文化,为提高学生修养打下基础。

每一单元语文园地中的"识字加油站"都为学生提供了不同的识字场景,帮助学生结合生活实际进行理解,实际上也是鼓励学生在生活中进行识字。比如,从其他学科的课本中识字,从街道上的店名中识字。这不仅可以帮助学生完成课堂内的任务,还可以突破课本的局限,让学生积累更多的生字。

2. 写字

低年级培养学生写字能力以及良好书写习惯是重点。一年级掌握汉字的基本笔画和常用的汉字部首，能按笔顺规则写字。笔顺在一定程度上决定着书写速度和字形的美观与否。二年级开始注意间架结构，初步感受汉字的形体美，努力养成良好的写字习惯，写字姿势正确，书写规范、端正、整洁。语文园地中设置了"书写提示"栏目，提示书写规则。

书写提示	
写字姿势 （坐、执笔）	写字时要做到头正、肩平、足安。胸离桌边一拳，眼离书本一尺，手离笔尖一寸。顺口溜：一拳、一尺、一寸。 握笔方法：一指二指捏着，三指四指托着，笔尖向前斜着，笔杆向后躺。
重视方法指导 提升写字能力	本册教材要求书写的汉字中，既有独体字，也有合体字，并且合体字占了大部分比例。在学生书写汉字之前，认真观察汉字在田字格中的位置尤其重要，也是学生能够把字写规范、写端正，把结构写匀称的前提。因此，在教学中要引导学生认真观察，学会观察。
重视书写后的反馈、评价	观察汉字的过程，是欣赏汉字美的过程。对照范字进行评价，是帮助学生不断追求美的过程。评价的方式可以是全班评、同伴互评、学生自评等等。

教材	单元	书写提示内容
一年级上册	金木水火土	认识田字格的横中线、竖中线。写字时要注意笔画在田字格中的位置。
	语文园地一	写字时注意坐端正，握好笔。 笔顺规则：从上到下，先横后竖。
	语文园地五	笔顺规则：从左到右，先撇后捺。
	语文园地七	字词句运用：比一比，写一写。
	语文园地八	笔顺规则：先中间后两边，先外后内。
一年级下册	语文园地一	笔顺规则：先外后内再封口。
	语文园地四	笔顺规则：点在正上方或左上方，先写点。点在右上方，后写点。
	语文园地七	笔顺规则：左上包围和右上包围的字先外后内。

基本笔顺规则	
例字	书写规则
人、八	先撇后捺
十、干	先横后竖
三、六	从上到下
双、羽	从左到右
小、水	先中间后两边
闭、风	先外后内
国、日	先外后内再封口

在一年级上册的书写活动中，学生对书写笔顺以及规则有了初步的认知。在此基础上，一年级下册的书写教学，要逐步引导学生对笔顺规则的总结。

3. 阅读

第二单元的阅读要素为"找出明显信息，培养阅读能力"。在读完课文后，学生要根据提问找到文中的明显信息，这是对学生阅读能力的初步培养。实际上是培养学生在阅读后对故事内容有大致的记忆，并可以进行定位，在故事中找到明显的信息点进行回答。《吃水不忘挖井人》分为三个自然段，学生阅读后，能在第一自然段找到故事发生的"时间、地点"，在第二自然段找到"挖井"的原因。通过以上形式的练习，进行"找出明显信息"的语文要素训练。

4. 朗读

一年级课文多为故事，文中的角色较丰富，适合学生进行"分角色朗读"。多名同学分工，合作朗读，体会不同的人物对话。在第八单元，朗读要素为"读好多个角色对话"，从多人合作朗读变为一人读出多个角色。

相比于一年级上册的课文，一年级下册的部分课文长度有所增加，部分句子结构较为复杂。在面对长句子时，要教学生"如何读好长句子"，在断句和停连上要进行分析。逗号短停，句号长停。要在课上给学生充分练习的时间，让课堂充满琅琅书声。

随着学生对课文的逐步学习，对标点符号也有了一定的了解，在第六、七单元，针对以不同标点符号结尾的句子进行朗读训练，包括"读好感叹句、问句，读好疑问句和祈使句语气"。丰富朗读语音语调，为二年级"试着有感情地朗读课文"打好基础。

（二）本年级教材相关语文要素的联系

1. 关于识字

教材	单元	阅读训练要素
一年级上册	第一单元	在有趣的情境中认识象形字，感受汉语的音韵特点。
	第五单元	初步认识会意字、形声字，了解汉字偏旁表意的构字规律。
一年级下册	第一单元	自主识字，主动识字。
	第五单元	学习运用形声字的构字规律识字。
二年级上册	第二单元	自主识字，自主阅读。

统编版教材关于识字的编排，遵循儿童学习语文的规律。首先，要求认的字都是出现频率高的生活口语常用字。一年级的识字单元，重在渗透汉字文化，激发识字兴趣。其次，识字的顺序符合汉字常用的造字法：象形字是最原始的造字方法，多为独体字；会意字是根据独体字的含义组合成的一个新汉字；形声字是使用频率最高的造字法，在汉字中占有相当大的比例。教学时可以进行必要的字形分析，重在引导学生发现汉字规律，运用形声字形旁表义、声旁表音的特点归类识字，逐步发展学生的识字能力。有些汉字适合渗透字理识字，可以引导学生了解这些字的演变过程，以帮助学生更深刻地理

解汉字。

二年级上册遵循"认写分开，多认少写"的原则，科学安排识字、写字的顺序。识字采取分散识字和集中识字相结合的方式，既随文识字，又通过专门的识字课以及语文园地中专设的栏目"识字加油站"进行集中识字。识字的形式多种多样，有韵语识字、字理识字、事物归类识字、生活识字、查字典识字，内容也丰富多彩，能使学生受到各方面的熏陶感染。这就能更好地辅助孩子运用已经掌握的识字方法自主识字，进而实现自主阅读。

值得注意的是，识字教学的编排大力倡导在生活中识字，在有趣的情境中识字，尤其是"识字加油站"及课后题的相关设计，体现了生活中处处可以识字的理念。

2.关于理解词句

教材	单元	阅读训练要素
一年级上册	第七单元	联系生活实际，理解课文内容，合理搭配"的"字词语。
一年级下册	第三单元	联系上下文了解词语意思，语句的积累运用，分角色朗读对话。
	第四单元	读好长句子，积累词语和古诗，根据信息作简单推断并联系生活实际进行表达。
	第六单元	联系生活实际了解词语的意思，仿说仿写句子，读好问句和感叹句。
二年级上册	第一单元	积累并运用表示动作的词语。
	第四单元	联系上下文，了解词句意思。

统编版教材词句教学贯穿语文学习的始终，致力于提高学生的语言理解和运用能力，在重视积累的同时强化运用，体现语文学习的综合性和实践性。教学时引导学生在真实的生活情境中学习语文、运用语文。注重调动学生已有的生活经验，并指导他们将语文学习成果运用于生活，不断丰富自己的生活经验。

一年级上册教学重点是引导学生联系生活实际，侧重学习偏正短语的合理搭配，从中体会合理的搭配可以使语言表达更加具体、生动。

一年级下册强调联系上下文和结合生活实际了解词语的意思，在教材中多以泡泡的形式提出来，引导学生迁移学习方法，将学到的方法贯穿于课文的学习中。在了解词语意思基础上，注重积累运用，比如意思相对的词语、AABB结构的词语和动宾短语等，培养归类意识。

二年级上册学习重点是积累并运用表示动作的词语。课文中的动词用得准，用得巧，能够增强表达效果。在语文园地"字词句运用"中，感受这些动词给人带来的真实感、生动感，并通过用动词说句子，把阅读中学到的词语与日常生活情境建立联系，在运用中发散思维、提高语言能力。"联系上下文，了解词句的意思"是对一年级下册"联系上下文，了解词语的意思"这一训练点的巩固与提升。

教科书关于理解词语的编排不局限于课文，还通过课后题和语文园地的"字词句运用"栏目，安排了相应的词句练习，不断丰富学生的语言积累，提高学生对语言的感悟、理解能力，并学习运用规范的语言进行表达。

3. 关于朗读

教材	单元	阅读训练要素
一年级上册	第四单元	正确、流利地朗读课文。
	第六单元	把课文读正确、读通顺，初步建立句子的概念。
	第八单元	寻找明显信息，借助图画阅读课文。
一年级下册	第二单元	找出明显信息，培养阅读理解能力。
	第三单元	联系上下文了解词语意思，语句的积累运用，分角色朗读对话。
	第四单元	读好长句子，积累词语和古诗，根据信息作简单推断并联系生活实际进行表达。
	第六单元	联系生活实际了解词语的意思，仿说仿写句子，读好问句和感叹句。
	第七单元	根据信息作简单推断，读好疑问句和祈使句的语气。
	第八单元	借助图画阅读课文，读好多个角色的对话。
二年级上册	第三单元	读课文说出自己的感受和想法。
	第五单元	初步体会课文讲述的道理。
	第六单元	借助词句，了解课文内容。
	第七单元	展开想象，获得初步的情感体验。
	第八单元	借助提示，复述课文。

统编版教材十分重视朗读教学，不同年级的朗读要求也是分梯度的。一年级侧重引导学生把课文读正确，读流利。一年级上册要求能读懂字音，读通课文，建立句子的概念，能根据语义作恰当的停顿，并能借助图画阅读课文。在此基础上，继续学习读好词语和句子的节奏，尤其是长句子，注意不要连读、唱读、读破句。一年级下册要求分角色朗读，读出不同角色的说话语气，在具体的语境中体会角色的心情，读出儿童文学的情趣，能读好疑问句和祈使句的语气，带着自己的体会朗读课文。有了一年级的朗读教学做铺垫，二年级的朗读教学便有了进一步要求：不局限于读正确，读流利，还要能说出自己的感受和想法，能初步体会课文讲述的道理，甚至可以借助提示，复述课文，并让学生尝试默读。

四、单元语文要素的研读

（一）围绕语文要素的单元整体研读

语文要素的训练不是一蹴而就的，它体现在每一课的教学当中。以第八单元为例进行分析。

本单元共编排了3篇课文：《棉花姑娘》《咕咚》《小壁虎借尾巴》。

编排了两个语文要素：借助图画阅读课文，读出祈使句的语气，读好多个角色之间

19	棉花姑娘	102
20	咕咚	106
21	小壁虎借尾巴	109
◎	语文园地八	113

的对话。

其中《咕咚》《小壁虎借尾巴》以连环画的形式呈现，通过连环画帮助学生理解课文，并在没有注音的情况下，引导学生猜字音、猜字意，提高自主识字能力和阅读能力。

朗读，也是本单元的重点教学内容。读好祈使句和对话，都在本单元进行呈现。作为本册书的最后一个单元，实际上也是对整本书知识的集中提炼，将本学期所学习的方法都在本单元进行复习和实践。

（二）围绕语文要素的"坐标"研读

1. 借助图画阅读课文

图画在统编版教材中应用广泛、意味深长，其主要目的是帮助学生更好地理解课文。低年级学生主要以阅读绘本为主，在图画和文字的配合下进行阅读。第八单元的课文以连环画的形式出现，帮助学生更好地理解课文，也符合低年龄段学生在阅读时对图画的需要。

2. 朗读

在一年级上册的学习中，由于学生的识字量较少，阅读能力有限，对朗读的要求停留在"正确流利地朗读课文"。到了一年级下册，经过前一期学习的铺垫，要求达到更好的朗读效果。

3. 根据信息作简单推断

在第八单元，"根据信息作简单推断"是进一步的训练点，承接第四单元"根据信息作简单推断并联系生活实际进行表达"，是检验学生是否真正读懂课文的方式，包括根据信息作简单推理，提出课文中部分"关键词、关键句"等，进行结果的判断和问题的回答。

```
正确流利地朗读课文
一年级上册
    ↓
分角色朗读
一年级下册第三单元
    ↓
读好长句子
一年级下册第四单元
    ↓
读好问句
读好感叹句
一年级下册第六单元
    ↓
读好祈使句
读好多个角色对话
一年级下册第八单元
```

（三）以课后题为依托，落实语文要素

单元训练点在课后题中得到了最好的呈现。同一单元的课后题递进式地编排在每篇课文后，由简到难，帮助学生进行学习。下面以第八单元为例，进行简要分析。

新的备课·备新的课
——指向语文要素的整体教材研读

本单元涉及的训练点包括：朗读、自主识字、字词句的积累运用等。

1. 朗读

《棉花姑娘》
　　朗读课文，读好文中对话。

本单元的朗读重点有两个：一是读好祈使句的语气；二是读好各个角色的语气。旨在帮助学生理解什么是祈使句，祈使句分为几种形式，帮助学生进行句式上的积累学习。文中棉花姑娘说的话，就是表示请求的祈使句，要读出恳请的语气。

想要读好对话，就要了解故事情节、感受人物的心情。可以通过创设情境、抓住关键词等方式，帮助学生进行理解。在以往的学习中，学生已经熟悉分角色朗读，可以先通过扮演不同的角色来感受不同人物的对话，再过渡到一个人完成对话朗读。

《咕咚》
　　朗读课文，说说动物为什么跟着兔子一起跑，野牛是怎么做的。
《小壁虎借尾巴》
　　朗读课文，说说小壁虎都找谁借过尾巴，结果怎么样。

在进行朗读后，还要根据课文中的简单信息进行推断，为高年级预测打下基础。

2. 通过图画，理解课文内容

《棉花姑娘》课后题中将文字和图画相匹配，是对课文内容的回顾，通过关键信息串联课文。

《咕咚》《小壁虎借尾巴》采取连环画的形式，帮助学生理解课文内容。学生可以先看图猜故事，然后再进入文章。在看图的过程中，还可以进行简单的预测，看看自己所想是否和课文内容一样。这一部分与高年级的预测学习相对应，在低年级阶段，学生可以先进行初步体验。

○ 连一连，说一说。

捉空中的害虫
捉树干里的害虫
捉田里的害虫
捉棉花叶子上的害虫

一　统编版各年级语文教材研读

在学习文章之后，引导学生看图，对文章进行简单的复述。在低年级阶段，不要求学生进行完整的复述，看图讲出连贯的故事即可。在图片的引导下讲出课文内容，也是对课文内容的理解方式。

3. 自主识字

《咕咚》
　　在课文中找出不认识的字，猜猜它们的读音。

　　第八单元的课文，取消全文注音，只在重点字上进行了拼音的标注。学生的识字量有一定的差异，可能会造成部分同学阅读困难。此时，可以借助图画的内容，进行猜字、认字，帮助学生读懂课文，发展学生独立自主识字的能力。识字能力的提升，势必会带动学生进行更多的阅读，从而提高学生的阅读能力。

新的备课·备新的课
指向语文要素的整体教材研读

《小壁虎借尾巴》

在课文中找出不认识的字，猜猜它们的读音和意思，再说说你是怎么猜出来的。

在《小壁虎借尾巴》的课后题中，对"自主识字"有更进一步的要求，不仅要猜字音和意思，还要说出猜字的方法。引导学生交流"怎么猜到的"，实际上就是对自主识字方法的总结。

4. 积累运用

感受课文中的短语特点，联系生活实际，进行填空练习。可以通过多说，练习口头上的表达。

○ 读一读，照样子说一说。

碧绿碧绿的叶子　　碧绿碧绿的＿＿＿＿＿

雪白雪白的棉花　　雪白雪白的＿＿＿＿＿

作为同年级的下册教材，既要对上册教材的知识进行深化，也要衔接下一个年级开启新的知识。对于刚刚结束一年级上册学习的学生而言，在下册书中会有很多的自主学习环节，有利于增强学生的学习主动性。低年级语文学习，联系生活实际的方面比较多，从生活走进语文，从生活中感受语文，可以为高年级更加抽象地学习，更加富有逻辑地学习，打下坚实的基础。

欢迎扫码观看统编版语文一年级下册教材研读微课

统编版小学语文二年级上册教材研读

李宁　高维敬

一、教材整体结构研读

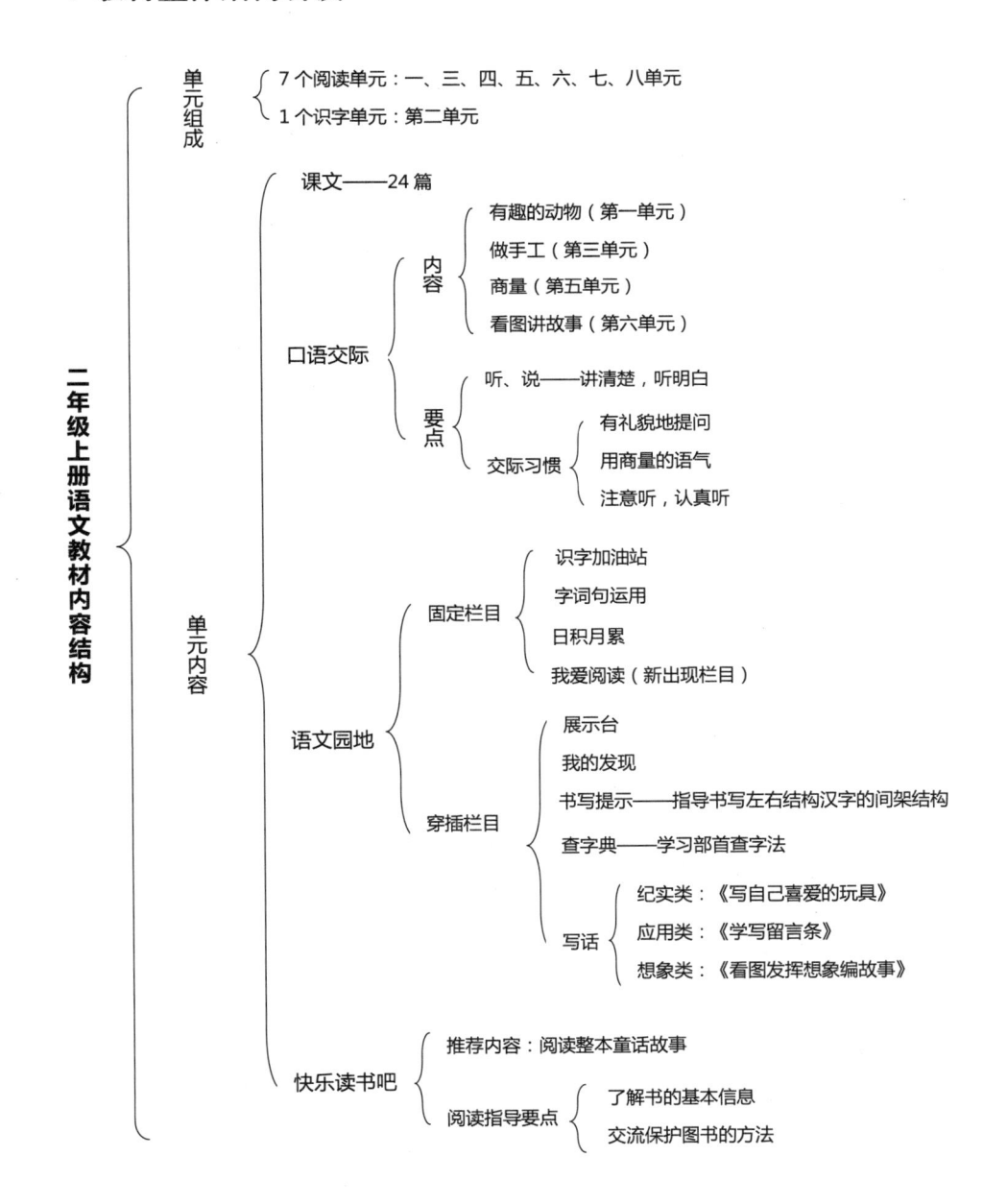

二年级上册语文教材内容结构
- 单元组成
  - 7个阅读单元：一、三、四、五、六、七、八单元
  - 1个识字单元：第二单元
- 单元内容
  - 课文——24篇
  - 口语交际
    - 内容
      - 有趣的动物（第一单元）
      - 做手工（第三单元）
      - 商量（第五单元）
      - 看图讲故事（第六单元）
    - 要点
      - 听、说——讲清楚，听明白
      - 交际习惯
        - 有礼貌地提问
        - 用商量的语气
        - 注意听，认真听
  - 语文园地
    - 固定栏目
      - 识字加油站
      - 字词句运用
      - 日积月累
      - 我爱阅读（新出现栏目）
    - 穿插栏目
      - 展示台
      - 我的发现
      - 书写提示——指导书写左右结构汉字的间架结构
      - 查字典——学习部首查字法
    - 写话
      - 纪实类：《写自己喜爱的玩具》
      - 应用类：《学写留言条》
      - 想象类：《看图发挥想象编故事》
  - 快乐读书吧
    - 推荐内容：阅读整本童话故事
    - 阅读指导要点
      - 了解书的基本信息
      - 交流保护图书的方法

二、单元人文主题研读

二年级上册语文教材除第二单元为识字单元外,其他的七个阅读单元,围绕"大自然的秘密""儿童生活""家乡""思维方法""革命先辈""想象""相处"这些人文主题编排。

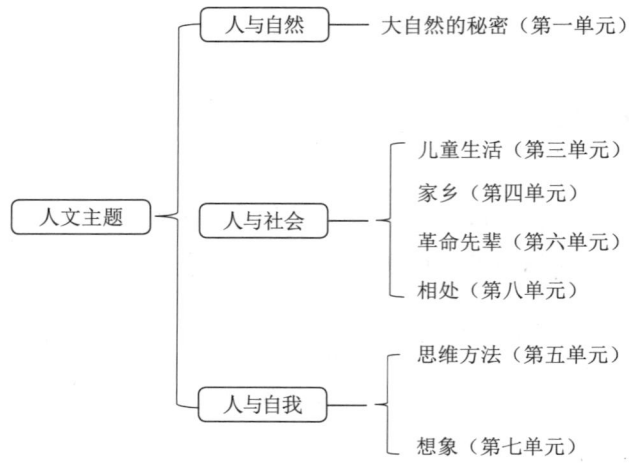

```
                    ┌─ 人与自然 ── 大自然的秘密(第一单元)
                    │
                    │              ┌ 儿童生活(第三单元)
                    │              │
                    │              │ 家乡(第四单元)
         人文主题 ──┼─ 人与社会 ──┤
                    │              │ 革命先辈(第六单元)
                    │              │
                    │              └ 相处(第八单元)
                    │
                    │              ┌ 思维方法(第五单元)
                    └─ 人与自我 ──┤
                                   └ 想象(第七单元)
```

本册教材的一些人文主题在不同的学段都有所呈现。比如,二年级下册也编排了以"大自然的秘密"为主题的单元。主题虽然相同,但体裁和内容却随着学段的升高逐渐丰富。

教材	单元	单元主题	课文	课文涉及体裁	课文涉及内容
二年级上册	一	大自然的秘密	《小蝌蚪找妈妈》 《我是什么》 《植物妈妈有办法》	科学童话 诗歌	动物成长 自然现象 植物繁衍
二年级下册	六	大自然的秘密	《古诗两首》 《雷雨》 《要是你在野外迷了路》 《太空生活趣事多》	古诗 短文 儿童诗 科学小品	描写自然景观 描绘自然现象 介绍自然奥秘 介绍太空生活

二年级上册第一单元的课文以科学童话、诗歌为主,将动物成长、植物繁衍、自然现象这些科学知识寄寓在有趣的故事、优美的诗歌之中。学生可以通过课文了解更多大自然的奥妙。同为"大自然的秘密"的二年级下册第六单元,课文的体裁和内容较上册丰富了很多,既有描写自然景观的古诗,也有描绘自然现象、介绍自然奥秘的短文和儿童诗,还有介绍太空生活的科学小品。学生通过多种体裁的文本,了解到的不仅是大自然的奥妙,还有人类对大自然的探索,从而为三年级"我与自然"专题的学习打下基础。

三、整本书语文要素研读

(一)本册教材语文要素之间的联系

本册教材的语文要素大致可以分为把握内容和语言表达两部分。

1. "把握内容"的语文要素之间的联系

```
┌─────────────────────┐
│      第一单元        │
│ 借助图片，了解课文的内容 │
└─────────────────────┘                ┌─────────────────────┐
                          打基础        │      第六单元        │
┌─────────────────────┐   ──────→      │ 借助词句，了解课文内容 │
│      第三单元        │                └─────────────────────┘
│ 借助关键词句，理解课文内容│
└─────────────────────┘
```

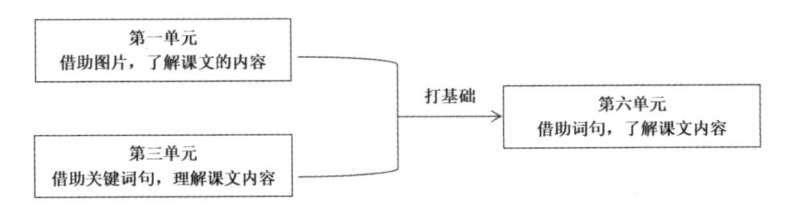

一、三、六单元的语文要素都涉及对文章内容的把握。

第一单元"借助图片，了解课文的内容"要引导学生借助图片理解重点词句，了解课文内容，借助图片来讲述、背诵课文。这是从直观的印象入手，图文对照，引导学生把握文章内容。第三单元的要求有所提升，"借助关键词句，理解课文内容"着重训练学生提取相关信息、理解课文内容的能力。有了图文对照理解词句、提取相关信息、捕捉关键语句的能力做基础，到了第六单元"借助词句，了解课文内容"时学生就会有法可依，把握文章主要内容的能力也在逐步提升。

2. "语言表达"的语文要素之间的联系

学习语言是语文教学的基本任务，学会用准确的语言表达也是学生必备的基本能力。教材中对语言表达的关注和引导在单元的语文要素中也有所体现。一、三、四、五、七、八单元的语文要素都与语言表达息息相关。

第一单元侧重于词语的积累与运用；第三单元引导鼓励学生敢于表达；第四单元学习表达方法；第五单元感受和体会多样化的表达；第七单元引导学生展开想象丰厚表达；第八单元引导学生综合运用这些方法"借助提示，复述课文"。

从下面的图示中可以看出，统编教材的语文要素编排有机联系，分层推进。即便是同一类的要素编排在同一册教材的不同单元，要求也不尽相同。所以，在教学中我们要把握单元语文要素之间的联系和区别，有序有效地促进学生语文素养的提升。

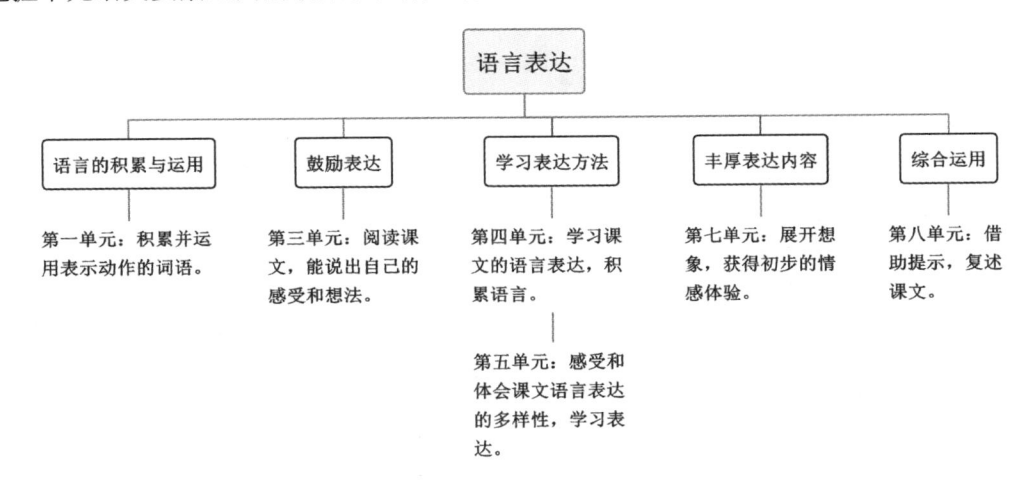

```
                        ┌──────────┐
                        │ 语言表达  │
                        └─────┬────┘
     ┌──────────────┬─────────┼─────────┬──────────────┐
┌─────────┐  ┌─────────┐ ┌──────────┐ ┌──────────┐ ┌─────────┐
│语言的积累│  │ 鼓励表达 │ │学习表达方法│ │丰厚表达内容│ │ 综合运用 │
│ 与运用  │  │         │ │          │ │          │ │         │
└─────────┘  └─────────┘ └──────────┘ └──────────┘ └─────────┘
```

第一单元：积累并运用表示动作的词语。

第三单元：阅读课文，能说出自己的感受和想法。

第四单元：学习课文的语言表达，积累语言。

第五单元：感受和体会课文语言表达的多样性，学习表达。

第七单元：展开想象，获得初步的情感体验。

第八单元：借助提示，复述课文。

新的备课·备新的课
指向语文要素的整体教材研读

（二）二年级教材相关语文要素的联系

1. "想象"在二年级教材中的编排

小学阶段，尤其低年级是孩子想象力最为活跃的时期。因此，统编教材在编排上非常重视对学生想象力的培养。

以下为统编教材低年级与"想象"有关的语文要素的梳理：

教材	单元	单元主题	语文要素
一年级上册	六	想象	把课文读正确、读通顺，及时纠正学生朗读中的错误现象。 初步建立句子的概念。

> 统编教材第一次出现"想象"是在一年级上册第六单元。在这个单元，"想象"以人文主题的方式出现，没有编排与"想象"有关的语文要素，教学的重点放在培养学生朗读的基本功上。学生通过朗读感受课文生动的语言，体会"想象"的乐趣。

教材	单元	单元主题	语文要素
二年级上册	七	想象	展开想象，获得初步的情感体验。

> 学生第二次在统编版教材中遇见"想象"，是在二年级上册第七单元。这个单元的语文要素和人文主题都与"想象"有关。从这个单元开始，教材提出了与"想象"相关的训练目标。

联系这个单元的课后题以及文中提示语可以发现，有关"想象"的训练在以下方面得以体现：

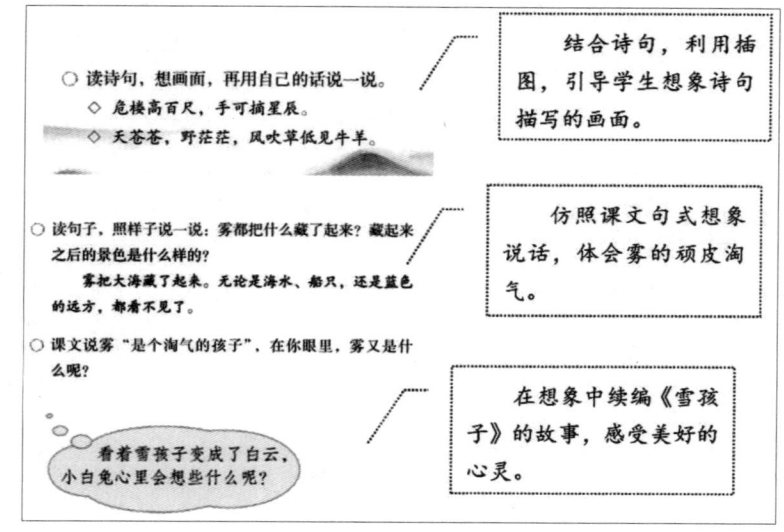

○ 读诗句，想画面，再用自己的话说一说。
 ◇ 危楼高百尺，手可摘星辰。
 ◇ 天苍苍，野茫茫，风吹草低见牛羊。

> 结合诗句，利用插图，引导学生想象诗句描写的画面。

○ 读句子，照样子说一说：雾都把什么藏了起来？藏起来之后的景色是什么样的？
 雾把大海藏了起来。无论是海水、船只，还是蓝色的远方，都看不见了。

○ 课文说雾"是个淘气的孩子"，在你眼里，雾又是什么呢？

> 仿照课文句式想象说话，体会雾的顽皮淘气。

看着雪孩子变成了白云，小白兔心里会想些什么呢？

> 在想象中续编《雪孩子》的故事，感受美好的心灵。

在这个单元，学生伴随着课文的学习，在获得情感体验的同时，也体会到想象的美好、想象的乐趣。当学生对想象产生了兴趣，会有利于后续的学习。

教材	单元	单元主题	语文要素
二年级下册	二	关爱	读句子，想象画面。
	四	童心	运用学到的词语把想象的内容写下来。
	八	世界之初	根据课文内容展开想象。

> 二年级下册编排了三个与"想象"有关的语文要素。此时，对"想象"的要求是培养学生根据词句想象画面，拓宽学生的思维空间，加深对课文内容的理解，并且引导学生"运用学到的词语把想象的内容写下来"，在培养学生丰富的想象力的同时，也培养学生的语言运用能力。这样的编排，体现了从读到写的发展序列，为中高年级读文章想象画面打下基础，同时也为后续学段完成与"想象"相关的习作做好铺垫。

2."复述"在二年级教材的编排

低年级复述的总体要求是：借助提示，进行复述。"复述"作为语文要素在教材中出现是在二年级上册第八单元。但是，有关复述的训练，教材从一年级开始就进行了一些有意的安排，如：一年级下册第七单元《小猴子下山》中的这个练习。

○ 结合插图，说说小猴子看到了什么，做了什么，最后为什么只好空着手回家去。

二年级以"复述"为要素的单元都编排在教材的尾部（二年级上册为第八单元，二年级下册为第七单元）。在这之前，教材在其他单元的课文教学中有意识地进行复述的训练。

教材	单元	课文	与复述相关的练习
二年级上册	一	《小蝌蚪找妈妈》	小蝌蚪是怎样长成青蛙的？按顺序把下面的图片连起来，再讲一讲小蝌蚪找妈妈的故事。
	三	《曹冲称象》	读第4自然段，给下面的内容排序，再说说曹冲称象的过程。
	三	《玲玲的画》	试着用上"得意""伤心""满意"这3个词语，讲讲这个故事。
	六	《难忘的泼水节》	用上下面的词语，说说周总理是怎样和傣族人民一起过泼水节的。 象脚鼓、凤凰花、银碗、柏树枝
二年级下册	二	《千人糕》	借助插图，说说米糕是经过哪些劳动才做成的。
	五	《小马过河》	试着用上下面的词语讲讲这个故事。 马棚　愿意　磨坊　驮　挡住　为难 突然　拦住　吃惊　难为情　动脑筋　小心
	八	《羿射九日》	根据表格里的内容，讲一讲这个故事。 （表格展现起因、经过、结果）

这样的编排既为在单元教学中落实"复述"这一语文要素打下了基础，同时又有助于学生复述能力的巩固提升。

新的备课·备新的课
　　指向语文要素的整体教材研读

○ 小蝌蚪是怎样长成青蛙的？按顺序把下面的图片连起来，再讲一讲小蝌蚪找妈妈的故事。

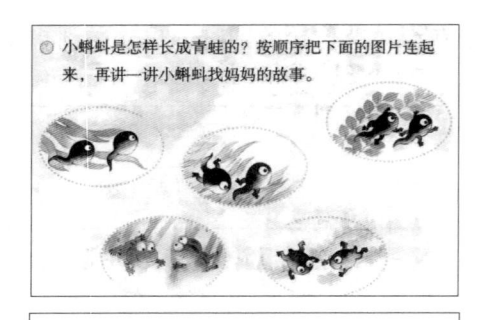

○ 下面的词语哪些是写狐狸的，哪些是写老虎的？分角色演一演这个故事，试着把这些词语的意思表现出来。

　　神气活现　　摇头摆尾　　半信半疑
　　　　东张西望　　大摇大摆

○ 根据下面的提示讲讲这个故事。

　　风娃娃来到田野。
　　风娃娃来到河边。
　　风娃娃来到广场。

○ 朗读课文。试着用上"得意""伤心""满意"这3个词语，讲讲这个故事。

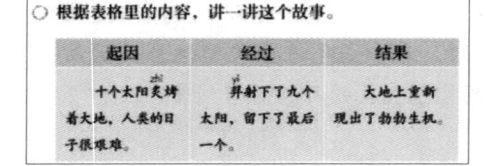

○ 朗读课文。根据示意图讲一讲这个故事。

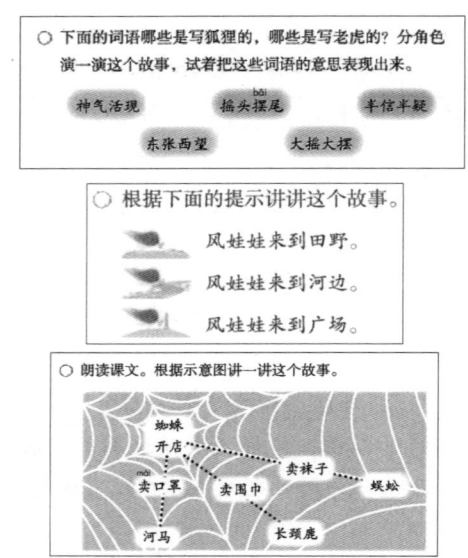

○ 根据表格里的内容，讲一讲这个故事。

起因	经过	结果
十个太阳炙烤着大地，人类的日子很艰难。	羿射下了九个太阳，留下了最后一个。	大地上重新现出了勃勃生机。

> 学生复述时借助的"提示"，有图片，有提示主要情节的词语、句子、示意图等，这些都是学生进行复述训练的好帮手。复述的形式，有讲述，还有引导学生内化语言的角色表演。

　　二年级上学期，学生借助词语、句子练习复述故事，教参中指出，要达到"情节与课文基本一致，表达清楚，没有明显的语法错误"的要求。这是在帮学生打好复述的基本功。本学期的借助提示复述课文基础打牢了，才能有助于学生在下学期练习借助示意图用自己的话讲故事。

四、单元语文要素的研读

　　统编版语文教材采用双线组织单元内容，每个单元以一个宽泛的人文主题将课文组织在一起，同时又将学生必备的语文知识、语文能力、学习方法和习惯即语文要素，分成若干个知识能力训练点，分布在每册教材各个单元的教学之中。下面以二年级上册第一单元为依托，对单元的语文要素进行研读。

（一）围绕语文要素的单元整体研读

　　本单元围绕"大自然的秘密"这个主题编排了《小蝌蚪找妈妈》《我是什么》《植物妈妈有办法》三篇课文。从体裁上看，课文既有寓知识于故事的科学童话，又有充满趣味的诗歌。从内容上看，课文涵盖了动物发育、自然现象变化、植物繁衍等多种科学知识。多样的体裁、丰富的内容，让学生伴随着课文的学习不仅能知晓其中的科学道理，唤起观察大自然、探究科学秘密的欲望，

1　小蝌蚪找妈妈 …………1
2　我是什么 ………………5
3　植物妈妈有办法 ………8
○　口语交际：有趣的动物 …11
○　语文园地一 ……………12
○　快乐读书吧 ……………15

而且能在潜移默化中积累语言，对文体产生初步的认知。

本单元的语文要素有两个，一是积累并运用表示动作的词语；二是借助图片，了解课文的内容。

三篇课文中的动词用得准、用得巧，便于学生感受动词带来的真实感、生动感。课文中多幅色彩鲜艳、形象活泼的插图，再现了课文的情境，为引导学生借助图片理解词语，了解课文内容，乃至讲述、背诵课文奠定了基础。三篇课文的课后题以及语文园地中的"字词句运用"围绕"积累并运用表示动作的词语"这个训练点安排了相应的练习，一方面引导学生在语境中感受动词的搭配，辨析意思的细微差别；另一方面引导学生用动词说句子，把阅读中学到的词语与日常生活情境建立联系，使学生在迁移运用中提升表达能力，从而为"写话"训练做好铺垫。

> 单元语文要素：
> ※ 积累并运用表示动作的词语。
> ※ 借助图片，了解课文的内容。

（二）围绕语文要素的"坐标"研读

1. 语文要素的横向关联

"积累并运用表示动作的词语"这一训练点，侧重于训练学生正确搭配、准确使用表示动作的词语，从而在词语的积累以及准确运用方面为后续的口语表达、书面表达奠定基础。

"借助图片，了解课文的内容"这一训练点，是以图片为媒介，促使学生对课文内容有直观的印象。它是低年级学生理解难懂的词句、了解文章内容的基本方法。在本册教材后续课文的学习中，这个方法还会继续得到运用。

2. 语文要素的纵向发展

（1）教材有关词汇积累的编排

"积累并运用表示动作的词语"是关于词汇积累方面的训练。在本单元以前，教材有意识地引导学生归类积累词语，充实学生的词汇量。比如：

> 一年级上册
> 第七单元：学习"的"字词语的合理搭配。

> 一年级下册
> 第三单元：语句的积累和运用。（积累意思相对的词语、AABB结构的词语、描述动作情状的词语、动宾结构的词语。）
> 第四单元：语言的积累。（积累常用的词语，如有关颜色、滋味、动作的词语，和身体部位有关的词语等，归类积累 × 来 × 去的词语。）

> 二年级上册
> 第一单元：积累并运用表示动作的词语。

> 二年级下册
> 第四单元：运用学到的词语把想象的内容写下来。

> 承接这样的训练基础，本单元提出了进一步的要求，不仅要继续充实表示动作的词语的积累，还要学习恰当地运用。

这为本学期即将开始的写话练习以及下学期"运用学到的词语把想象的内容写下来"这一训练点在词汇量上进行了扩充,在语言表达上做了铺垫。

(2) 教材有关"借助图片,了解课文"的编排

"借助图片,了解课文的内容"是以图片为媒介,引导学生增进对课文内容的了解。一、二年级的不少课文都是连环画课文,图画与课文的内容一一对应,便于学生理解课文内容。教材从一年级开始就着力引导学生借助图画阅读课文。

> 一年级上册
> 第八单元:借助图画阅读课文。
> 一年级下册
> 第八单元:借助图画阅读课文。

一年级时,学生借助图画猜字、认字,借助连环画理解课文内容,尝试说说故事的主要情节。

> 二年级上册
> 第一单元:借助图片,了解课文的内容。

本单元承接一年级的基础,借助图片理解词句,了解课文内容,练习借助图片来讲述、背诵课文,从而为后续的借助提示复述故事在方法以及能力培养上奠定基础。

值得我们注意的是,课文的插图精美,每一幅图都可以成为引导学生进行朗读、背诵、复述的好帮手。教材中没有明确提出借助图片理解课文内容的课后题,我们也可以利用这些插图,落实训练目标。

(三)以课后题为依托,落实语文要素

单元训练点的落实主要体现在课后题的编排上,读懂课后题的编排目的、训练梯度,有助于教师有效地开展教学活动。接下来以本册第一单元的课后题编排为例,进行简要的分析,看看在一个单元中,课后题是怎样体现训练点的落实的,它们之间又有着怎样的训练梯度。

从内容看,第一单元的课后题围绕朗读背诵、理解内容、运用词句、积累词语几个方面进行设计。

◎ 分角色朗读课文。

同一课文的课后题在训练点的落实上呈现着明显的梯度。

1. 同一课内语文训练点落实的梯度

以第一课为例,进行分析。

※ 第一题"分角色朗读课文"引导学生夯实"读"这一基本功,通过朗读,初步了解课文内容。

※ 第二题是对"借助图片,了解课文的内容"这一训练点的落实,引导学生借助图片,回顾梳理故事情节,在复述中加深对课文重点部分的理解。

一 统编版各年级语文教材研读

※ 在学生对故事内容有所理解的基础上，第三题引导学生关注课文中的动词，用这些表示动作的词语说一句话，将阅读与词句的表达、运用联系起来，

> ☺ 读一读，用加点的词各说一句话。
> 披着碧绿的衣裳　　鼓着大大的眼睛
> 露着雪白的肚皮　　甩着长长的尾巴

让学生在阅读中学习语言，落实本单元"积累并运用表示动作的词语"这一训练点。

※ 词句的学习积累是低年级的一项重要学习任务，在前面学生习得课文中的词句的基础上，本课的第四题"读一读，记一记"运用多种扩词方式，引导学生在读中识记，增加学生的词汇量。

> ☺ 读一读，记一记。
> 脑袋　口袋　袋子　袋鼠(shǔ)
> 欢迎　迎接　迎风　迎面
> 水塘　池塘　鱼塘　荷塘

由此可见，同一课中语文训练点的设置是有梯度的。从朗读感知到理解内容逐步加深；从在课文中积累到延展补充，逐步扩大积累的内容和范围。第一课是这样，后面的课文也是如此。这种梯度不仅体现在某一课中，还体现在课文之间语文训练点的落实中。

2. 单元课文之间语文训练点落实的梯度

（1）朗读背诵

> 《小蝌蚪找妈妈》
> 　　分角色朗读课文。

《小蝌蚪找妈妈》要求学生分角色朗读课文。一方面是因为这篇课文角色多，对话多，适合进行分角色朗读的训练；另一方面是因为作为本册教材的首篇课文，它承接着以往学生形成的朗读能力，并要在此基础上有所发展。

一年级教材着重引导学生进行朗读基本功的训练：把课文读正确、读通顺；读好长句子；读好问句、感叹句、祈使句的语气；读好多个角色之间的对话。学生已经具备了分角色朗读的基本能力，在此基础上，教材对朗读提出了进一步的要求：分角色朗读，引导学生在具体的语境中体会角色的心情读出不同的语气，带着自己的体会朗读课文。这是对学生已经习得的朗读方法的回顾与运用，同时在无形中以读促进学生对课文的理解，并为二年级下学期学生试着有感情地朗读课文做好铺垫。

> 《我是什么》
> 　　朗读课文。说说"我"是什么，"我"会变成些什么。

《我是什么》将朗读与课文的理解相结合，用总览全文的问题引领学生的朗读。这对"读"提出了更高的要求：边读边有所思考。

> 《植物妈妈有办法》
> 　　朗读课文。背诵课文。

《植物妈妈有办法》是一首文质兼美的儿童诗，语言生动有趣，表达方法丰富多样。因此，教材不仅要求学生朗读，还要求学生背诵课文，在潜移默化中引导学生积累语言，为本学期开始的"写话"积累素材做好铺垫。

（2）理解内容

三篇课文在理解内容方面的训练都指向对文本内容的梳理，但是，所采用的方式却不尽相同。

> 《小蝌蚪找妈妈》
> 　　小蝌蚪是怎样长成青蛙的？按顺序把下面的图片连起来，再讲一讲小蝌蚪找妈妈的故事。

《小蝌蚪找妈妈》以图片为提示，通过给图片排序，引领学生在回顾课文内容的同时理清文章的脉络，帮助学生有条理地按顺序讲故事。

> 《我是什么》
> 　　朗读课文。说说"我"是什么，"我"会变成些什么。

《我是什么》对于课文的重要内容不再直观地呈现。它借助核心问题，引导学生边读边思考，并把思考的结果说一说，在交流的过程中理解课文内容。

> 《植物妈妈有办法》
> 　　课文介绍了哪几种植物？在课文中画出来，再说说它们是怎么传播种子的。

《植物妈妈有办法》作为这一单元的最后一篇课文，它是对前面课文训练内容的承接与提升。所以，本课承接了《我是什么》一课的训练，同样是用核心问题引领学生理解课文内容，但是，要求有了进一步提升：学生要边读边勾画问题的答案，然后以勾画的答案为提示，讲述文章的内容。这就促进了学生深入地思考，并且在潜移默化中培养学生提取关键词句的能力，为本册第三单元借助关键词句，理解课文内容做好了铺垫。

可见，三篇课文在理解内容的训练方法上虽各有千秋，却也是循序渐进。

（3）运用词句

三篇课文的有关运用词句的课后题都体现了单元"积累并运用表示动作的词语"这一训练点，但是，层次是不一样的。

> 《小蝌蚪找妈妈》
> 　　读一读，用加点的词各说一句话。
> 　　披着碧绿的衣裳　　鼓着大大的眼睛
> 　　露着雪白的肚皮　　甩着长长的尾巴

《小蝌蚪找妈妈》展示给学生的是带有动词的短语，目的一是引导学生感受词语的正确搭配，二是引导学生在语言环境里准确地使用词语。

　　怎么引导学生感受词语的正确搭配呢？我们在教学中可以采用换一换的方法。以"披着碧绿的衣裳"的"披"这个学生理解的难点为例。

> 1. 请学生给"披"换个词。学生有可能换成"穿"。
> 2. 出示课文插图，引导学生观察青蛙身体的颜色。
> 3. 引导学生体会"穿着碧绿的衣裳"和"披着碧绿的衣裳"在意思表达上的不同。
>
> 　　引导学生发现，"穿"表示青蛙身上全是绿色的，这显然与事实不符。而"披"能准确地表明青蛙只有背上的颜色是绿的。

　　这样，在潜移默化中也就讲清了"披"这个词的意思，从而为实现在语言环境里准确地使用词语这个目的做好了铺垫。

　　说到准确地使用词语，用"鼓着大大的眼睛"的"鼓"说一句话，是学生最容易出错的地方。"鼓"既可以作为名词出现，又可以作为动词使用。在这道题里，学生要练习的是将"鼓"作为动词来说一句话。我们可以这样引导学生。

> 1. 借助插图引导学生感受青蛙"鼓着眼睛"是什么样子，了解"鼓"的意思。
> 2. 引导学生思考：你还知道谁鼓着什么呢？
>
> 　　如果学生一时想不起来，可以提供给学生一些图片，比如，猪八戒鼓着圆溜溜的大肚子，吹小号的人鼓着腮帮子。
>
> 3. 引导学生借助图片用"鼓"说句子，促使学生逐步在语言环境里准确地运用词语。

> 《我是什么》
> 　　读一读，体会加点词的意思，再用它们各说一句话。
> 　　小水滴聚在一起落下来，人们叫我"雨"。
> 　　有时候我变成小硬球打下来，人们叫我"冰雹"。
> 　　到了冬天，我变成小花朵飘下来，人们又叫我"雪"。

　　《我是什么》提供的是带有动词的语句，加点的三个动词意思相近，都表示"往下落"的意思，但是，往下落的速度和程度不同。这道题的编排目的是引导学生结合语境，在对比中体会意思相近的动词在描述情形上的细微不同，从而引导学生严谨地运用词语。教学时，我们可以把这三句话在比较中一起体会。

新的备课·备新的课
指向语文要素的整体教材研读

同时，在《小蝌蚪找妈妈》《我是什么》这两篇课文的练习中，通过让学生运用动词各说一句话，引导学生将阅读中学到的词语与日常生活的情境建立联系，在运用中发散思维、提升语言能力。

> 《植物妈妈有办法》
> 你还知道哪些植物传播种子的方法？可以选用下面的词语，仿照课文说一说。
> 　乘着风　纷纷出发　蹦着跳着　炸开

《植物妈妈有办法》在学生通过前两篇课文习得正确搭配、准确运用词语的基础上，引导学生选用词语仿照课文介绍其他植物传播种子的方法，实现语言的迁移运用。此时，学生运用动词表达的绝不会是一句话，而是伴随着表达将他们前面习得的能力进一步落实。

此外，语文园地一"字词句运用"的第一部分也体现了"积累并运用表示动作的词语"这个训练点的进一步落实。

> 字词句运用
> ○ 体会每组加点词的不同意思，选一组演一演。
> 　迎上去　　穿衣裳（shang）　　甩甩头
> 　追上去　　披红袍（páo）　　摇摇头

本题侧重于通过"演一演"的方式，引导学生理解词语的意思，辨析词语的细微差别，感受动词运用的准确、恰当，学习用规范的语言来表达。同时，也向学生渗透了用"演一演"来理解词语的方法。

通过上面的分析，我们可以看出单元训练点的落实是有梯度、有层次的，第一单元如此，其他单元也是这样。因此，我们在进行教材解读时要有整体意识。

统编版小学语文二年级下册教材研读

邵子超　汪金悦

一、教材整体结构研读

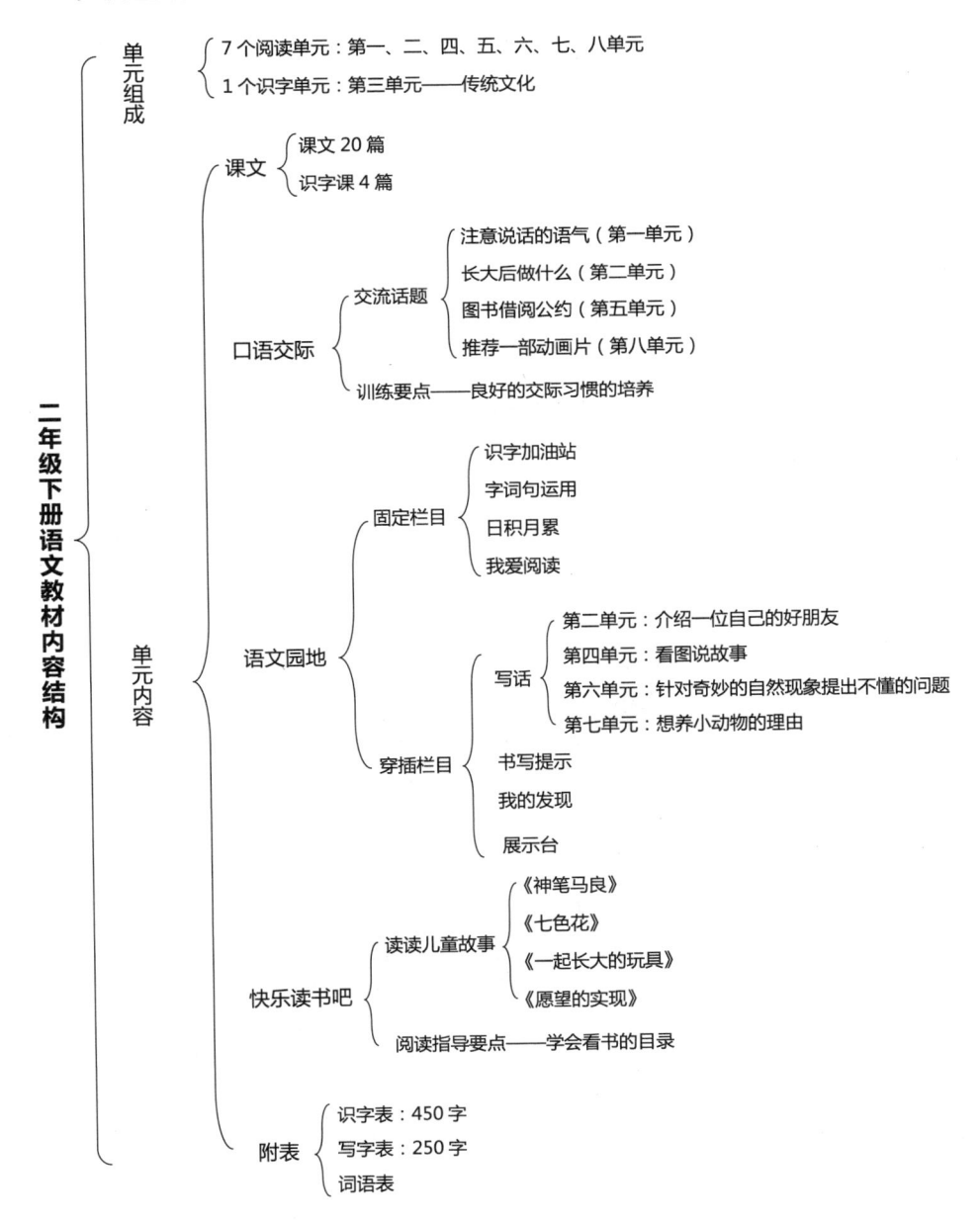

二年级下册语文教材内容结构
- 单元组成
  - 7个阅读单元：第一、二、四、五、六、七、八单元
  - 1个识字单元：第三单元——传统文化
- 单元内容
  - 课文
    - 课文20篇
    - 识字课4篇
  - 口语交际
    - 交流话题
      - 注意说话的语气（第一单元）
      - 长大后做什么（第二单元）
      - 图书借阅公约（第五单元）
      - 推荐一部动画片（第八单元）
    - 训练要点——良好的交际习惯的培养
  - 语文园地
    - 固定栏目
      - 识字加油站
      - 字词句运用
      - 日积月累
      - 我爱阅读
    - 穿插栏目
      - 写话
        - 第二单元：介绍一位自己的好朋友
        - 第四单元：看图说故事
        - 第六单元：针对奇妙的自然现象提出不懂的问题
        - 第七单元：想养小动物的理由
      - 书写提示
      - 我的发现
      - 展示台
  - 快乐读书吧
    - 读读儿童故事
      - 《神笔马良》
      - 《七色花》
      - 《一起长大的玩具》
      - 《愿望的实现》
    - 阅读指导要点——学会看书的目录
  - 附表
    - 识字表：450字
    - 写字表：250字
    - 词语表

二、单元人文主题研读

由于低年级没有明确的人文主题和语文要素，所以我们根据课文内容和课后题的训练点，梳理出了8个单元的主题：第一单元的主题是春天；第二单元是关爱；第三单元是传统文化；第四单元是童心；第五单元是办法；第六单元是大自然的秘密；第七单元是改变；第八单元是世界之初。

```
                      ┌── 人与自然 ──┬── 春天（第一单元）
                      │              └── 大自然的秘密（第六单元）
                      │
                      │              ┌── 关爱（第二单元）
            人文主题 ──┼── 人与社会 ──┼── 传统文化（第三单元）
                      │              └── 世界之初（第八单元）
                      │
                      │              ┌── 办法（第五单元）
                      └── 人与自我 ──┤
                                     └── 改变（第七单元）
```

一、六单元主题反映的是人与自然的关系；二、三、八单元反映的是人与社会的关系；五、七单元反映的是人与自我的关系。这八个单元通过人与自我、人与自然、人与社会三个方面的衔接和融合，体现了教材立德树人、传承文化、培养能力的编排用意。

接下来我们了解一下双线结构，除了人文主题还有语文要素，在教什么、学什么方面有了非常清晰的目标。本册教科书从结构体例上与二年级上册基本相同，围绕宽泛的人文主题和语文要素双线组织阅读单元。

三、整本书语文要素研读

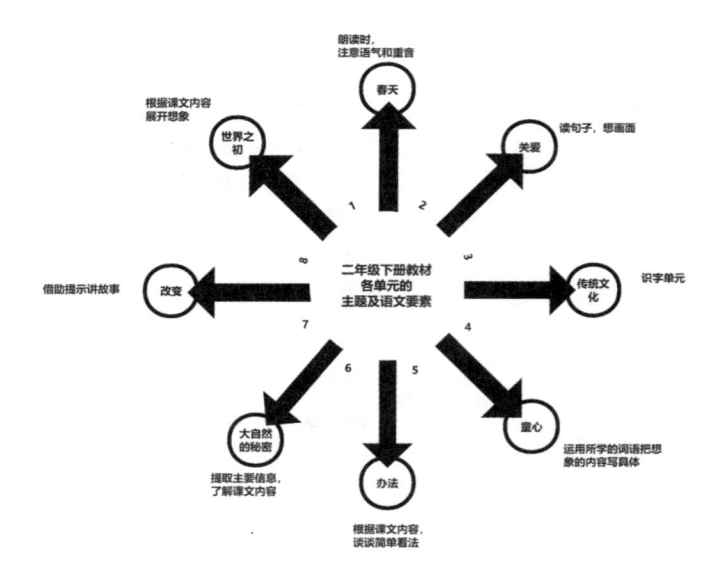

（图示：二年级下册教材各单元的主题及语文要素）

- 春天：朗读时，注意语气和重音
- 关爱：读句子，想画面
- 传统文化：识字单元
- 童心：运用所学的词语把想象的内容写具体
- 办法：根据课文内容，谈谈简单看法
- 大自然的秘密：提取主要信息，了解课文内容
- 改变：借助提示讲故事
- 世界之初：根据课文内容展开想象

综合每个单元语文要素不断复现的次数，可以看出整册教材在落实学段目标、实现学生语文能力提升方面的不同层级要求。

1. 复述课文的能力

二年级下册"借助提示复述故事"这一语文要素分布更广，侧重点也有所变化。下面结合具体内容分析这个语文要素的梯度。

第一单元《开满鲜花的小路》一课中出现的泡泡提示："我能借助插图讲讲这个故事。"

《邓小平爷爷植树》这课的课后题："默读第 3 自然段，结合课文内容和插图，说说邓爷爷植树的情景。"

🌀 默读第 3 自然段，结合课文内容和插图，说说邓爷爷植树的情景。

第二单元《千人糕》课后题："默读课文。借助插图，说说米糕是经过哪些劳动才做成的。"

🌀 默读课文。借助插图，说说米糕是经过哪些劳动才做成的。

这三课都是借助插图，由简单讲讲故事到逐步抓主要故事情节复述一个故事片段，这是一个能力的提升过程。

第五单元《小马过河》的课后题："试着用上下面的词语，讲讲这个故事。"

🌀 **试着用上下面的词语，讲讲这个故事。**

马棚	愿意	磨坊
驮	挡住	为难
突然	拦住	吃惊
难为情	动脑筋	小心

第七单元《蜘蛛开店》课后题:"朗读课文。根据示意图讲一讲这个故事。"

朗读课文。根据示意图讲一讲这个故事。

《小毛虫》课后题:"小毛虫经历了哪些变化?画出相关语句,借助提示讲讲这个故事。"

🌀 小毛虫经历了哪些变化?画出相关词句,借助提示讲讲这个故事。

每个人都有自己该做的事情。

万事万物都有自己的规律。

这3个单元的复述题借助的就不再是图片,而是借助关键的词语和有逻辑性思维的示意图,讲出故事完整的内容。

第八单元《羿射九日》课后题:"根据表格里的内容,讲一讲这个故事(起因、经过、结果)。"

🌀 根据表格里的内容,讲一讲这个故事。

起因	经过	结果
十个太阳炙(zhì)烤着大地,人类的日子很艰难。	羿射下了九个太阳,留下了最后一个。	大地上重新现出了勃勃生机。

这里有了更明确的提示,要根据三要素去讲述文章的主要内容。

学生在这样不断提高的系统训练中,既能学习到复述课文的多种方法,也能得到能力的提升,为中高年级简要地复述课文、创造性地复述课文奠定基础。

2. 识字方法上的提升

本学期从积累词语，扩充词语，在生活中识字，结合形声字的构词规律识字；到第三单元的借助形声字的形旁猜字义，识记字形，区分偏旁相似的汉字，猜字音并用查字典的方式验证读音等，去发现、去观察生字、词语、偏旁，还要对生字、词语进行迁移运用。同样也在自主识字，在生活中识字和借助字典识字的能力都有了很大的提升，这也体现了教材对识字方面的梯度。

3. 朗读能力

朗读要求在本册书中进一步提升，在课后习题中明确提出"试着有感情地朗读课文"的要求。在各单元分解为：试着有感情地朗读课文；分角色朗读，注意读出恰当的语气；读好问句；分角色演一演这个故事。教材的课后习题体现了每一册朗读目标不同梯度的要求，如：从读好对话到分角色朗读课文，再到分角色表演，要求逐步提升。

单元	课文	课后题
第一单元	《古诗二首》	朗读课文；想象画面。
	《找春天》	读好问句、感叹句、排比句等。
	《开满鲜花的小路》	分角色朗读课文；借助插图讲故事。
	《邓小平爷爷植树》	朗读、默读课文；借助插图说情景。
	语文园地一（字词句运用）	根据不同的提问，朗读句子。
第二单元	《一匹出色的马》	试着有感情地朗读课文。
第四单元	《沙滩上的童话》	朗读课文，注意读好对话。
第五单元	《画杨桃》	朗读课文，注意对话的语气。
	《小马过河》	分角色朗读课文，注意读出恰当的语气。
第七单元	《大象的耳朵》	朗读课文，注意读好问句。
第八单元	《祖先的摇篮》	朗读课文，注意读好第2、3小节中的问句。

4. 默读课文

"默读"是小学阶段需要形成的一项重要能力，因此，它的训练贯穿整个小学阶段。当前统编语文二年级上册教材中《雪孩子》和《纸船和风筝》等课文的后面均布置了"默读课文，试着不出声"的学习任务；下册在第一单元的《邓小平爷爷植树》和《千人糕》以及第四单元《枫树上的喜鹊》等课中提出"默读课文"的要求，并在第八单元的课文中指出，注意引导学生运用在这些课文中习得的方法，在默读时逐步做到集中注意力，不出声，不动唇，不指读。其实默读是朗读往上提升的一个梯度，是我们语文教学中训练阅读能力非常重要的一个方法。低年级涉及的是默读，到了五年级有一项训练，就是让孩子们进行有效的快速阅读，这里就是默读的方法，也体现出了培养孩子们语文能力螺旋式上升的梯度。

四、单元语文要素的研读

统编版语文教材采用双线组织单元内容，每个单元以一个宽泛的人文主题将课文组织在一起，同时又将学生必备的语文知识、语文能力、学习方法和习惯即语文要素，分成若干个知识能力训练点，分布在每册教材各个单元的教学之中。下面，以二年级下册第四单元为依托，对单元的语文要素进行研读。

（一）围绕语文要素的单元整体研读

本单元主题：童心。童心本义孩子气，儿童般的心情，引申为本性，真心。李贽说："童心者，真心也"，"童心者，绝假纯真，最初一念之本心也"。本单元围绕"童心"这一主题共编排了4篇课文，分别是儿童诗《彩色的梦》、儿童生活散文《枫树上的喜鹊》、儿童生活记叙文《沙滩上的童话》和科普童话《我是一只小虫子》。虽然课文体裁各异，但都充满童真童趣，有丰富的想象。

课文

8	彩色的梦	42
9	枫树上的喜鹊	45
10	沙滩上的童话	48
11	我是一只小虫子	51
◎	语文园地四	53

从课后练习题来看，本单元语文要素很清晰，即"运用学到的词语把想象的内容写下来"，目的在于培养学生的想象能力和语言运用能力。在课后题和语文园地中都对此进行了多角度、多层次的练习。

（二）围绕语文要素的"坐标"研读

1. 语文要素的横向关联

"想象"这一要素在统编小学语文教材中占据至关重要的地位。统编教材训练点往往呈螺旋上升梯度发展的态势。学习本单元之前，学生接触了两次与想象有关的要素，分别为二年级上册第七单元"展开想象，获得初步的情感体验"，二年级下册第二单元"读句子想象画面"。从"展开想象"到"想象画面"再到本单元"把想象的内容写下来"，"想象"这个要素在这3个单元中由易到难得到了训练。

展开想象，获得初步的情感体验
二年级上册第七单元

读句子想象画面
二年级下册第二单元

运用学到的词语把想象的内容写下来
二年级下册第四单元

2. 语文要素的纵向发展

"想象"这一要素由低学段"联系经验，激发想象"，到中学段"感受想象的丰富和神奇"，再到高学段"运用想象阅读"，呈现了由易到难、逐层递进的梯度发展序列。

本书把"想象"在小学阶段进行了系统的梳理，如表格所示：

教材	单元	人文主题	语文要素
一年级上册	第六单元	想象	把课文读正确、读通顺，初步建立句子的概念。
二年级上册	第七单元	想象	看图发挥想象编故事。
二年级下册	第二单元	关爱	读句子，想象画面。
二年级下册	第四单元	童心	看图发挥想象，借助词语按时间顺序编故事。

(续表)

教材	单元	人文主题	语文要素
二年级下册	第八单元	世界之初	根据课文内容,展开想象。
三年级上册	第三单元	童话世界	感受童话丰富的想象。
三年级下册	第一单元	可爱的生灵	试着一边读一边想象画面。
三年级下册	第五单元	想象	发挥想象写故事,创造自己的想象世界。
三年级下册	第八单元	有趣的故事	根据提示展开想象,尝试编童话故事。
四年级上册	第一单元	自然之美	边读边想象画面,感受自然之美。
四年级上册	第四单元	神话故事	感受神话中的神奇想象和鲜明的人物形象。展开想象,写一个故事。
四年级下册	第二单元	科普	展开奇思妙想,写一写自己想发明的东西。
四年级下册	第八单元	中外经典神话	按自己的想法新编故事。
五年级下册	第六单元	思维的火花	根据情景编故事,注意情节的转折。
六年级上册	第一单元	触摸自然	阅读时能从所读的内容想开去。习作时发挥想象,把重点部分写得详细一些。
六年级上册	第四单元	小说	发挥想象,创编生活故事。
六年级上册	第七单元	艺术之美	借助语言文字展开想象,体会艺术之美。
六年级下册	第五单元	科学精神	展开想象,写科幻故事。

(三)以课后题为依托,落实语文要素

王荣生教授把单元组每篇课文的课后练习和该单元的语文园地称为"助力系统"。因此读好"助力系统",就能明白编者对每一单元的编排意图。接下来以本单元的课后题编排为例,进行简要的分析,看看在一个单元中,课后题是怎样体现训练点的落实的,它们之间又有着怎样的训练梯度。

从内容看,本单元的课后题围绕朗读并说说想法,写写自己的感受与展开想象进行设计。

1. 同一课内语文训练点落实的梯度

以《彩色的梦》这一课的课后题为例进行分析。

> ◎ 朗读课文。边读边想象彩色铅笔画出的梦,再试着用自己的话说一说。
>
> ◎ 你想用彩色铅笔画些什么?试着仿照第2小节或第3小节,把想画的内容用几句话写下来。

第一题是对全诗大意的理解,第1小节写"我有一大把彩色的梦",第2~4小节具体描绘了彩色铅笔画出的彩色梦境。其中,朗读是诗歌教学最有效的方法。在童诗中,彩色铅笔化身为大森林的精灵,滑着轻盈的舞步从碧绿的草坪、鲜红的野花丛、湛蓝的天空"跳蹦"到葱郁的森林,绘出了一幅色彩斑斓、灵动活泼的画卷;从色彩、音响到气味,融成了一个有声有色、多姿多彩的世界。

第二题是在第一题充分了解诗歌内容的基础上进行仿写，也就是落实本单元的语文要素"运用学到的词语把想象的内容写下来"。

《彩色的梦》是一首充满稚趣和童真的儿童小诗，作家高洪波以儿童的视角描绘了彩色铅笔勾画出的美妙梦境。童诗语言活泼凝练，节律明朗，意象生动，读起来具有画面感，贴近儿童的内心世界，是培养儿童想象力的绝佳素材。低年级的儿童正处于富于幻想、好奇多问的阶段，他们的想象具有模仿性和再现性的特点。

2. 单元课文之间语文训练点落实的梯度

（1）写话

本单元紧紧围绕"想象"要素展开，在课后习题和语文园地中为学生设计了多元化的训练，体现从"想"到"感受"再到"写"的过程，循序渐进。教学时要依据习题厘清本单元"想象"要素的呈现序列，并以此确定教学内容，以扎实落实"想象"的语言素养。走进这4篇课文及语文园地的想象世界中，体验想象的魅力，用初步习得的想象方法，从颜色、动作、语言等方面展开想象，进行有序的想象能力培养和写作能力的培养。

《彩色的梦》

> 你想用彩色的铅笔画些什么？试着仿照第2小节或者第3小节，把想画的内容用几句话写下来。

这道题要求发挥想象，仿照课文相关段落写下自己想画的内容。其实，仿写在悄悄地改变着学生的语言风貌。要完成这个练习，需要具有以下能力：①理解第2、第3小节语言文字的思想内涵。②理清句子本身的结构和文段内句子之间的关系。③学生脑海中有画面。④学生有一定量的词语、句子积累。有组词成句、组句成段的能力，会使用标点。其中①②是新的知识，③需要教师的激发，④是应有的知识储备和能力。

《枫树上的喜鹊》

> 看到下面的情景，你会想到什么？试着写下来。
> ▲我看见喜鹊阿姨找了一条虫子回来，站在窝边。喜鹊弟弟一齐叫道："鹊！鹊！鹊鹊鹊！"
> 我懂得，他们的意思是："_____"
> ▲喜鹊阿姨把虫子送到喜鹊弟弟嘴里，叫起来："鹊，鹊，鹊……"
> 我知道，她是在说："_____"

通过探讨这个问题，让学生懂得，喜鹊一家的"语言交流"其实是"我"天真的想象。只要我们留心观察，大胆想象，也一样懂得"鸟言兽语"。这道题就是要求结合材料情景，发挥天马行空的想象，根据教科书文本的句式，用自己的语言写下想象内容。而此课我们需要引导学生根据提供的情景展开想象，借助课文的记叙，想象喜鹊阿姨和喜鹊弟弟还会干什么。这里还可以与语文园地的"字词句运用"中的第二题合并教学。

> ▲照样子，用加点的词语说句子。
> 我看见喜鹊阿姨站在窝边，一会儿教喜鹊弟弟唱歌，一会儿教他们做游戏，一会儿教他们学自己发明的拼音字母……

这里要求仿照例句，根据提示发挥想象，用"一会儿……一会儿……一会儿……"说句子。其实是让学生会运用"一会儿……一会儿……一会儿……"这个句式表达，从而再自主想象喜鹊的语言，练习把自己想象的内容说出来。这是在《彩色的梦》模仿的基础上，上升为独立想象场面。

《沙滩上的童话》

> ▲朗读课文，注意读好对话。
> ▲根据开头编故事，试着用上下面的词语。
> ◎ 在一片沙漠里，有……
> ◎ 从前，有一座大山……
> 城堡 堡垒 凶狠 凶恶 攻打 进攻 火药 炸药 赞赏 赞美 合力 合作

这节课的课后题是要展开想象，根据习题中所提示的词语编写故事。运用学过的词语，根据故事开头编故事，这个更高级，是发散思维的训练，体现了对学生想象能力培养的提升。

《我是一只虫子》

> 小虫子的生活有意思吗？和同学交流你感兴趣的部分。

这节课的课后题比较简单，交流自己感兴趣的部分。这篇课文通篇都是作者的想象，把小虫子的生活写得特别有趣。通过这道题可以让学生感受到作者想象的奇特，为之后的写作奠定基础。

语文园地中的"写话"

> 看图，想一想：小虫子、蚂蚁和蝴蝶用鸡蛋壳做了哪些事情？它们有什么有趣的经历？把它们这一天的经历写下来吧！写的时候，可以用上下面的词语。
> 早上　过了一会儿　到了下午　天黑了

写话的要求：在写故事的时候，使用表示时间的词语，写下小动物一天的经历。

这里我们可以引导学生看图并发挥想象，借助词语，按时间顺序写话，培养想象表达的逻辑性。

（2）识字写字

二年级下册是"通过区分偏旁相似的汉字表示的意思深化对形旁表义规律的认识"。《我是一只小虫子》文中的生字"股、脾"，可以整合课后习题第二题。

> 读一读，注意加点的字，说说你的发现。
> 屈服　脾气　腹部　胳膊
> 肩　　手臂　胃　　肾

这一题引导学生认识含有月字旁的字，要求进行识字归类，并发现与总结汉字音形义之间的联系，发现形旁表义、声旁表音的特点。通过"月"的字源演示，渗透汉字文化，引导学生联系身体部位识字，在游戏活动中巩固识字成果，感受语文学习的乐趣。

语文园地中的"识字加油站"的板块设置中，编者列举 8 个玩具名称，将认识事物、学词、识字结合起来，依托学生喜闻乐见的泡泡提示"我还玩过别的玩具"，要求学生认识 11 个生字。据此，教师可以根据学生的生活经验引导他们识字、认字，谈一谈玩玩具的乐趣，也可以给学生提供与词语相对应的图片，引导他们看图读词语。"书写提示"板块提示了二年级的写字要点：写好左右结构、包围结构的汉字，写好汉字作偏旁时的笔画及笔顺变化。

语文园地中的"字词句运用"的第一题是积累描写心情的词语，为后文写话奠定基础。

> ▲把你积累的词语写下来。
> ◎形容生气：愤怒
> ◎形容高兴：兴高采烈
> ◎形容难过：悲伤

通过上面的分析，我们可以看出单元训练点的落实是有梯度，有层次的，第四单元如此，其他单元也是这样。因此，我们在进行教材解读时要有整体意识。

欢迎扫码观看统编版语文二年级下册教材研读微课

统编版小学语文三年级上册教材研读

邵子超　汪金悦

一、教材整体结构研读

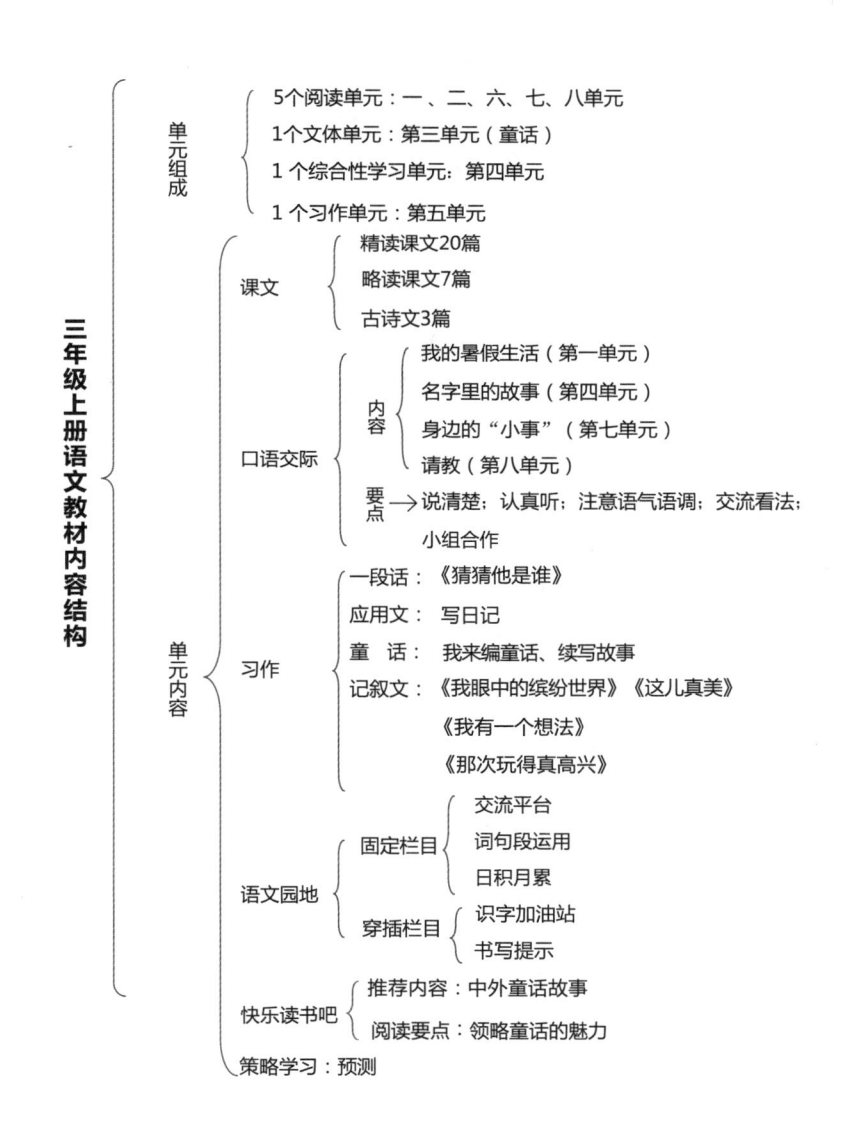

三年级上册语文教材内容结构
- 单元组成
  - 5个阅读单元：一、二、六、七、八单元
  - 1个文体单元：第三单元（童话）
  - 1个综合性学习单元：第四单元
  - 1个习作单元：第五单元
- 单元内容
  - 课文
    - 精读课文20篇
    - 略读课文7篇
    - 古诗文3篇
  - 口语交际
    - 内容
      - 我的暑假生活（第一单元）
      - 名字里的故事（第四单元）
      - 身边的"小事"（第七单元）
      - 请教（第八单元）
    - 要点→说清楚；认真听；注意语气语调；交流看法；小组合作
  - 习作
    - 一段话：《猜猜他是谁》
    - 应用文：写日记
    - 童话：我来编童话、续写故事
    - 记叙文：《我眼中的缤纷世界》《这儿真美》
    - 《我有一个想法》
    - 《那次玩得真高兴》
  - 语文园地
    - 固定栏目
      - 交流平台
      - 词句段运用
      - 日积月累
    - 穿插栏目
      - 识字加油站
      - 书写提示
  - 快乐读书吧
    - 推荐内容：中外童话故事
    - 阅读要点：领略童话的魅力
  - 策略学习：预测

二、单元人文主题研读

统编版教材努力建构一个个清晰的学习、能力训练的体系，为的是帮助语文教师用好教材，在教学实践中充分发挥教材的学习价值。

什么是人文主题？人文主题是怎么确定的呢？《辞海》中这样写道："人文指人类社会的各种文化现象。"人文主题就是人类文化中最核心的部分。三年级上册的教材第一次以单元主题的形式出现，建议老师们在教学备课的时候加强整体意识，巧妙地引导学生认识单元导语页。导语页的上部分是人文主题，下部分是语文要素。语文要素分为两部分，第一部分是阅读要素，第二部分是表达要素。

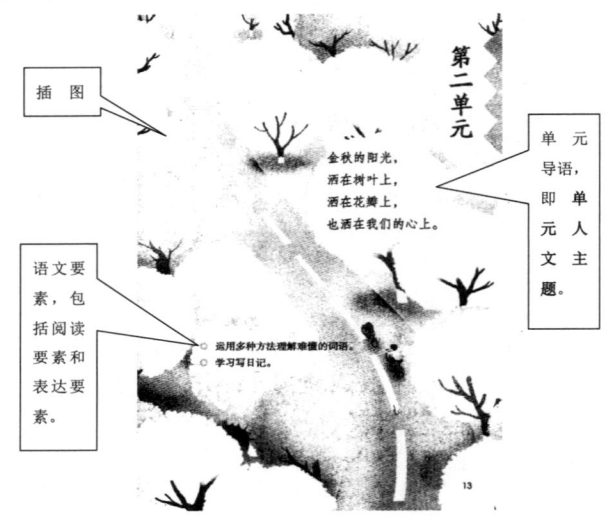

（一）主题分类

三年级上册语文书第三单元的主题是童话世界，第四单元是预测，第五单元是习作单元，但8个单元都是以人文主题和语文要素双线结构编排的。如图所示：

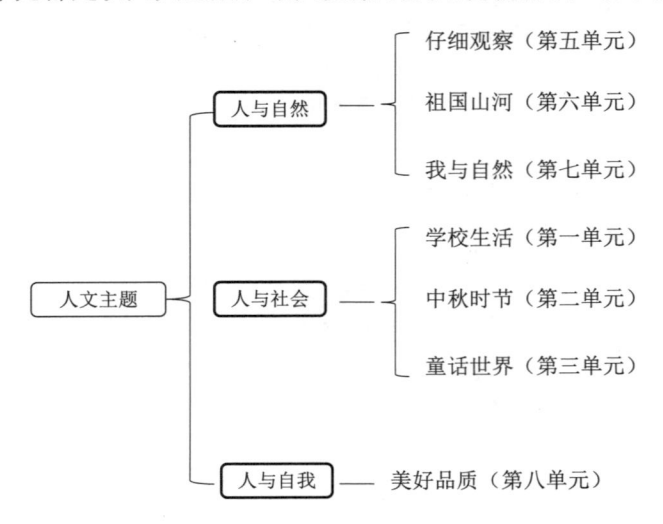

```
                         ┌─ 仔细观察（第五单元）
              ┌─ 人与自然 ├─ 祖国山河（第六单元）
              │          └─ 我与自然（第七单元）
              │
              │          ┌─ 学校生活（第一单元）
人文主题 ─────┼─ 人与社会 ├─ 中秋时节（第二单元）
              │          └─ 童话世界（第三单元）
              │
              └─ 人与自我 ─── 美好品质（第八单元）
```

（二）主题确定

虽然低年级教材没有出现人文主题，但是课后题和教参依然有明确的教学目标。比如二年级上册第 17 课《难忘的泼水节》，课后题提出，用给出的象脚鼓、凤凰花、银碗、柏树枝这些词语，说说总理是怎样和傣族人民一起过泼水节的。这就是要求学生学会"借助词语，了解课文内容"。

二年级下册第 22 课《小毛虫》，课后题提出："画出相关词句，借助提示讲讲这个故事。"这就是要求学生能够"提取主要信息，了解课文内容"。

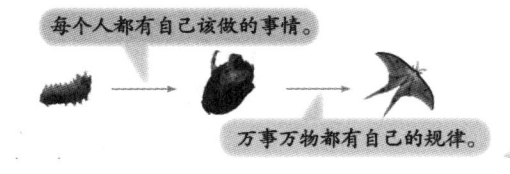

这些语文素养的培养为三年级提炼单元主题打好了基础。

例如，三年级上册第一单元的单元导语是：美丽的校园，成长的摇篮，梦想启航的地方。

如果学生根据所学的方法，直接提炼出单元主题是"美丽的校园"，应及时给予鼓励，并引导孩子们思考，成长就是伴随着事情发生，有无穷无尽的想象才更有乐趣，如果能概括为"学校生活"或者"校园生活"就更好了。

另外，本单元有 3 篇课文《大青树下的小学》《花的学校》《不懂就要问》，其中都有学校的内容，有人物、有景物、有事件。课文题目是内容的浓缩，用题目结合导语页的人文主题内容，学生基本上就能概括出本单元的人文主题——"学校生活"。

三、整本书语文要素研读

本册教材语文要素之间的联系如下：

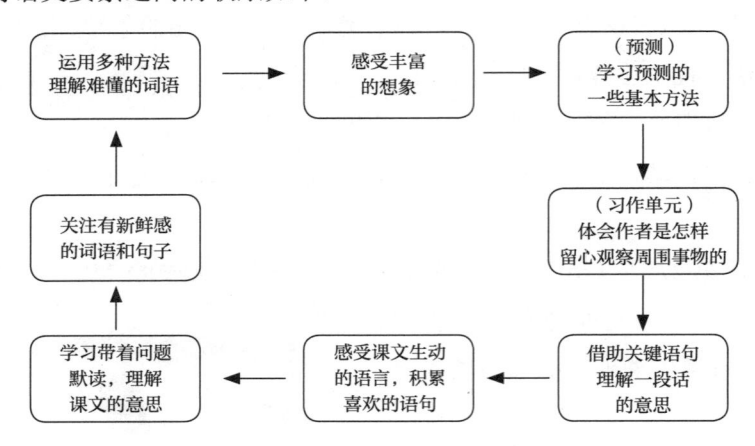

运用多种方法理解难懂的词语 → 感受丰富的想象 → （预测）学习预测的一些基本方法 → （习作单元）体会作者是怎样留心观察周围事物的 → 借助关键语句理解一段话的意思 → 感受课文生动的语言，积累喜欢的语句 → 学习带着问题默读，理解课文的意思 → 关注有新鲜感的词语和句子 → 运用多种方法理解难懂的词语

每一本书都是由双线进行编排构成了一个完整的体系，每一个单元的阅读要素基本上都可以对应起来，完成基本的学习目标。

四、单元语文要素的研读

（一）围绕语文要素的"坐标"研读

1. 语文要素的横向关联（本册书的阅读要素串联起来就是横坐标）

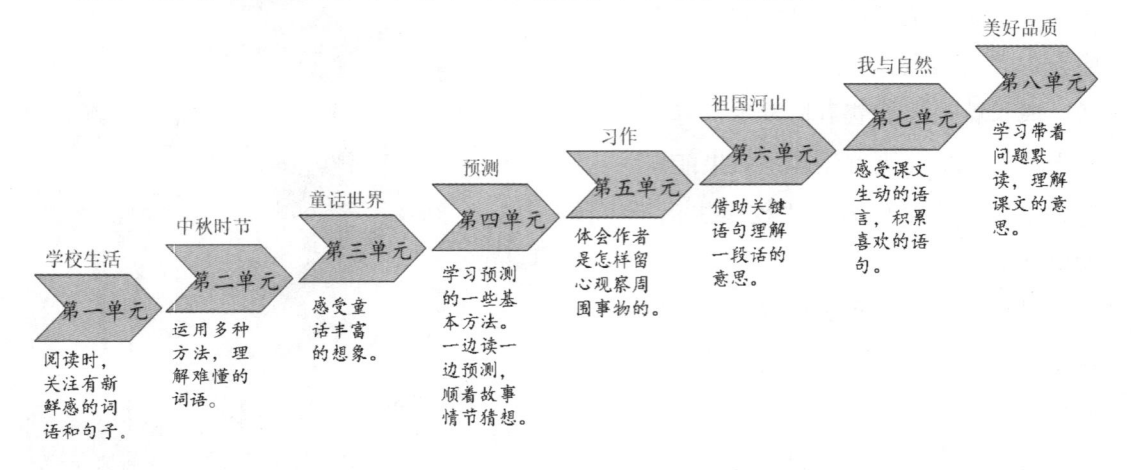

- 学校生活 第一单元：阅读时，关注有新鲜感的词语和句子。
- 中秋时节 第二单元：运用多种方法，理解难懂的词语。
- 童话世界 第三单元：感受童话丰富的想象。
- 预测 第四单元：学习预测的一些基本方法。一边读，一边预测，顺着故事情节猜想。
- 习作 第五单元：体会作者是怎样留心观察周围事物的。
- 祖国河山 第六单元：借助关键语句理解一段话的意思。
- 我与自然 第七单元：感受课文生动的语言，积累喜欢的语句。
- 美好品质 第八单元：学习带着问题默读，理解课文的意思。

第六单元涉及古诗、散文的阅读，重在"借助关键语句理解一段话的意思"。整个三年级的阅读要素是从关注词句，到理解词、段、文，再通过积累，把自己在阅读中的收获迁移运用到自我表达，是一个会关注、学理解、勤积累的过程，逐层递进。

2. 语文要素的纵向发展

要素梯度呈现	
单元	训练重点
二	联系上下文解释词语，初步了解内容。
一	关注有新鲜感的词语和句子。
二	运用多种方法理解难懂的词语。
六	借助关键语句理解一段话的意思。
一	试着一边读一边想象画面，体会优美生动的词语。
四	借助关键语句概括一段话的大意。
六	运用多种方法理解难懂的句子。
七	了解课文是从哪几个方面把事情写清楚的。
八	了解故事的主要内容，复述故事。
四	了解故事的起因、经过、结果，学习把握文章的内容，感受神话中的人物形象。
七	关注主要人物和事件，学习把握文章的主要内容。
一	初步体会课文表达的思想感情。
六	学习怎样把握长文章的主要内容。
七	初步体会课文的静态、动态及写作方法。
三	体会文章是怎样表达情感的。

低年级的时候，学生初步接触联系上下文理解词语的方法，这时的词语很多是新词，而且是一些学生通过图片、形声字规律、自己的经验就能理解其意思的词语。三年级上学期，学生需要学会关注有新鲜感的词语，理解难懂的词语。学生在三年级下半学期，要学会理解一段话的意思，概括段意，并了解课文是从哪几个方面把事情写清楚的。这些语文能力的培养，不仅是为了后期了解课文是从哪几个方面把事情写清楚打基础，更是为高年级习作列提纲做好准备。在高年级的学习中，逐渐学会把握文章的内容，体会文章的思想感情，为写作一步一步奠定基础。

（二）以课后题为依托，落实语文要素

对应《小学语文新课程标准》中"引导学生多读书、多积累，重视语言文字运用的实践，在实践中领悟文化内涵和语文应用规律"，接下来以本册第六单元的课后题编排为例，简要地分析每篇文章的课后题，分析一下统编教材如何开展螺旋式上升的学习路径。

1. 目录及导语

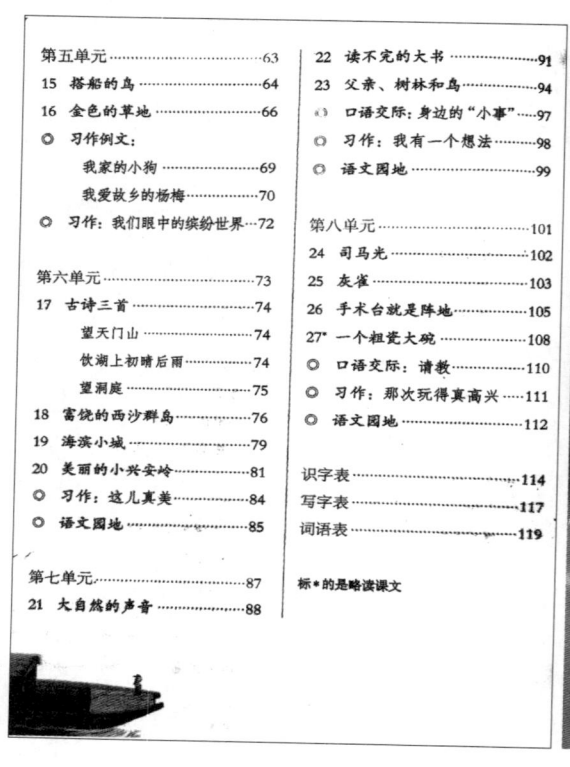

第五单元	63	22 读不完的大书	91
15 搭船的鸟	64	23 父亲、树林和鸟	94
16 金色的草地	66	口语交际：身边的"小事"	97
习作例文：		习作：我有一个想法	98
我家的小狗	69	语文园地	99
我爱故乡的杨梅	70		
习作：我们眼中的缤纷世界	72	第八单元	101
		24 司马光	102
第六单元	73	25 灰雀	103
17 古诗三首	74	26 手术台就是阵地	105
望天门山	74	27* 一个粗瓷大碗	108
饮湖上初晴后雨	74	口语交际：请教	110
望洞庭	75	习作：那次玩得真高兴	111
18 富饶的西沙群岛	76	语文园地	112
19 海滨小城	79		
20 美丽的小兴安岭	81	识字表	114
习作：这儿真美	84	写字表	117
语文园地	85	词语表	119
第七单元	87	标*的是略读课文	
21 大自然的声音	88		

祖国，我爱你。
我爱你每一寸土地，
我爱你壮美的山河。

第六单元

借助关键语句理解一段话的意思。
习作的时候，试着围绕一个意思写。

本单元导语是"祖国，我爱你。我爱你每一寸土地，我爱你壮美的山河"，改编自舒婷的散文诗《我爱你》。导语页的背景是我国塞外的雪山草原。本单元围绕"祖国河山"这一主题编排了题材相似、体裁不同的课文：有描写祖国山川秀美的古诗《望天门山》《饮湖上初晴后雨》和《望洞庭》；有展现风景优美、物产丰富的科学小品文《富饶的西沙群岛》；有风光独特的写景散文《海滨小城》；还有描写四季迷人景色的散文《美丽的小兴安岭》。

2. 设计意图

本单元的阅读要素是："借助关键语句理解一段话的意思。"表达要素是："写作的时候，试着围绕一个意思写。"

本单元编者意图重在以文中泡泡的形式提示学生关注关键语句，以课后题的形式引导学生找出关键语句，以"交流平台"的形式讨论关键语句的作用，以"词句段运用"的形式练习围绕一个句子说一段话。

3. 课后题呈梯度落实训练点

我们先简要以第18课《富饶的西沙群岛》为例。

这一课一共有三道题：

- 有感情地朗读课文。说说从哪些地方可以看出西沙群岛风景优美、物产丰富。
- 选择你喜欢的部分，向别人介绍西沙群岛。
- 从下面的图中选择一幅，写几句话。

首先，"风景优美"和"物产丰富"就是关键词，无形中告诉我们如何从题中提取关键词。

其次，"向别人介绍"是语言的口头表达。

最后，下面的小练笔是书面表达。

从上面的梯度中我们可以看出，这篇文章主要落实的训练点是如何围绕一个意思写一段话，整个单元的表达能力训练也多于阅读能力。"抓住关键词句理解一段话或者一篇文章"在之前的单元中已经有相应的训练，所以第六单元更侧重学生写的训练。

接下来我们来研读一下以上这三个训练点在整个单元中是如何进行梯度设计的。

（1）朗读背诵

17课《古诗三首》

- 有感情地朗读课文，想象诗中描绘的景色。背诵课文。默写《望天门山》。

18课《富饶的西沙群岛》

- 有感情地朗读课文。说说从哪些地方可以看出西沙群岛风景优美、物产丰富。

19课《海滨小城》

- 朗读课文。说说课文写了海滨小城的哪些景象，这些景象是什么样的。

20课《美丽的小兴安岭》

- 有感情地朗读课文，注意读好文中的长句子。

课标对中年级学生阅读的要求是：

▢ 初步学会默读，做到不出声，不指读。

▢ 能联系上下文，理解词句意思，体会课文中关键词句表达情意的作用。

▢ 能初步把握文章的主要内容，体会文章表达的思想感情。

▢ 能对课文中不理解的地方提出疑问。

▢ 初步感受作品中生动的形象和优美的语言。

▢ 积累课文中的优美词语、精彩句段，以及在课外阅读和生活中获得的语言材料。

从"朗读课文"到"有感情地朗读课文"，不同的课文承载着不同的训练任务。低年级的时候，古诗体裁的课文，只要求学生"朗读课文，背诵课文"。中年级在这个基础上，要求学生想象画面。

想象这一训练点，是整个小学阶段的重要训练点之一。学生只有在理解读通读顺的基础上才能展开合理的想象。将课文中的文字转化为具体可感的画面，引导学生边读边想象文字所描述的画面，体会天门山、西湖和洞庭湖的美，这是阅读的基本策略之一。

"有感情地朗读"，才能读出诗的韵味。

《古诗三首》语言凝练，意境深远，朗读时要求学生带着想象从整体去思考。《富饶的西沙群岛》和《海滨小城》的朗读要求上升了一个梯度，让学生朗读的同时要关注风景优美、物产丰富和风光独特的部分。《美丽的小兴安岭》的朗读要求提出"注意读好文中的长句子"。老师们在引导学生细细品味生动传神的长句子的同时，还要顾及这篇课文是本单元的最后一课，它承载着整理复习的作用。

例如：

《美丽的小兴安岭》读完后，学生要整体感知"美丽的小兴安岭什么样？"最后一句揭示了答案："小兴安岭一年四季景色诱人，是一座美丽的大花园，也是一座巨大的宝库。"老师顺势引导："你从哪里看出小兴安岭是美丽的大花园？从哪里看出它是巨大的宝库？"让学生关注部分景物的描写。朗读教学时，要回顾之前学过的方法。

（2）抓关键词句

17课《古诗三首》

- 想象诗中描绘的景色。背诵课文。

18课《富饶的西沙群岛》

- 选择你喜欢的部分，向别人介绍西沙群岛。

19课《海滨小城》

- 有些句子很重要，可以帮助我们理解一段话的意思，你能从课文中找出来吗？

20课《美丽的小兴安岭》

- 读下面的句子，体会加点的词语好在哪里。

古诗的教学一致秉承着由关键字联想到关键词，再扩展到关键句的思路。

《富饶的西沙群岛》提到"向别人介绍西沙群岛"。这是在二年级"用自己的话说一说故事内容"这一训练点基础上的提升。向别人介绍，就需要讲解的人有身份的转换。介绍的过程中，抓住关键的词句，思路才能清晰，才能复述得完整。

《海滨小城》需要学生找出能够帮助自己理解一段话意思的句子。

《美丽的小兴安岭》则在前面学习的基础上提出新要求，不仅要找出优美语句，还要说出好在哪里。

（3）表达训练

17课《古诗三首》

- 默写《望天门山》。

18课《富饶的西沙群岛》

- 从下面的图中选择一幅，写几句话。

19课《海滨小城》

• 在课文中画出你认为写得好的句子，抄下来和同学交流。

20课《美丽的小兴安岭》

• 如果到小兴安岭旅游，你会选择哪个季节去？结合课文内容说说你的理由。

本单元的训练点一条指向"读"，一条指向"写"，"读"和"写"的目标联系得很紧密。课后题最后的设计紧紧围绕本单元习作要素"试着围绕一个意思写"。

《古诗三首》让学生试着将想象的画面用文字表达出来。

在《富饶的西沙群岛》课后习题中，要求学生"从下面的图中选择一幅，写几句话"，这是抓关键句的表达训练。学生在细致的观察后，围绕中心句展开描写的同时，还可以按照自己喜欢的观察顺序来描写。老师们可以把本单元的语文园地"交流平台"和"词句段运用"部分前置，让学生回顾总结学习方法，扩充词语后，再进行小练笔。

同样的写作训练在《美丽的小兴安岭》中也有体现。"你的家乡哪个季节最美？为什么？写一段话和同学交流。"学生在前面的训练基础上，还可以加上"总分"的写作结构，并按照时间顺序来描写季节。

平时学生写作文的时候总是不够精彩，《海滨小城》正好教孩子们积累描写独特、语句优美、有画面感的词句，为自己的写作服务。

由此可见，课后题的设计紧扣语文要素训练点。同一课中单元训练点的设置是有梯度的。从读到解逐步加深；从感知到实践，能力逐步提升。这种梯度不仅体现在某一课中，还体现在课文之间语文训练点的落实中。

老师们可以引导学生思考，围绕"一个意思"作者是怎样描写的？采用了怎样的句式？让学生感悟到作者运用了关键句的形式，把祖国河山描写得壮丽秀美。同时，这一课后题的设置也在提示老师们，可以给孩子们时间和空间发挥想象，开展适当的晨诵课程。再试着用古诗写一写自己身边的美景，并将自己的文章放进"班级诗文采蜜集"中。

（4）附表

纵观整个小学阶段，"借助关键语句理解一段话"阅读要素设计如下：

新的备课·备新的课
指向语文要素的整体教材研读

教材	单元	要素	课文
二年级下册	六	泡泡图：联系下句的"稀"，我能猜出"稠"的意思。	《要是你在野外迷了路》
三年级上册	二	运用多种方法，理解难懂的词语。	《古诗三首》《铺满金色巴掌的水泥道》《秋天的雨》《听听，秋的声音》
三年级上册	六	借助关键语句理解一句话的意思。	《富饶的西沙群岛》《古诗三首》《海滨小城》《美丽的小兴安岭》
三年级下册	三	了解课文是怎么围绕一个意思把一段话写清楚的。	《古诗三首》《赵州桥》《纸的发明》《一幅名扬中外的画》
三年级下册	四	借助关键语句概括一段话的大意。	《花种》《蜜蜂》《小虾》
三年级下册	六	运用多种方法，理解难懂的句子。	《童年的水墨画》《剃头大师》《肥皂泡》《我不能失信》
四年级下册	一	抓住关键语句，初步体会课文表达的思想感情。	《古诗词三首》《乡下人家》《天窗》《三月桃花水》
六年级上册	六	抓住关键句，把握文章的主要观点。	《古诗三首》《只有一个地球》《青山不老》《三黑和土地》

因此，在教学中，教师要"纵横结合"，准确把握学段与单元语文要素之间的联系与区别，有序有效地促进学生语文素养的形成。

统编版小学语文三年级下册教材研读

杨小光　张越

一、教材整体结构研读

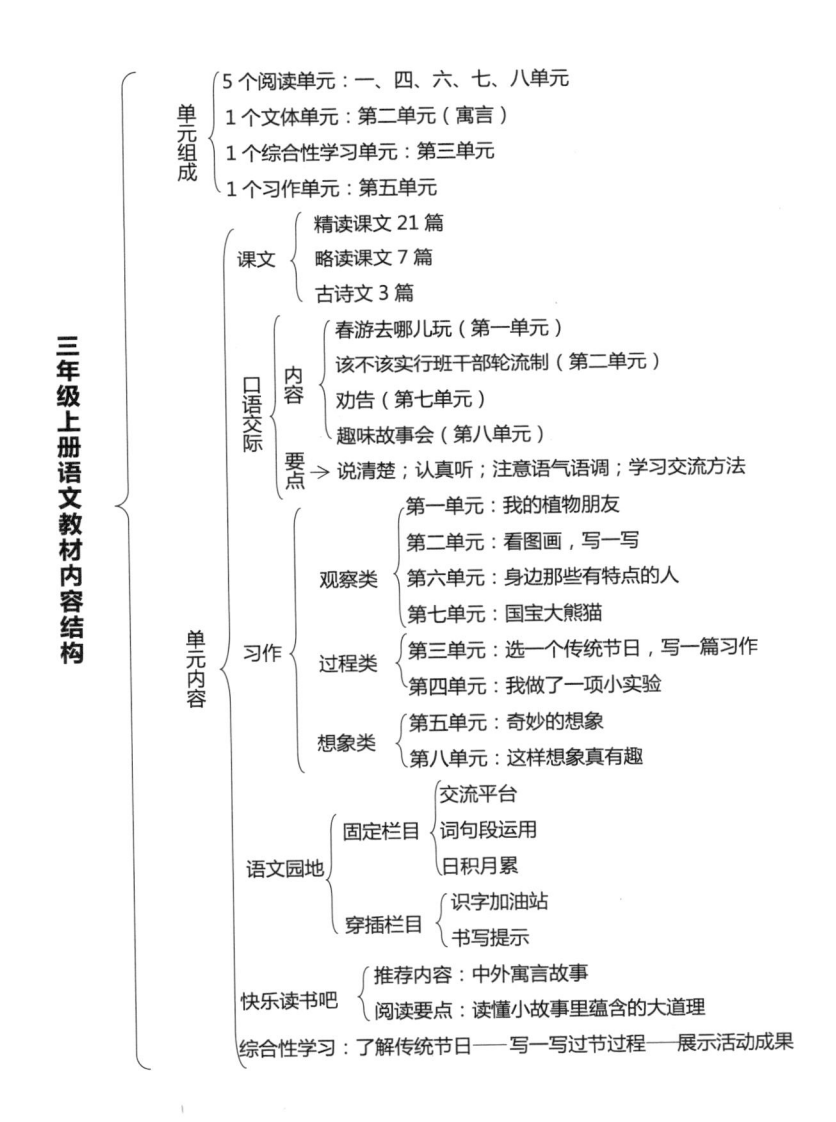

三年级上册语文教材内容结构
- 单元组成
  - 5个阅读单元：一、四、六、七、八单元
  - 1个文体单元：第二单元（寓言）
  - 1个综合性学习单元：第三单元
  - 1个习作单元：第五单元
- 课文
  - 精读课文21篇
  - 略读课文7篇
  - 古诗文3篇
- 单元内容
  - 口语交际
    - 内容
      - 春游去哪儿玩（第一单元）
      - 该不该实行班干部轮流制（第二单元）
      - 劝告（第七单元）
      - 趣味故事会（第八单元）
    - 要点→说清楚，认真听；注意语气语调；学习交流方法
  - 习作
    - 观察类
      - 第一单元：我的植物朋友
      - 第二单元：看图画，写一写
      - 第六单元：身边那些有特点的人
      - 第七单元：国宝大熊猫
    - 过程类
      - 第三单元：选一个传统节日，写一篇习作
      - 第四单元：我做了一项小实验
    - 想象类
      - 第五单元：奇妙的想象
      - 第八单元：这样想象真有趣
  - 语文园地
    - 固定栏目
      - 交流平台
      - 词句段运用
      - 日积月累
    - 穿插栏目
      - 识字加油站
      - 书写提示
  - 快乐读书吧
    - 推荐内容：中外寓言故事
    - 阅读要点：读懂小故事里蕴含的大道理
  - 综合性学习：了解传统节日——写一写过节过程——展示活动成果

二、单元人文主题研读

（一）主题分类

三年级下册语文书除第二单元寓言、第三单元综合性学习、第五单元习作单元之外，其他五个阅读单元都是以人文主题和语文要素双线结构编排的。这五个单元的人文主题分别如图表所示：

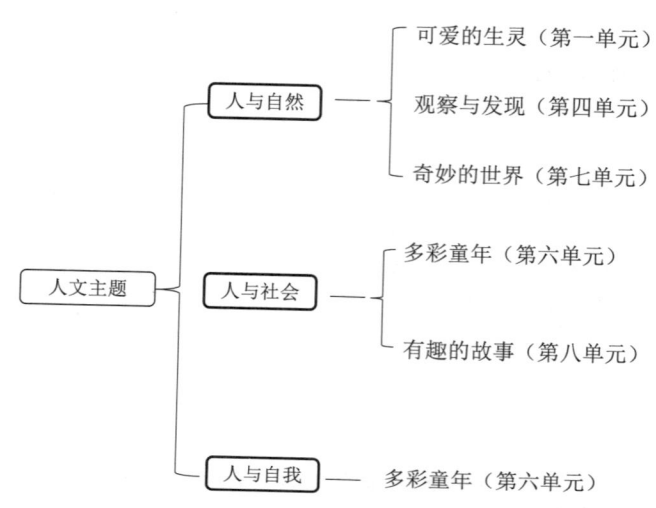

```
                    ┌─ 可爱的生灵（第一单元）
         ┌─ 人与自然 ─┼─ 观察与发现（第四单元）
         │          └─ 奇妙的世界（第七单元）
人文主题 ─┤
         │          ┌─ 多彩童年（第六单元）
         ├─ 人与社会 ─┤
         │          └─ 有趣的故事（第八单元）
         │
         └─ 人与自我 ─── 多彩童年（第六单元）
```

在学习新的单元之前，建议教师先用一节课（我们通常称为"单元导读课"）的时间，带领学生到"单元"里浏览一番。先大概了解本单元的所有内容（包括单元主题、单元导语、语文要素、作者、背景资料、体裁、插图等），再结合语文园地的"交流平台"明确本单元阅读要素的落实方法，明确学习的重点与难点，培养学生进行单元学习的整体意识。

（二）主题提炼

每个单元的单元导语页都包含了很多重要信息，教师要引导学生一一去发现，教会学生依据单元导语中的关键词提炼出本单元的人文主题。例如：

第一单元的单元导语是：飞鸟在空中翱翔，虫儿在花间嬉戏。大自然中，处处有可爱的生灵。

引导学生抓住这句话中的关键词，即"飞鸟""虫儿"，分别是鸟类和昆虫，据此推断，单元主题应该和自然生物有关。再依据导语后半句中的"可爱的生灵"，验证出本单元的主题和大自然中的这些"生灵"有关，那么"可爱的生灵"这五个具有高度概括性的字就可以作为本单元的人文主题，进而完成了主题确定。

再翻开本单元的几篇课文《古诗三首》《燕子》《荷花》《昆虫备忘录》，从题目看，也和单元导语一脉相承，都是自然生灵。继续浏览课文，发现无论是诗词，还是散文，甚至是科普读物，编者都选取了不同体裁，从不同角度给予这些可爱的生灵或详细或生动的介绍。所以，综合以上信息，学生根据课题以及内容也可以轻松概括出本单元的人文主题——"可爱的生灵"。

再比如第七单元，其单元导语是：天地间隐藏着无穷无尽的奥秘，等待着我们去寻找。再看这一单元安排的三篇课文：《我们奇妙的世界》《海底世界》《火烧云》。课题及内容既包括我们身边常见的美丽事物，也有天上美轮美奂的云朵，甚至还有海底的奇妙世界，而奇妙的世界也正契合了导语的前半句——天地间隐藏着无穷无尽的奥秘，如此一来，我们就可以将"奇妙的世界"确定为这一单元的主题。

```
                    ┌─── 从导语提炼关键词
    单元主题概括 ───┤
                    └─── 根据课文总结概括
```

以上是概括主题的基本方法，也是比较常用的。需要注意的是，概括主题的文字并不唯一，它不是概念，所以，只要意思相近，还可以用其他的词语来表达。

三、整本书语文要素研读

（一）本册教材语文要素之间的联系

1. 本册教材阅读要素之间的联系

本册书的语文训练重点依然呈现出梯级上升的层次特点，且重点是对句子的把握。

单元	语文要素
第一单元	试着一边读一边想象画面。体会优美生动的语句。
第二单元	读寓言故事，明白其中的道理。
第三单元	了解课文是怎么围绕一个意思把一段话写清楚的。
第四单元	借助关键语句概括一段话的大意。
第五单元	走进想象的世界，感受想象的神奇。
第六单元	运用多种方法理解难懂的句子。
第七单元	了解课文是从哪几个方面把事物写清楚的。
第八单元	了解故事的主要内容，复述故事。

第一单元的训练重点是体会优美生动的词句，是对好词好句的品析与积累。类似这样的单元在上册已出现，以后也会出现，它既是语文的基础积累，也是形成写作能力的重要途径，同时它的知识难度并不高，放在学期伊始恰到好处。

从第三单元开始，训练难度开始增加，"了解课文是怎么围绕一个意思把一段话写清楚的"，也就是文章如何围绕中心句进行写作，这是从文章整体上理解和把握主要内容以及作者的写作方法。与此相联系，紧接下来的第四单元，就要求学生借助关键语句概括一段话的大意，大家要特别关注"概括"一词，并不是让孩子找到这样的中心句，而是根据意思概括，是能力的升级。

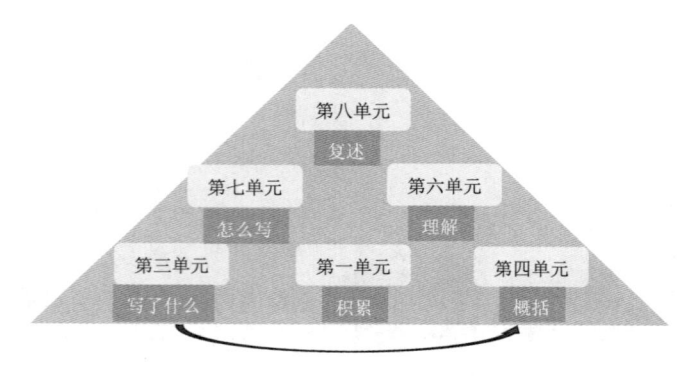

```
              第八单元
                复述
       第七单元        第六单元
        怎么写          理解
   第三单元    第一单元    第四单元
    写了什么    积累      概括
```

这种概括能力对学生来讲是有一定难度的，如何概括，就是我们教学中该重点向学生讲解的，而其中有一个重要的方法，就是抓住关键词句。对关键词句的敏感度，是上学期学生已经接触的，借助已有的学习经验突破本次教学重难点，也应该是水到渠成的。而其中难度比较大的是对一些难懂句子的理解，将这些句子都理解之后，概括起来就会更容易，所以到第六单元就出现了"运用多种方法，理解难懂的句子"，这是在理解能力层面上的难点突破。教学中，既可以迁移运用难懂词语的理解方法，还可以有更多拓展，将其夯实之后，更高难度的概括也就迎刃而解了。所以它和前一个知识点联系的紧密性也就不言而喻了。

当学生将课文内容理解透彻之后，就基本能完成下一个单元的训练重点"了解课文是从哪几个方面把事物写清楚的"了。它和第三单元阅读要素最大的区别是，前者要求学生了解课文主要"写了什么"，而本单元则要求学生了解作者是"怎么写的"，这也是本册书的训练重点——尽量写清楚一件事。需要关注的是"了解"两个字，对学生的要求不要过高，因为它是一个循序渐进的过程。而写清楚一件事的前提是说清楚一件事，所以第八单元要求孩子在了解故事内容的基础上，进行复述。复述不仅要将故事的主要内容讲出来，既能体现逻辑性，也训练了表达能力，同时还要区分和背诵的区别，也就是既有主要内容，也有重点和主次。

2. 本册教材表达要素之间的联系

表达能力，从输出途径上分，包括口语表达和书面表达，反馈在教材上则是口语交际和习作。

从分布上看，口语交际的次数依然延续上册，整套教材也是统一的，教材的前后部分各两个，而且会安排在习作之前，可以说是习作的前期准备。在每单元的教学结束之后，还会安排一个习作，本册书依然有 8 次大的习作训练，除此以外还包括了 3 次小练笔。可以说口语交际是习作的前期准备，习作是口语交际的多面延展，二者是学生语文能力的最终体现，也是语文素养的最终反馈。

二者的具体内容和关系，我们可以从以下图表中进行简单了解：

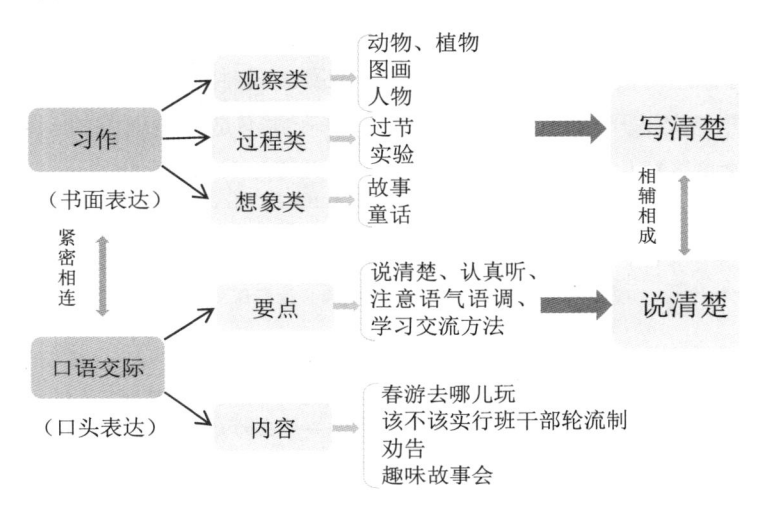

```
                   ┌─ 观察类 ── 动物、植物
                   │           图画
                   │           人物              ┐
习作 ──────────────┼─ 过程类 ── 过节              ├──→ 写清楚
（书面表达）       │           实验              ┘       ↑
                   └─ 想象类 ── 故事                     │ 相辅
                               童话                     │ 相成
   ↕ 紧密相连                                            ↓
                   ┌─ 要点 ──── 说清楚、认真听、
                   │           注意语气语调、      ──→ 说清楚
口语交际 ──────────┤           学习交流方法
（口头表达）       │
                   └─ 内容 ──── 春游去哪儿玩
                               该不该实行班干部轮流制
                               劝告
                               趣味故事会
```

从图中可以看出，本册教材的习作种类还是丰富多样的：既有对自然的观察，也有对人物的细致观察，还有对静止事物（图画）的观察，无论观察的对象是什么，都是对其进行的细致观察，这是在上册学习经验基础上的延伸；除观察类习作，还有对过程以及想象内容的描写，如此丰富的习作内容，对学生的要求却是统一的，都是围绕"写清楚"进行训练，它既是在落实单元阅读要素基础上对表达要素的夯实，同时也是口语表达训练的多维拓展。

从图中可以清晰地看出，本次口语交际的要求是围绕"说清楚"，这和书面表达"写清楚"的要求不谋而合，所以二者也是相辅相成、紧密相连的。

（二）整套教材语文要素之间的联系

统编版教材不同年级之间的语文要素也存在着非常紧密的联系，其过渡性也有非常明显的体现，而相邻册级之间的联系就更为紧密，如：

1. 从词语关注、感受到体会的过渡

┌─────────┐ 第一单元：关注有新鲜感的词语和句子
│三年级上册│ 第七单元：感受课文生动的语言，积累喜欢的语句
└─────────┘

┌─────────┐ 第一单元：体会优美生动的语句
│三年级下册│
└─────────┘

新的备课·备新的课
指向语文要素的整体教材研读

教材在第一学段注重对学生基础能力的培养，如识字和词语认读；到了三年级关注的就是生动的词句，进而感受、积累，体会这些优美生动的词句表达的效果，也是为学生的习作积累素材和方法，以便运用。这些优美生动的语句，既有好词好句，还涉及一些描写，可见，到此学段，关于"语法"的学习已经在潜移默化中渗透到语文学习当中了。

2. 从理解到概括的过渡

从词语理解到句子理解，非常明显地提高了要求，在具体的方法上，前者为后者提供了借鉴，后者在之前的基础上还会有增加和拓展。同时它也是知识难度的又一次增加，是语文能力的再一次提升，但这种难度和能力提升并不是一蹴而就的，要求也不是一成不变的，而是在潜移默化中逐步完成的。

三年级上册	第二单元：运用多种方法理解难懂的词语 第六单元：借助关键语句理解一段话的意思 第八单元：学习带着问题默读，理解课文的意思

⬇

三年级下册	第三单元：了解课文是怎么围绕一个意思把一段话写清楚的 第四单元：借助关键语句概括一段话的大意 第六单元：运用多种方法理解难懂的句子 第七单元：了解课文是从哪几个方面把事物写清楚的

从图中还可以清晰地看出，三年级的训练重点开始从理解向概括过渡，从句段理解向篇章过渡，更重要的规律是，从对课文理解上的"写了什么"向"怎么写"过渡，也就是从内容学习向方法学习的过渡，要求和难度都越来越高。

如此来看，语文教材整个义务教育阶段都有这样的体现，其环环相扣的逻辑安排是对孩子学习能力的纵向要求，也是培养的方向和手段，分散在各个不同的学段和单元，不仅减轻了学习压力，也有助于具体知识点的突破和落实。

四、单元语文要素研读

在具体单元的语文要素落实中，我们可以以课文为依托，以课后题为切入点，把握彼此之间的联系和逻辑关系，逐步突破，落实训练重点，以第八单元为例，简单介绍如下。

本单元的阅读要素是：了解故事的主要内容，复述故事。

单元共安排了4篇课文，从篇幅来看，都是长文章；从题材来看，都是趣味性很强的故事，是学生比较感兴趣，且愿意讲给更

多人听的故事。由于篇幅较长，就需要在了解故事主要内容的基础上，或者按顺序，或者将重要内容和感兴趣的部分讲给别人听。在学习中，教师要引导学生以课后题为突破口，在以往学习经验的基础上，学习新的复述方法，进而突破本单元的教学重难点，完成复述。

（一）要素的整体联系

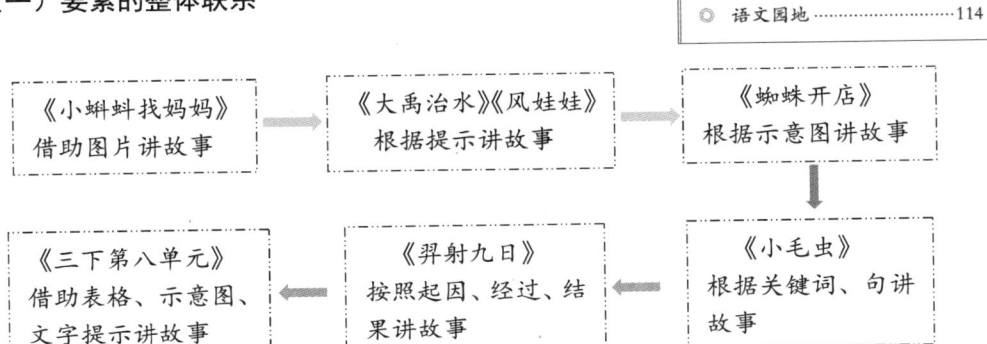

```
《小蝌蚪找妈妈》     →   《大禹治水》《风娃娃》   →   《蜘蛛开店》
借助图片讲故事            根据提示讲故事              根据示意图讲故事
                                                          ↓
《三下第八单元》     ←   《羿射九日》             ←   《小毛虫》
借助表格、示意图、        按照起因、经过、结          根据关键词、句讲
文字提示讲故事            果讲故事                    故事
```

复述并不是在三年级上册教材中首次出现的，早在二年级上册第一课《小蝌蚪找妈妈》中，其课后题就出现了借助图片讲故事，其实这就是复述的准备阶段。《大禹治水》《风娃娃》中又出现了根据提示讲故事。二年级下册课文《蜘蛛开店》出现了根据示意图讲故事。《小毛虫》是根据关键词、句讲故事，在《羿射九日》一文中，要求学生按照起因、经过、结果的顺序讲故事。以上都可以看作是复述的前期准备阶段，且暗含着一定的逻辑性，难度也是由浅入深，逐步提高的。但复述方法已经在潜移默化中蕴含，即抓住关键词句、按一定顺序、借助图表等，为更高水平的复述打下基础。可以说，本单元的复述就是以上方法的灵活运用和夯实，而这也将为以后的简要复述和创造性复述打下基础。

（二）要素的单元联系

从本册书来看，对复述的要求，是从句子理解到段落把握，最后才是文章内容的整体把握，其要素要求是逐步落实的，不是一蹴而就的。在之前学习的讲故事方法的基础上，加之内容的梯级把握，最后才是复述的落实，教材的用意不言自明。需要注意的是，教学时要注重复习以往的学习方法，用已有的学习经验丰富今天的学习内容。

单元	语文要素
四	借助关键语句概括一段话的大意。
六	运用多种方法，理解难懂的句子。
七	了解课文是从哪几个方面把事物写清楚的。
八	了解故事的主要内容，复述故事。

（三）要素的具体落实

单元教学时，笔者认为，教师首先要在心中明确单元重点——了解故事的主要内容，复述故事。本单元包含的4篇课文都是想象力丰富、趣味性强、孩子喜闻乐见的故事，很适合复述。教学时可以从课后题切入，逐步落实教学目标，突破教学重难点。

1. 关于朗读

语文教学"读"占鳌头，每一篇课文教学都离不开读，但每一篇课文的读都有其独特性，也有其特定目的。纵观本单元四篇课文，其朗读要求如下：

> 分角色朗读课文，注意读出裁缝和顾客对话的语气。
> ——《慢性子裁缝和急性子顾客》
> 默读课文。 ——《方帽子店》
> 默读课文，选择喜欢的部分，和同学分角色朗读，体会故事的趣味。
> ——《漏》
> 默读课文。 ——《枣核》

耐人寻味的是，出现分角色朗读的都是精读课文，而略读课文基本都是要求默读。之所以这样安排，笔者认为这是契合了"精读课文学方法，略读课文练应用"。具体到本单元的课文内容，分角色朗读更容易感受到故事的趣味性，如果加上一定的语气、语调和动作，一定会达到非常好的视听体验。两篇略读课文同样具备趣味性，由于课时限制，不能同等比重安排，所以重点是方法的应用。

2. 关于内容

如上所述，本单元的故事趣味性都很强，但课后题呈现的点却不同。

> 《慢性子裁缝和急性子顾客》侧重从朗读中体会感受。
> 《方帽子店》侧重引导学生感受故事中最意想不到的部分。
> 《漏》则综合以上两点，既可以在分角色朗读中体会趣味，也可以重点体会自己觉得最有意思的内容。
> 《枣核》可以通过续编的方式让故事更有趣。

在上述目标落实之后，复述的落实也就顺理成章了。

3. 关于复述

仔细研读会发现，在精读课文的最后一题，略读课文的提示语中，都会出现一道落实单元训练重点的题，以其为突破口，可以比较容易地落实教学目标。

如《慢性子裁缝和急性子顾客》的最后一题，要求学生在默读课文后，填写表格，再借助表格复述故事。表格中以时间作为顺序提示，以急性子顾客的需求和慢性子裁缝的反应作为内容提示。当学生在默读中仔细思考出答案后，再用自己的话将其串联起来，就是对故事的整体复述，在潜移默化中突破教学重难点。在习得这种方法之后，就可以在下一篇课文《方帽子店》中进行应用，学生可以根据大人和孩子的对话列出表格，借助表格内容进行复述，还可以根据略读提示的问题，复述自己最喜欢或者意想不到的部分。

课文《漏》也有复述的要求，但方法已经和第一篇课文的提示有所区别，它要求学生"借助下面的示意图和文字提示，按照地点变化的顺序，复述这个故事"。示意图显示的就是不同的地点，文字提示内容基本都是故事发展的顺序梗概，借助这个提示，复述的难度降低，学生也能比较容易地达到学习目标。

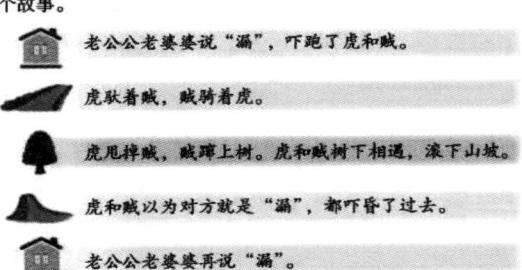

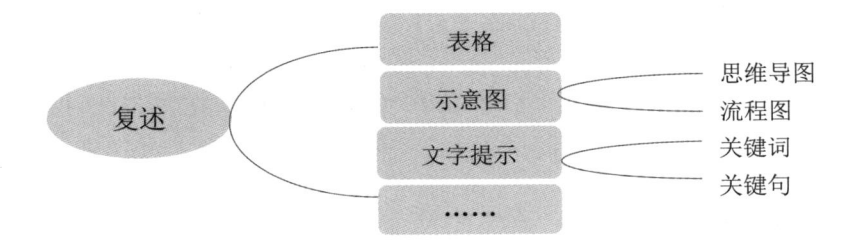

（四）板块整合

1. 语文园地

以上训练目标的逐步落实，是循序渐进的。教师教学时要注意教学节奏，同时还可以将"交流平台"中的内容前置，先将方法提供给学生，使学生明白：复述故事并不是文章的简单背诵，也不是主要内容的概括，而是用自己的话把故事内容讲出来。同时回忆以前学过的讲故事的方法，如借助图画、图表，根据关键词、句提示等，这些方法在复述故事时仍然可以运用。

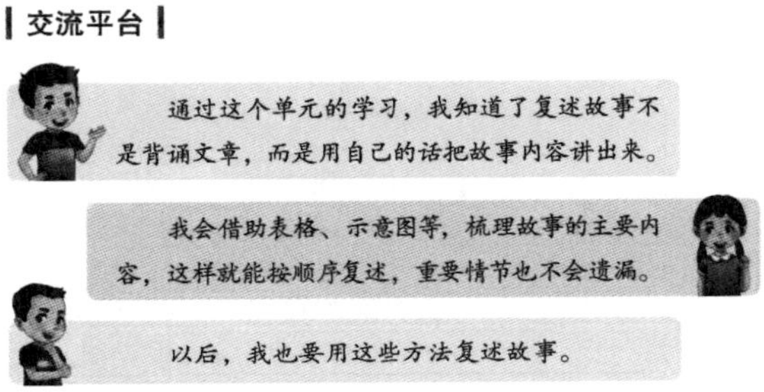

除了复述方法提示，在"词句段运用"中，还有具体语言表述上的方法提示，如关于语言转述方法的提示，这也是为转述做准备。

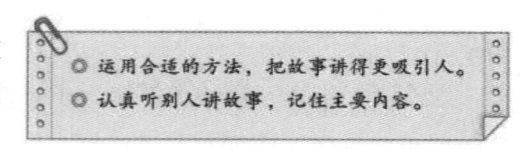

除此以外，还有关于故事题目的交流，这都是为将故事讲得有趣做准备。教师可以将这些内容渗透在教学过程中，对于教学目标的落实难度会大大降低。

2. 口语交际

值得一提的是，本单元的口语交际和训练目标的落实之间也有紧密的关系，这在教材编排中是比较常见的。本次口语交际的主题是《趣味故事会》，它要求"运用合适的方法，把故事讲得更吸引人。认真听别人讲故事，记住主要内容"。当单元教学都完成时，学生在掌握了一定方法之后，基本能够将有趣的故事复述出来，可以通过表格提示，按一定顺序将故事讲述出来，也可以根据示意图或者文字提示复述，当然还可以借鉴以往的学习经验进行复述。本次口语交际正是在这一训练重点完成的基础上进行，和阅读要素之间的关系非常紧密，这在整套教材中是极其罕见的。它既是知识点的夯实，也是一次重要的表达训练，更是教学效果的反馈。

一次成功的口语交际，除了内容，还有呈现方式。在学生学习课文时已经掌握了内容表达的基本方法，这时还需要注意语气、恰当的表情变化，必要时还可以加上适当的手势。从难度上讲，本次口语交际超过了前三次的表达难度，但也是在之前交际基础上的能力延伸，非一日之功。

3. 习作

①全册习作呈现

单元	人文主题	训练重点
一	动物植物	试着把观察到的事物写清楚。
二	寓言	把图画的内容写清楚。
三	综合性学习	收集传统节日的资料，交流节日的风俗习惯，写一写过节的过程。
四	留心观察	观察事物的变化，把实验过程写清楚。
五	习作：想象	发挥想象写故事，创造自己的想象世界。
六	童年生活	写一个身边的人，尝试写出他的特点。
七	大自然的奥秘	初步学习整合信息，介绍一种事物。
八	有趣的故事	根据提示展开想象，尝试编童话故事。

②紧扣训练点

本册书的8个习作，整体上看与相应单元的训练重点联系得还是比较紧密的。如第一单元，阅读要素是"一边读一边想象""体会优美生动的词句"，对应的习作要素是"把观察到的事物写清楚"。其实在课文讲解的过程中就可以进行相应的训练。

③从写清楚向个性化过渡

整体上看，前半部分强调要"写清楚"，到后半部分则出现了"创造想象""整合写作""写出特点"以及"创编童话"，它的自主性更强，更强调学生的发散思维和想象，突出写作的个性化。

④着力培养想象力

爱因斯坦说："想象力比知识更重要"，对小学阶段的学生来说，想象力在语文学习中尤为重要。所以想象是儿童时期重点培养的一种能力。低年级阶段尤其注重想象，从一、二年级课文内容的选择我们就可见端倪，几乎都是童话，三年级甚至将童话的丰富想象作为训练重点提出，从随意想象，到看图想象，随着年龄增长，过渡到根据文字想象，甚至逻辑想象。

从习作上看，低年级是看图编故事，三年级上册是续编童话，三年级下册是整篇童话的创编，是想象能力提高的要求，也是写作能力提高的要求。

⑤习作目标实现

a. 借助课文素材

本单元的习作主题是"这样想象真有趣"。如何想象才是有趣的？其实在习作之前，学生已经从4篇课文的故事中感受到了有趣的想象，除了反常的人物性格，还有反常的帽子，甚至是反常的人物形象，都会给孩子启发。

b. 认真阅读提示

在习作提示中，引导学生想象动物失去了原来的主要特征，或是变得与原来完全相反，它们的生活会有什么变化呢？又会发生哪些奇异的事情呢？想象如果母鸡能在天空中飞翔，如果蚂蚁比树还大，如果老鹰胆小如鼠，如果蜗牛健步如飞……那它们的经历一定很有趣。想象让动物失去原有的主要特征，或是变得与原来完全相反，它们的生活会有什么变化？又会发生哪些奇异的事情呢？阅读后要引导学生充分发散思维去想象。

c. 充分交流

习作前，一定要让学生充分交流，必要时还可以借助以前童话中的一些场景，交流时一定会闪现思维的火花，然后再进行写作，会有比较好的效果。写完后，大家还可以相互传阅，收集同学的建议再进行修改，创编出一个有趣的童话故事。

通过以上解读，我们发现，无论是语文要素的训练和夯实还是习作水平的提升，都有层级性的体现，都不是孤立的单独存在，都需要我们找到它们的内在联系，再进行突破。

五、教材版本对比

（一）字词

教材经过不断地更新，正在逐步完善，字词音方面，新版本的生字增加了8个（凑、势、投、讶、捞、镇、腿、轮），拼音增加了6个（凑、势、投、忧、普、镇），删除了9个字（携、术、灼、斗、缸、钳、险、檀、取），还增加了2个词语（惊讶、倒映），删掉了3个词语（危险、地球、生物）。此外，还有两处标点出现了变化，由原来的顿号变成了逗号，改变之后的句子停顿有短暂延长。这些删减变化都是基于学生的认知进行的，正在向更贴合学生的认知方向发展。

（二）插图

教材对知识的准确性要求更高，这在教材插图中有更明显的体现。本册书中主要体现在课文《昆虫备忘录》和《蜜蜂》两课中。

（旧版）　　　　　　（新版）

《昆虫备忘录》中的独角仙触角和旧版教材有细微差别，由原来短钩状改为稍细长的双钩。这充分体现了教材的科学严谨，细节处也要求准确无误。

课文《蜜蜂》中的插图主要体现在首页的蜜蜂数量上，新版较之旧版少了4只蜜蜂。

（三）表达

除了上述几点变化，新版教材在表述上更简洁，更准确。如第一单元语文园地中"它的甲壳多为深色"变为"它的壳多为深色"，去掉一个字，句子意思并没有改变，但更简洁，也更准确了。类似的变化，在其他课文中还有几处，如第10课《纸的发明》中，原文"他把树皮、麻头、稻草、破布等原料"中的"稻草"去掉了，列举原料中的3个，其余内容均在"等"字中包含，这样写更简洁。类似的变化，在课文22课还有，教师可以在课堂中引导学生去发现，进而总结出文字表述贵在简洁、明了。

此外，在表达上的逻辑性也更强。如课文23课《海底世界》中，原来的表述是："最小的单细胞海藻，要用显微镜才能看清楚。最大的海藻长达二三百米，是地球上最长的生物。"现在语序调整为:"最大的海藻长达二三百米,是地球上最长的生物。最小的单细胞海藻,要用显微镜才能看清楚。"这样的表述,对比性更强,表达起来逻辑性更强。

教材的变化一直都有,都是为了让教材更完善,力求呈现给学生更准确的知识。教师在备课时要注意关注这些变化,随时调整教学策略,更好地落实教学重难点。

欢迎扫码观看统编版语文三年级下册教材研读微课

统编版小学语文四年级上册教材研读

杨小光　张越

一、教材整体结构研读

四年级上册语文教材内容结构
- 单元组成
  - 5个阅读单元：第一、三、六、七、八单元
  - 1个策略单元：第二单元（提问）
  - 1个文体单元：第四单元（神话）
  - 1个习作单元：第五单元
- 单元内容
  - 课文
    - 精读课文20篇（含古诗文4篇）
    - 略读课文7篇
  - 口语交际
    - 内容
      - 第一单元：我们与环境
      - 第三单元：爱护眼睛，保护视力
      - 第六单元：安慰
      - 第八单元：讲历史人物故事
    - 要点：思辨；交际礼仪；语调，肢体语言；生动讲述
  - 习作
    - 写景类：第一单元：推荐一个好地方
    - 记叙类
      - 第五单元：生活万花筒
      - 第六单元：记一次游戏
      - 第八单元：我的心儿怦怦跳
    - 应用类
      - 第三单元：写观察日记
      - 第七单元：写信
    - 想象类
      - 第二单元：小小"动物园"
      - 第四单元：我和____过一天
  - 语文园地
    - 固定栏目
      - 交流平台
      - 词句段运用
      - 日积月累
    - 穿插栏目
      - 识字加油站
      - 书写提示
  - 快乐读书吧
    - 推荐内容：中外经典神话与传说故事
    - 阅读要点：发挥想象，感受神话的神奇
  - 策略单元：从不同角度思考，提出问题

二、单元人文主题研读

（一）主题分类

新教材的单元布局改变了以往人教版按文体安排单元的形式，教材符合新课程需求，不再过度强调语文的文体知识，更加注重学生在学习过程中的人文体验。将教材内容赋予更多人文内涵就是其重要体现。根据文本与人的关系，我们可以将其归为三大类：

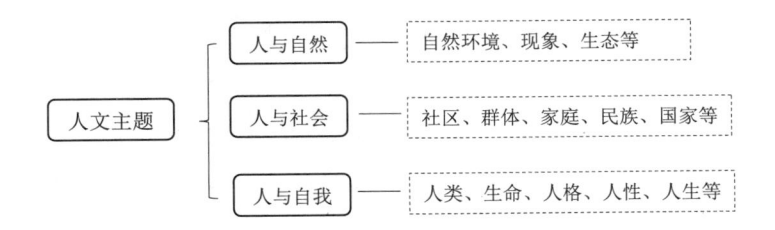

```
              ┌─ 人与自然 ── 自然环境、现象、生态等
   人文主题 ──┼─ 人与社会 ── 社区、群体、家庭、民族、国家等
              └─ 人与自我 ── 人类、生命、人格、人性、人生等
```

本册教材的五个阅读单元都是以人文主题和语文要素双线结构编排的。这几个单元的人文主题分别如图所示：

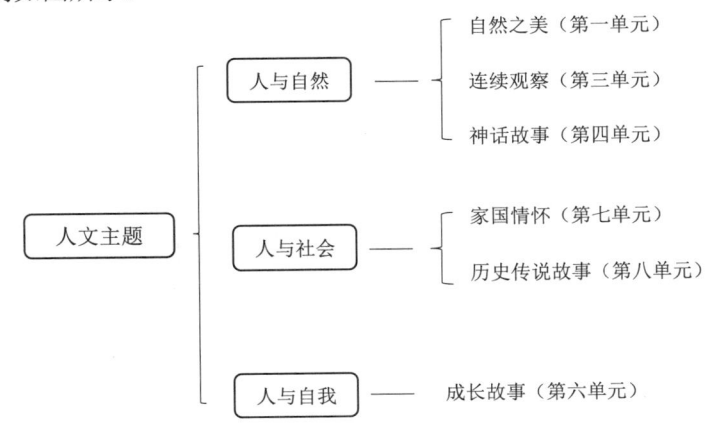

```
              ┌─ 人与自然 ──┬─ 自然之美（第一单元）
              │             ├─ 连续观察（第三单元）
              │             └─ 神话故事（第四单元）
   人文主题 ──┼─ 人与社会 ──┬─ 家国情怀（第七单元）
              │             └─ 历史传说故事（第八单元）
              └─ 人与自我 ──── 成长故事（第六单元）
```

在学习新的单元之前，建议教师先用一节课（我们通常称为"单元导读课"）的时间，带领学生浏览本单元的所有板块及其内容。大概了解本单元内容（包括单元主题、单元导语、语文要素、课文内容、作者、背景资料、体裁、插图、课后题等），再结合语文园地的"交流平台"明确本单元的重点与难点，培养学生进行单元学习的整体意识。

（二）主题提炼

每个单元的导语页包含了很多重要信息，教师要引导学生一一去发现。学生利用已有的学习方法提炼出本单元的人文主题，如：导语关键词、课文内容等。除此以外，教师还要引导学生关注导语出处或者插图，通过细节概括单元主题。例如：

第六单元的导语是：童年啊！是梦中的真，是真中的梦，是回忆时含泪的微笑。

教材明确指出这两句话是冰心所说，教师就可以以此为突破口，引导学生搜集更多关于冰心的资料。

从简介中不难看出，冰心是我国著名儿童作家，再加上导语提示，提炼出本单元的主题是有关童年的成长故事。

由此，学生在搜集资料的过程中，对冰心有了更多了解，也为接下来四年级下册第9课《繁星》的学习做好了铺垫，可谓一举两得。

接下来，教师还要引导学生结合导语页

> 冰心，原名谢婉莹，中国诗人，现代作家，翻译家，儿童文学作家，社会活动家，散文家。笔名冰心取自"一片冰心在玉壶"。1923年出国留学前后，开始陆续发表总名为《寄小读者》的通讯散文，成为中国儿童文学的奠基之作。其代表性作品《纸船——寄母亲》《小橘灯》曾长时间出现在小学语文课文中。

的插图去发现，图中所示类似一张张照片、一个个相框，展示了童年时与家人、与伙伴进行各种活动的场景，这些都是提炼单元主题的线索。

综合以上信息，学生就能概括出本单元的人文主题——"成长故事"。

```
                    ┌─ 从导语出处提炼关键词
    单元主题概括 ──┤
                    └─ 根据插图线索总结概括
```

以上是概括主题的基本方法，也是比较常用的。需要注意的是，概括主题的文字并不唯一，它不是概念，所以，只要意思相似，还可以用其他的词语来表达。

三、整本书语文要素研读

（一）本册教材语文要素之间的联系

1. 把握文章主要内容

学生在以往的学习中，已经掌握了一些"了解文章的主要内容"的方法，在此基础上，本册教材引导学生学习其他方法把握文章主要内容。首先就是按一定顺序把握文章内容，也就是第四单元的训练重点，即按照"故事的起因、经过、结果"三个要素去把握主要内容。以此为基础，第七单元要求关注"主要人物和事件"，"事

把握文章主要内容	
第四单元	了解故事的起因、经过、结果，学习把握文章的主要内容。
第七单元	关注主要人物和事件，学习把握文章的主要内容。
第八单元	了解故事情节，简要复述课文。

件"就暗含了第四单元的学习经验，是按照事情发展顺序概括出来的，只是在此基础上，还要关注主要人物，也就是故事的主人公，也是"六要素"之一。在这两个单元的训练基础上，加上以往学生讲故事的经验，最后一单元的"复述"难点也比较容易突破。

2. 关注品析语言文字

本册书的首个单元，引导学生学习调动多种感官，将静态的语言文字转化为形象的画面和场景，体会文字之美和情境之美，为后续单元的要素落实打下坚实的基础。以后每个单元的学习，都离不开对文字的体会和感受，学生将慢慢进入语言文字的深入学习，同时也能感受到语文学习的乐趣。

关注品析语言文字	
第一单元	边读边想象画面，感受自然之美。
第三单元	体会文章准确生动的表达，感受作者连续细致的观察。
第四单元	感受神话中人物的形象。
第七单元	关注主要人物和事件，学习把握文章的主要内容。

3. 留心发现勤于思考

第二单元的阅读策略是"提问"，鼓励学生"阅读时尝试从不同角度去思考，提出自己的问题"。第六单元语文要素提出"学习用批注的方法阅读，通过人物的动作、语言、神态体会人物的心情"，以批注的形式将头脑中的疑问和感受诉诸笔端，是对第二单元的延伸，是对以往学习经验的拓展。所谓"不动笔墨不读书"，学生将思考的痕迹以文字形式呈现，也是重要的语文学习方法。

4. 表达提升循序渐进

本册教材的表达要素致力于引导学生"写清内容""写出特点""写出感受""注重应用"。学生在三年级主要学习文本"写了什么"，四年级开始就转而向"怎么写"探寻，是思维的高阶体现，也是语言表达训练的阶梯性体现。

表达提升循序渐进	
第一单元	写清楚推荐理由。
第五单元	把事情写清楚。
第六单元	把游戏过程写清楚。
第八单元	能写出自己的感受。

5. 本册教材口语交际和习作

（1）口语交际教学

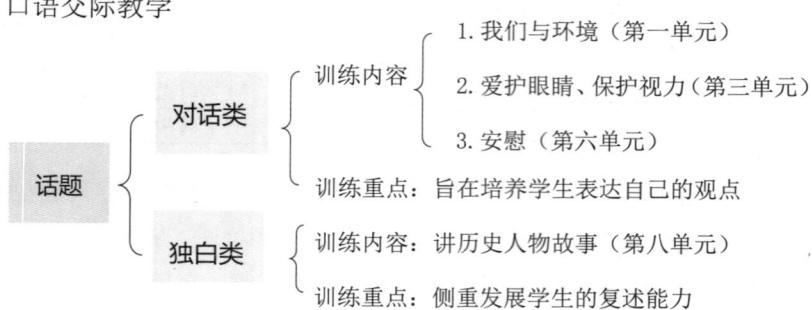

话题
- 对话类
  - 训练内容：
    1. 我们与环境（第一单元）
    2. 爱护眼睛、保护视力（第三单元）
    3. 安慰（第六单元）
  - 训练重点：旨在培养学生表达自己的观点
- 独白类
  - 训练内容：讲历史人物故事（第八单元）
  - 训练重点：侧重发展学生的复述能力

新版《课标》中对第二学段口语交际教学提出的要求是"听人说话时能把握主要内容，并能简要转述""能清楚明白地讲述见闻，说出自己的感受和想法""讲述故事力求具体生动"。四次口语交际的练习有效地落实了以上要求。

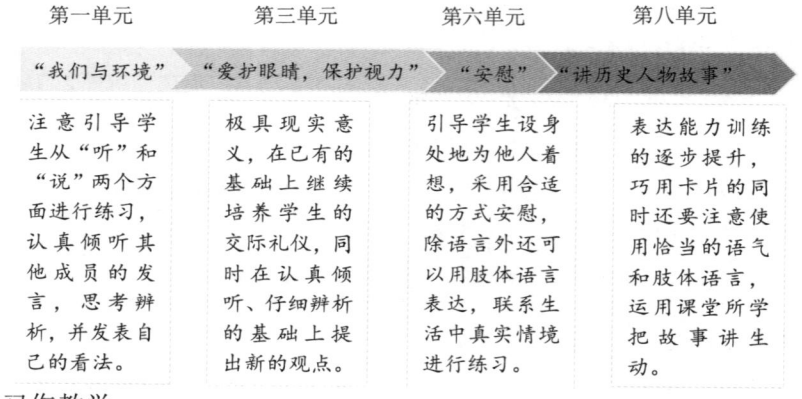

第一单元	第三单元	第六单元	第八单元
"我们与环境"	"爱护眼睛，保护视力"	"安慰"	"讲历史人物故事"
注意引导学生从"听"和"说"两个方面进行练习，认真倾听其他成员的发言，思考辨析，并发表自己的看法。	极具现实意义，在已有的基础上继续培养学生的交际礼仪，同时在认真倾听、仔细辨析的基础上提出新的观点。	引导学生设身处地为他人着想，采用合适的方式安慰，除语言外还可以用肢体语言表达，联系生活中真实情境进行练习。	表达能力训练的逐步提升，巧用卡片的同时还要注意使用恰当的语气和肢体语言，运用课堂所学把故事讲生动。

（2）习作教学

本册习作主要围绕"把事情写清楚"来进行。

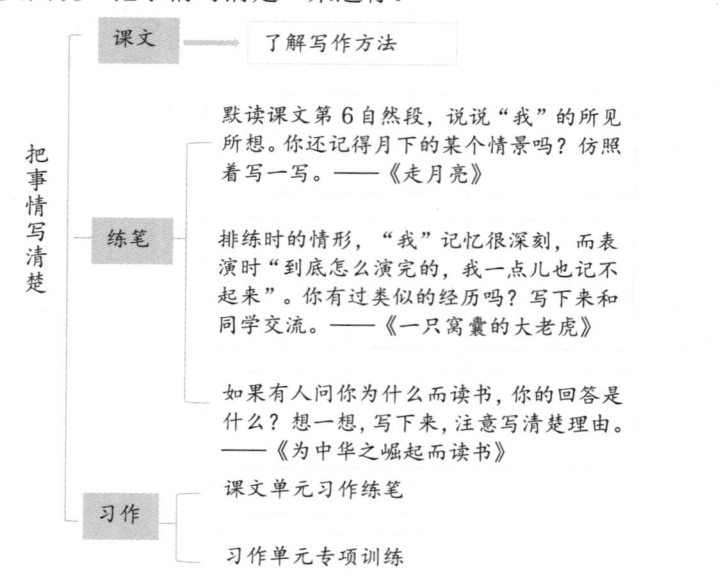

把事情写清楚
- 课文 → 了解写作方法
- 练笔
  - 默读课文第6自然段，说说"我"的所见所想。你还记得月下的某个情景吗？仿照着写一写。——《走月亮》
  - 排练时的情形，"我"记忆很深刻，而表演时"到底怎么演完的，我一点儿也记不起来"。你有过类似的经历吗？写下来和同学交流。——《一只窝囊的大老虎》
  - 如果有人问你为什么而读书，你的回答是什么？想一想，写下来，注意写清楚理由。——《为中华之崛起而读书》
- 习作
  - 课文单元习作练笔
  - 习作单元专项训练

本册语文书选编的两篇例文在选取材料、表达方法、内容侧重等方面有所不同。第一篇《习作单元》按照事情发展顺序，把故事的起因、经过、结果讲述得十分明确，同时用批注的方式对学生加以提示。第二篇《小木船》主要提示学生写作要详略得当，重要内容详细描述、写清楚，不重要的可以简单带过。两篇课文主要讲授的就是习作方法，教给学生如何将一件事写清楚、写明白。之后教材还安排了两篇习作例文，引导学生从范文中汲取灵感和智慧，再通过"交流平台"总结方法，而后在初试身手中尝试写作，最后才会形成单元最后习作。这是一个循序渐进的过程，学生在潜移默化中攻克了习作的重难点。

（二）整套教材语文要素之间的联系

关键点：复述。

复述是对主要内容的理解和把握，是训练口语表达能力，提升语言运用能力，发展思维能力的重要途径。

小学阶段复述相关语文要素汇总：

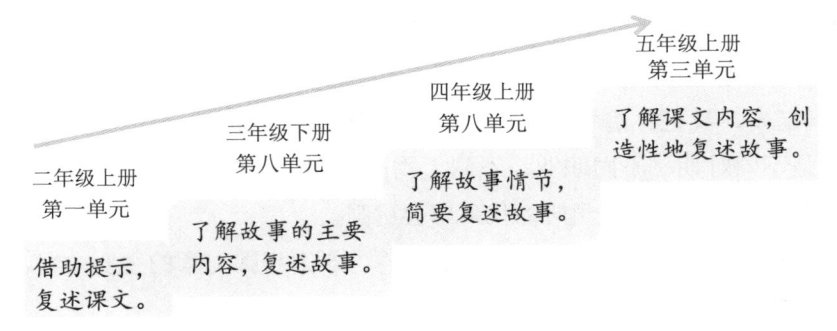

二年级上册 第一单元：借助提示，复述课文。

三年级下册 第八单元：了解故事的主要内容，复述故事。

四年级上册 第八单元：了解故事情节，简要复述故事。

五年级上册 第三单元：了解课文内容，创造性地复述故事。

当我们把每个年级与复述相关的语文要素汇总之后就会发现，无论是从各年级还是整套教材来看，关于复述都是按照由易到难的梯度逐步落实训练目标的，并且这种梯度渗透在整套语文教材之中。

一年级教材中虽未明确提出复述，但《小蝌蚪找妈妈》课后根据图画内容讲故事，就是对文章内容的简单复述；二年级又开始出现根据提示讲故事，如《风娃娃》；三年级则是要求学生在了解故事主要内容的基础上复述故事，如《漏》；本册书则是在了解故事情节的基础上简要复述故事，如《扁鹊治病》；到五年级则是在了解课文内容的基础上，创造性地复述故事，如《猎人海力布》。可见，复述也是一个逐步落实的过程性能力训练。它从简单的讲故事开始，引导学生通过兴趣入门，一点点由浅入深，逐步掌握方法，让学生在不知不觉中习得方法，获得乐趣，丰富体验。

四、单元语文要素研读

在具体单元的语文要素落实中，我们以课文为依托，以课后题为切入点，把握彼此之间的联系和逻辑关系，逐步突破，落实训练重点，以第七单元为例，简介如下。

本单元的导语是：天下兴亡，匹夫有责。

这句话最早出现于顾炎武的《日知录》中，"保天下者，匹夫之贱与有责焉耳矣"。说的是天下苍生的兴盛或衰亡，与每个人息息相关，每一个老百姓都有义不容辞的责任。后由梁启超精炼为这八个字，指国家的盛衰是全国人民的责任。理解这句话的意思之后，引导学生再结合本单元的课文内容，三首古诗《出塞》《凉州词》《夏日绝句》，以及《为中华之崛起而读书》《梅兰芳蓄须》，就可以概括出本单元的人文主题为——"家国情怀"。

```
第七单元 ……………………… 93
21  古诗三首 ………………… 94
     出塞 …………………… 94
     凉州词 ………………… 94
     夏日绝句 ……………… 95
22  为中华之崛起而读书 …… 96
23* 梅兰芳蓄须 ……………… 99
24* 延安，我把你追寻 …… 104
○  习作：写信 ……………… 106
○  语文园地 ………………… 107
```

本单元共编排了四课内容，《古诗三首》《为中华之崛起而读书》为精读课文，《梅兰芳蓄须》《延安，我把你追寻》为略读课文。从内容上来看，都是体现家国情怀的文章，涉及的是不同时期、不同职业、不同人物的真实事迹。通过资料的搜集，学生对主题的了解会更加深入，教师教学时的代入感会更强。

本单元的阅读要素是：关注主要人物和事件，学习把握文章的主要内容。

（一）要素的整体联系

"把握文章的主要内容"不是独立出现的，在整套语文教材中存在关联，是逐步深入掌握的。除了明确提出的内容，前期还有词、句、段的铺垫。相关单元要素如下：

教材	单元	单元主题	语文要素
二年级上册	六	伟人	借助词句，了解课文内容。
二年级下册	六	自然	提取主要信息，了解课文内容。
三年级下册	八	美好品质	了解故事的主要内容，复述故事。
四年级上册	四	神话故事	了解故事的起因、经过、结果，学习把握文章的主要内容。
四年级下册	六	儿童成长	学习把握长文章的主要内容。
五年级上册	八	读书明智	阅读时注意梳理信息，把握主要内容。
六年级上册	八	走进鲁迅	借助相关资料，理解课文主要内容。
六年级下册	二	世界名著	了解梗概，把握名著的主要内容，就印象深刻的人物和情节交流。

从中可以看出，关于对文章内容的把握几乎涵盖了整个小学阶段，其过程经历了从"了解"到"把握"和"理解"的漫长历程，所对应的文本，也包括了散文、童话、叙事、小说、古典名著等多种体裁，全方位夯实这一基本能力。

（二）要素的单元联系

统编版小学语文教材的整体性，不仅体现在整个小学阶段，具体每一册的单元之间，也存在着密切的联系，可以说"牵一发而动全身"，若其中一个训练点没有夯实，都会给以后的语文教学带来极大的难度，也会给学生造成相当大的学习困难。

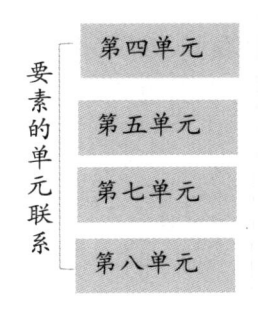

要素的单元联系		
	第四单元	了解故事的起因、经过、结果，学习把握文章的主要内容，感受神话中人物的形象。
	第五单元	了解作者是怎样把事情写清楚的。
	第七单元	关注主要人物和事件，学习把握文章的主要内容。
	第八单元	了解故事情节，简要复述课文。

本册教材在安排知识重点时，也从全局着眼，通过部分难点的攻克，完成所有的教学任务。了解文章主要内容的方法，本册书共涉及两种，第四单元就已经出现了一次，引导学生通过"了解故事的起因、经过、结果，学习把握文章的主要内容"，所选用的文本都是神话，是学生喜闻乐见的体裁，掌握起来趣味性和知识性相间，为本单元的学习打下了牢固基础。

习作单元更是在此基础上，学习清楚记录一件事，所用方法也是按照事情发展的顺序进行写作，是前一单元语文要素的继续夯实。

基于此，本单元语文要素的落实难度就被大大降低了。它也是在已有学习方法的基础上进行，所谓的主要事件，也是通过起因、经过和结果来把握，只是增加了对主要人物的关注，这一训练在第四单元时也已经出现过，但除了人物形象，本单元对人物的把握，还关注其心理变化。具体教学时，只需要以课后题为切入点，逐步进行突破即可。

这一系列教学任务的完成，都将为第八单元的复述做好坚实铺垫，教材将复述放在最后一个单元的用意也就不言而喻了。

（三）要素的具体落实

本单元阅读要素是"关注主要人物和事件，学习把握文章的主要内容"，我们从课后题入手落实要素，落实教学目标，突破教学重难点。

1. 关于朗读

"读"是语文学习中的重要组成部分，翻阅本单元的课后题，关于"读"是这样要求的：

> 有感情地朗读课文。背诵课文。——《古诗三首》
> 默读课文。——《为中华之崛起而读书》
> 默读课文。——《梅兰芳蓄须》
> 有感情地朗读这首诗。——《延安，我把你追寻》

对于古诗、现代诗教材安排了有感情地朗读，更利于理解、抒发其中蕴含的情感，同时熟读成诵。对于长课文则采用默读的形式，更利于同学们带着问题走进课文，提高阅读速度的同时，边读边思考。

2. 关于内容

三首古诗主要是通过诗句体悟诗人（王昌龄、王翰、李清照）及诗中人物（李广、项羽、戍边将士）的伟大抱负和爱国情怀，三首诗的人物和事件也为后续的课文奠定了情感基调。

> 结合注释，说说下列诗句的意思。你从中体会到了什么？
> ——《古诗三首》

本课主要引导学生学习方法，关注人物周恩来，通过先弄清课文中的几件事情讲了什么，再把事情连起来，从而把握文章的主要内容。

> 想想课文讲了哪几件事，再连起来说说课文的主要内容。
> ——《为中华之崛起而读书》

作为一篇略读课文，学习要求出现在导语中，遵循着"精读课文学方法，略读课文练应用"的理念，本课是《为中华之崛起而读书》一课方法的练习。

> 说说梅兰芳用了哪些办法拒绝为日本人演戏，在这个过程中经历了哪些危险和困难。
> ——《梅兰芳蓄须》

与前三篇课文不同，这一课更注重事件和精神。作为一首现代诗，也和本单元其他课文形成了一个鲜明的时间线，有力地说明家国情怀在不同时期、不同年代，虽形式不同，但一直存在。

> 想一想：诗中多次提到的"追寻"，是在追寻什么？和同学交流你的想法。
> ——《延安，我把你追寻》

以上内容有梯度地落实了语文要素。

3. 关于背景资料

了解相关背景资料，对于人物、事件的学习，主要内容的把握有着很大的帮助，这是很有效的学习方法。加之本单元涉及的主要人物生存的年代都距今久远，学生对其生平事迹知之甚少，对当时的历史和社会背景也极为生疏，所以资料的搜集和老师的介绍就显得极为重要。作为重要的学习方法，对资料的搜集也是本学段学生应该学习的，为将来更深入的语文学习奠基铺路。

由于学生对资料搜集比较陌生，所以方法教学应该放在首位。教师可以引导学生通过网络搜索和翻阅书籍，甚至询问的方法了解更多资料。

> 《古诗三首》的注释中给出了相关资料介绍。
>
> 《为中华之崛起而读书》中，抓住关键词"中华不振"引导学生查阅资料了解当时的社会背景，并结合周恩来的诗，理解其立志的原因。
>
> 《梅兰芳蓄须》的导语对享有盛誉的梅兰芳先生进行介绍，并鼓励有兴趣的同学查找资料对梅兰芳进一步了解。
>
> 《延安，我把你追寻》中提示同学们对不懂的内容，可以查找相关资料帮助理解。

↑

网络搜索　　查阅书籍　　询问探究　　……

（四）板块整合

1. 语文园地

进行单元整体教学，我们可以将各个板块进行整合。"交流平台"为我们总结了把握文章主要内容的方法，可以将其前置作为方法指导。

"词句段运用"列举了关于人物品质的词语，可以了解其意思，与课文中的人物相对应，同时展开联想，链接相关人物事迹。反问句和陈述句出自课文和现实生活，可以代入课文中深入体会。

教学前，教师对各板块内容要了如指掌，方便教学时的整合，这样既能节约时间，提高课堂效率，同时也能充分体现教材的整体性。

2. 习作

本单元的习作是写信。在手机、电话、电脑发明之前，没有现代网络通信之时，我国古代有"家书"，近现代有"书信"，人们以这种方式传递信息、交流感情。虽然书信逐步被现代科技所取代，但其仍有着重要意义。教材在继留言条、通知后，进一步要求学生学习写应用文，其写作方法也有极大的相似之处。教学时，教师可以唤醒学生的记忆，充分利用已有的学习经验，辅助新的知识点落实。

关于习作的训练教材分散于不同的学段和年级，每一阶段都有不同的学习重点，且前后呼应，对照学习，降低了学习难度，让学生更容易接受。

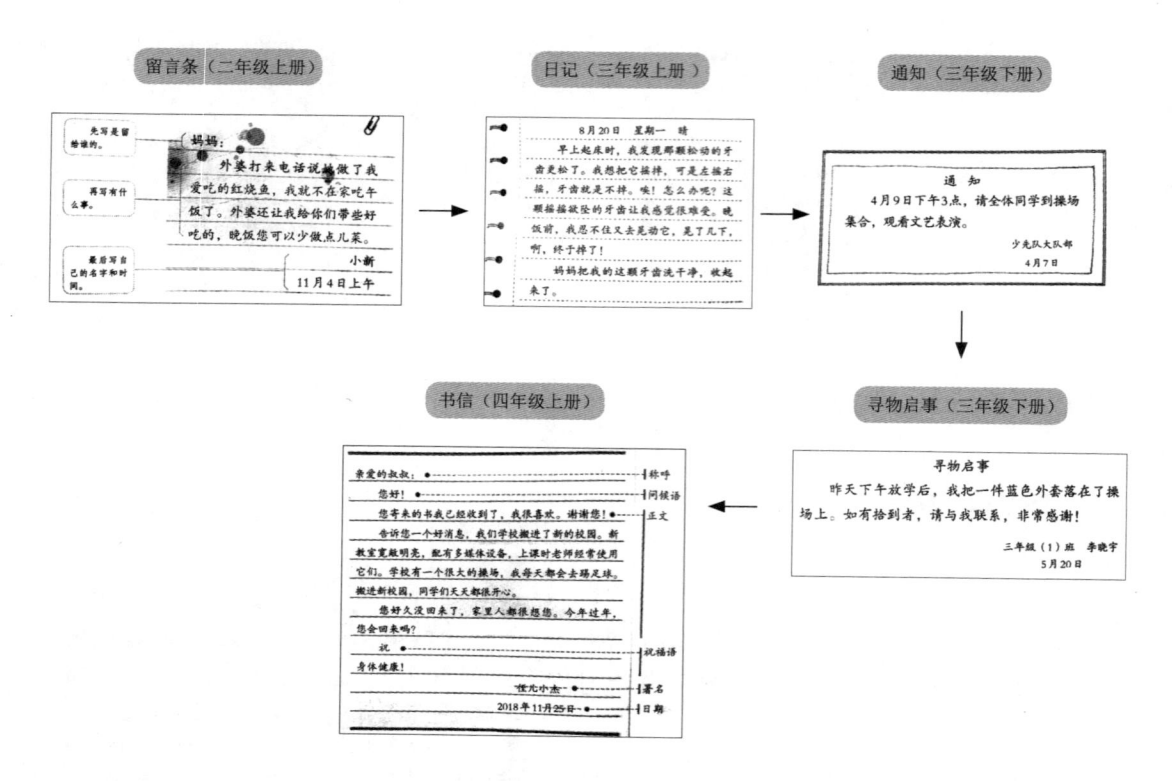

本次习作是书信，需要学生注意的就是它的格式。从图中可以看出，书信格式和留言条基本一致，与通知、寻物启事也有相通之处。除了有称呼，书信还包括了问候语以及祝福语，这是以前学过的应用文中所没有的，需要引起学生注意，同时加以区分。落款和上图中的落款格式基本相同。关于正文的内容，在日记的基础上可以进行拓展，可以记录更多的内容，篇幅也可以再长一些，内容在通顺、完整的基础上，要求写清楚、有感情，因为它不仅有内容的记录，更是情感的载体，是沟通的桥梁。

除了以上格式及内容要求，本次习作中，还涉及信封的写法，教师也要在课堂上予以解释，争取给学生一定的熟悉和练习时间，以便掌握这种应用文的写作要求和规范。

统编版小学语文四年级下册教材研读

李颖　张栗莲

一、教材整体结构研读

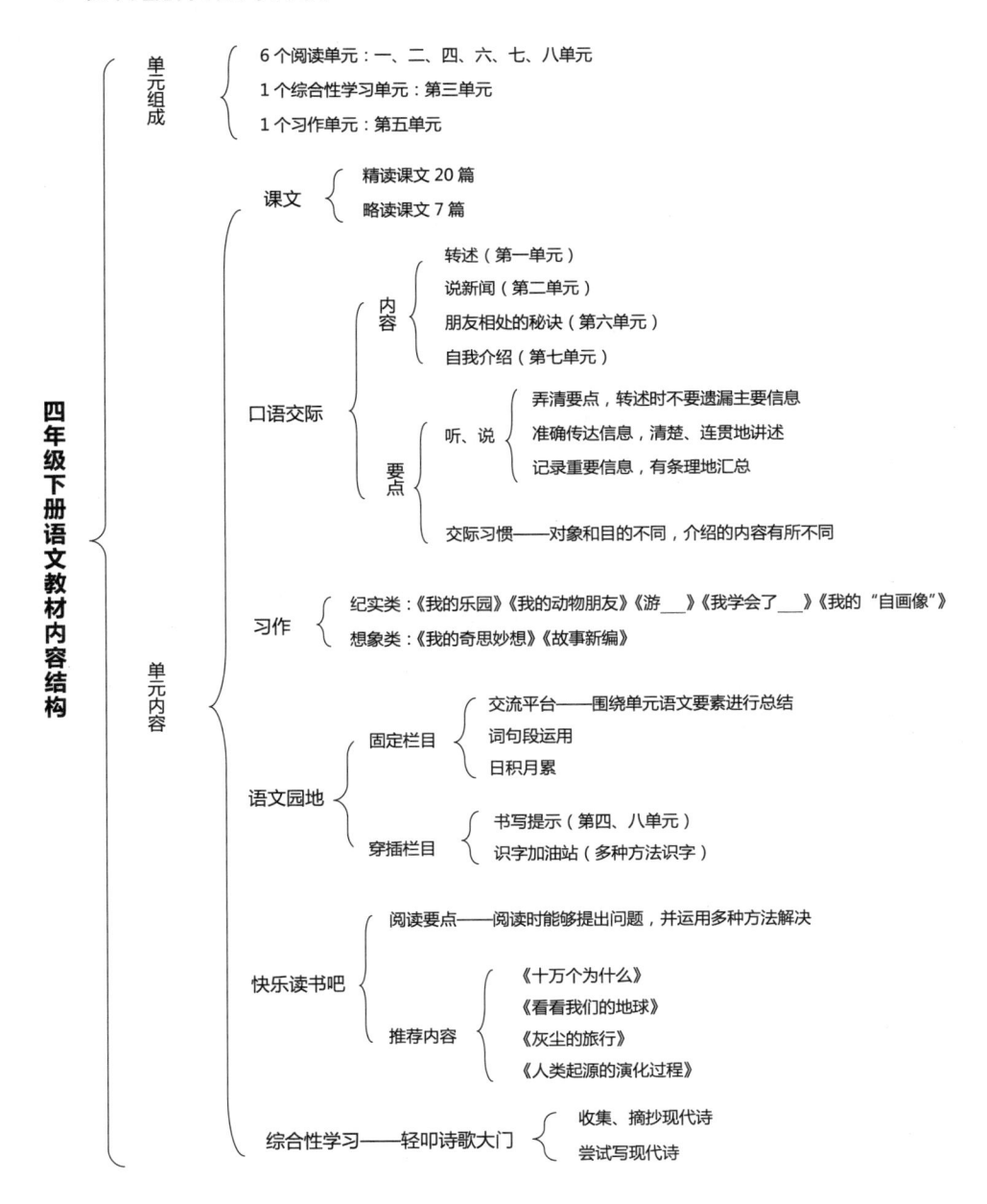

四年级下册语文教材内容结构
- 单元组成
  - 6个阅读单元：一、二、四、六、七、八单元
  - 1个综合性学习单元：第三单元
  - 1个习作单元：第五单元
- 单元内容
  - 课文
    - 精读课文20篇
    - 略读课文7篇
  - 口语交际
    - 内容
      - 转述（第一单元）
      - 说新闻（第二单元）
      - 朋友相处的秘诀（第六单元）
      - 自我介绍（第七单元）
    - 要点
      - 听、说
        - 弄清要点，转述时不要遗漏主要信息
        - 准确传达信息，清楚、连贯地讲述
        - 记录重要信息，有条理地汇总
      - 交际习惯——对象和目的不同，介绍的内容有所不同
  - 习作
    - 纪实类：《我的乐园》《我的动物朋友》《游___》《我学会了___》《我的"自画像"》
    - 想象类：《我的奇思妙想》《故事新编》
  - 语文园地
    - 固定栏目
      - 交流平台——围绕单元语文要素进行总结
      - 词句段运用
      - 日积月累
    - 穿插栏目
      - 书写提示（第四、八单元）
      - 识字加油站（多种方法识字）
  - 快乐读书吧
    - 阅读要点——阅读时能够提出问题，并运用多种方法解决
    - 推荐内容
      - 《十万个为什么》
      - 《看看我们的地球》
      - 《灰尘的旅行》
      - 《人类起源的演化过程》
  - 综合性学习——轻叩诗歌大门
    - 收集、摘抄现代诗
    - 尝试写现代诗

二、单元人文主题研读

四年级下册语文教材除第三单元综合性学习单元,第五单元习作单元之外,其他六个常规单元都是以人文主题和语文要素双线结构编排的。本册文体呈现多样化,有科普说明文、现代诗、童话、习作(游记)等。人文主题也从多角度呈现出主题的多样化,包括:田园生活、科普(说明文)、与综合性学习结合的现代诗歌、动物朋友、习作单元(游记)、儿童成长、人物品质、中外经典童话。

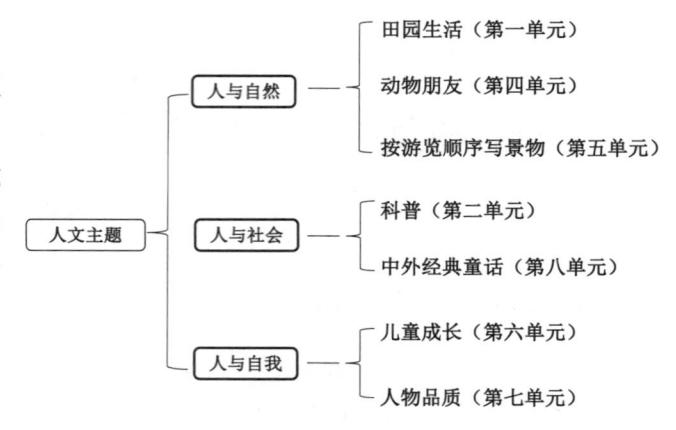

```
                       ┌─ 田园生活(第一单元)
              ┌ 人与自然 ┼─ 动物朋友(第四单元)
              │        └─ 按游览顺序写景物(第五单元)
              │
    人文主题 ──┼ 人与社会 ┬─ 科普(第二单元)
              │        └─ 中外经典童话(第八单元)
              │
              └ 人与自我 ┬─ 儿童成长(第六单元)
                       └─ 人物品质(第七单元)
```

这些单元主题,从三年级到六年级的教材中均有所涉及,逐层深化并在原有基础上有所提升。

每个单元的导语页都包含了很多重要信息,我们要引领学生依据单元导语及插图、本单元课文内容等提炼出本单元的人文主题。例如:

第八单元的导语为"奇妙的童话,点燃缤纷的焰火,照亮我们五彩的梦"。从单元导语我们就可以提炼本单元的单元主题是"童话"。再来看插图,设计精巧,可以带着学生猜猜看:你能在图上找出来几个中外经典童话?孩子们找到的有:《会飞的箱子》《宝葫芦的秘密》《青蛙王子》《白雪公主》《下金蛋的鹅》《月亮》……一顶王冠、一个月亮,带给孩子无穷的想象,这是童话的魅力,同时也能激发孩子去读更多的经典童话故事。

单元课文《宝葫芦的秘密》(节选)出自中国著名儿童文学家张天翼创作的童话;《巨人的花园》这部童话的作者是被誉为英国"才子和戏剧家"的王尔德;《海的女儿》是现代童话之父安徒生创作的童话故事。所以,我们可以再次总结,本单元人文主题为——中外经典童话。归纳单元主题的方法可以总结为:读导语抓主题,找插图品主题,看课文扣主题。

其实,细看导语页的主题图,贴近主题,独具匠心。四幅中国画别有韵味。第一单元是田园风光，让人感受了乡村生活的淳朴美好；第四单元是名家名作，淡雅高贵；第五单元写意张家界的天子山风光，与众不同的柱状山貌，凸显主题中的美与奇；第七单元水墨的竹、兰、石，再加上翻页之后的墨梅，处处彰显风骨，紧扣单元主题。

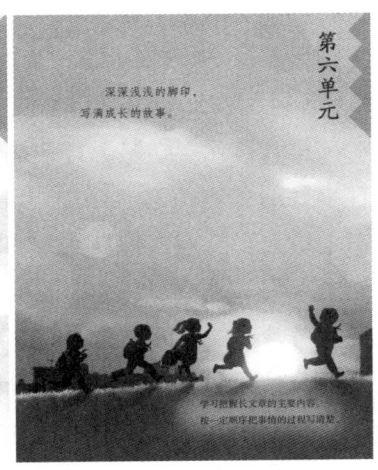

还有三幅图以儿童为主人公，第二单元两个孩子托腮思考，低声交流着对自然科技的理解；第三单元一个女孩在水边远眺，倒影优美，感受着诗歌与远方的美好；第六单元是阳光下，一群孩子欢乐地奔向前方，深深浅浅的脚印，写满成长的故事。这似乎就是我们身边的情景，与孩子达到共鸣。

三、整本书语文要素研读

（一）本册教材语文要素之间的联系

每个单元的语文要素都包括阅读要素和表达要素，均出现在单元导语页上。第一行语句指向阅读要素，第二行语句指向表达要素。本册教材语文要素梳理详见本部分最后附表。

1. **本册教材阅读要素之间的联系**

（1）本册教材的阅读要素主要体现在"体会文章情感"上

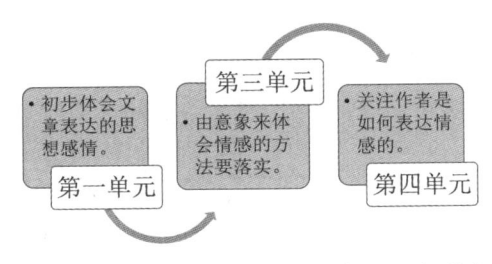

第一、三、四单元都涉及对文章情感的把握。第一单元提示学生阅读课文体会文章表达的情感，"初步"强调了教师教学时应把握好教学目标的度。第三单元是一次综合性学习单元，对诗歌的要求也仅仅是初步了解，不要过度解读。第四单元的要素是在第一单元语文要素的基础上，又提高了要求，不仅要体会文章所表达的情感，还要关注作者是如何表达的。有了前两个单元的学习运用，为第四单元的学习做好铺垫。

（2）"体会人物品质"这一要素的编排也是逐层递进的

第七单元，从人物的语言、动作等描写中感受人物的品质；第八单元，感受童话的奇妙，体会人物真善美的形象。在"体会表达的感情"基础上，"体会人物品质，体会人物形象"，学习要求进一步提高，逐层递进，实现延承。

（3）第六、七、八单元在编排上是一脉相承的

第六单元，学习怎样把握长文章的主要内容，梳理事件的关键信息，必须弄清楚写了一个怎样的人。第七单元，把握人物，从人物的语言、动作等描写中感受人物的品质，从细节感受人物。第八单元感受童话的奇妙，体会人物真善美的形象。涉及的文章，无论节选原著或改编原文，都是长文，是第六单元把握长文章方法的具体运用。所以，他们是一脉相承、循序渐进的。

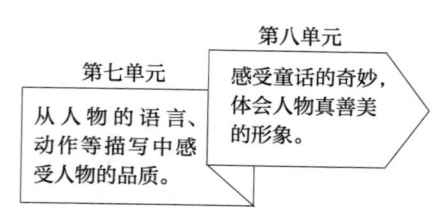

> 第七单元：从人物的语言、动作等描写中感受人物的品质。
> 第八单元：感受童话的奇妙，体会人物真善美的形象。

2. 本册教材表达要素之间的联系

本学期第一次出现了表达方式的要求，第四单元的阅读要素是"体会作家是如何表达对动物的感情的"，是从写作角度提出来，阅读要素和习作是一致的，更凸显写作。

第五单元是以"游记"为主题的习作单元，目标指向从写作的角度来看待文本，关注的侧重点是文本的写作方法以及运用这种方法的好处、什么情况下可以运用这种方法。第一单元的习作"我的乐园"要求学生写某个喜爱的地方，表达出自己的感受，是为第五单元学习按游览的顺序写景物做铺垫。学生在学习写景并表达情感之后，第五单元的要求有所提高，要学会用游览的顺序去写，让文章更有层次，有结构。

（二）整套教材语文要素之间的联系

1. "策略单元"在整套教材中的梯度变化

第二单元是科普知识单元。本单元的阅读要素是阅读时能提出不懂的问题，并试着解决。教材这样编排，是由于科技本身就离孩子比较远，涉及专业领域、专业知识，适合这一读书策略的具体实施。三年级上册我们学习的预测，是从事情的开始预测结果，思维方式是顺势；本单元课后题还提出了推测的要求。推测是已知结果，推理事情的起因发展，我们要引导学生多角度思考，层次有所提高。

三年级 预测 → 四年级 提问 → 五年级 提高阅读速度 → 六年级 有目的地阅读

本单元是四年级上册提问策略的进一步发展，并提出"试着解决"的要求。在课后题中，第5课《琥珀》在四年级上册提出问题的基础上，进一步引导提问；《飞向蓝天的

恐龙》要求写下不懂的问题，引导学生记录梳理问题；《纳米技术就在我们身边》给出了和同学交流的方法指导；"交流平台"总结了三种解决方法，还可以联系上下文、联系生活实际、查阅资料、请教他人，等等，顺势结合快乐读书吧，引导学生阅读科普文章，试着提出问题，解决问题。学习要求逐步提升，方法多样，实现灵活运用、综合运用，教材编排呈现逐层递进螺旋上升。

2."怎样把握文章的主要内容"在整套教材中的梯度变化

教材	方法
三年级上册	学习带着问题默读，理解课文的意思。 （借助关键语句理解一段话的意思。）
三年级下册	了解故事主要内容，复述故事。 （借助关键语句概括一段话的大意。）
四年级上册	引导学生通过理清事情的起因、经过、结果，理解一件事的主要内容。 学习把握写了几件事的文章的主要内容。
四年级下册	第六单元进一步提高要求，如何把握叙事情长文的主要内容。

"把握文章的主要内容"这一要素，学习方法多样也各有侧重，中年级侧重具体方法的学习。从抓关键词句，到梳理故事的起因、经过、结果等要素，到关注主要人物和事件，再到运用小标题概括等方法总结叙事性长文的主要内容，梯度明显，篇幅从一段话，一件事，再到几件事，到叙事性长文，逐层变长增加，学习方法也是从单一到综合运用，层层深入。

3."文体单元"在整套教材中的梯度变化

教材	单元	单元主题	语文要素
三年级上册	第三单元	童话世界	感受童话丰富的想象。
三年级下册	第二单元	寓言故事	读寓言故事，明白其中的道理。
四年级上册	第四单元	神话故事	理清故事的起因、经过、结果，学习把握主要内容，感受神话中神奇的想象和鲜明的人物形象。
四年级下册	第八单元	中外经典童话	感受童话的奇妙，体会人物真善美的形象。
五年级上册	第三单元	民间故事	了解课文内容，创造性地复述故事。
六年级上册	第四单元	小说	读小说，关注情节、环境，感受人物形象。

一、二年级除了儿歌，大多都是童话，三年级第一次出现童话文体单元，到四年级下册最后一个单元出现童话，教材的编排呈现稳步发展、螺旋递进的特点，语文学习能力的训练有了梯度。从感受童话的丰富想象，到感受童话的奇妙，并具体到人物真善美的形象的体会，从试着编童话，到按照自己的想法新编故事，语文素养提出的目标逐步提升。

统编教材的语文要素纵向线索清楚，由易及难、由浅入深。在教学中，我们只有了解它们的内在联系，才能更精准地制定教学目标，稳步提升学生的阅读能力。

四、单元语文要素研读

（一）围绕语文要素的单元整体研读

1. 导语页研读

第四单元的导语是："奔跑，飞舞；驻足，凝望。可爱的动物，我们的好朋友。"诗一样的语言，承接上一单元的现代诗，自然过渡到本单元的主题。导语页插画——水墨《黑天鹅情侣》，作者吴冠中（1919—2010），当代著名国画家、油画家、美术教育家。在吴冠中先生的水墨江南水乡画里，经常看到这样的情景——垂柳、涟漪、黑天鹅，画面清新动人、恬静高雅。

浏览一下本单元的课文《猫》《母鸡》《白鹅》，不难看出人文主题——动物朋友。人文主题既是单元学习要落实的学习和成长目标之一，同时也为习作部分创设了特定的学习情境。本单元是典型的读写结合单元。

2. 人文主题研读

本单元的三篇选文分别是老舍先生的《猫》《母鸡》、丰子恺先生的《白鹅》，此外在阅读链接中还加入了夏丏尊和周而复先生的《猫》和俄国叶·诺索夫的《白公鹅》。选编这三篇课文，不仅仅是为了落实有关动物朋友的情感价值观教育，更重要的是为了落实具体的阅读训练要素，即"体会作家是如何表达对动物的感情的"。"日积月累"中罗隐的《蜂》，朗朗上口，意蕴丰富，每一部分都值得精读细品。

3. 语文要素研读

本单元的阅读要素是体会作家是如何抒发对动物的感情的。一到四年级我们学过的这类主题的课文太多了：一年级有《比尾巴》《青蛙写诗》；二年级有《小蝌蚪找妈妈》《蜘蛛开店》《大象的耳朵》；三年级有《搭船的鸟》；四年级有《蟋蟀的住宅》《麻雀》《牛和鹅》……孩子们基本上已经了解可以从外形特点、生活习性、活动情况、与人之间发生的事情等方面描写动物，表达感情。

本单元学习的要求更高了，"交流平台"中提出：运用明贬实褒的方法，联系实际生活举例子的方法，通过细读教材文本，可知作者还运用了突出特点、欲扬先抑、富有情趣的语言等表达方法。

老舍的《猫》是状物散文，发表在《新观察》1957年16期，入选课文有改动。老舍抓住猫复杂的性格特点，运用明贬实褒的方法和大量表达喜爱之情的语气词，表达了对猫的喜爱之情；对刚满月小猫天真顽皮的样子的描述，一词一句都充满了怜爱。阅读链接中，夏丏尊写猫，直接叙述了家里人如何喜爱这只小猫；周而复写猫，运用了明显带有欣赏之情的词语描写猫的外形特点。老舍的《母鸡》，总体上运用了先抑后扬的写法，而为了表现他对母鸡作为英雄母亲角色时的欣赏，老舍先生用细致的笔墨描写了母鸡呵护小鸡的几个生动画面。丰子恺的文字幽默而真挚，他的《白鹅》，原名《沙坪小屋的鹅》，出版在1946年8月1日的《导报》月刊第一期，采用对比方法，善用反语，从不同角度描写了白鹅的"高傲"，字里行间都让读者感受到他对这只白鹅的喜爱之情。阅读链接中叶·诺索夫的《白公鹅》，与丰子恺的《白鹅》写法类似，开篇就将这只白公鹅比作海军上将，然后也从不同方面描写了它的高傲，表达了作者对它的喜爱之情。

（二）围绕语文要素的"坐标"研读

1. 语文要素的横向勾连

"体会文章情感"是本册教材的重点内容。三个单元都涉及对文章情感的把握，前面已经提到，不再赘述。

第一单元
抓住关键语句，体会文章表达的思想感情

第三单元
初步了解现代诗的特点，体会诗歌表达的思想感情

第四单元
体会作家是如何表达对动物的感情的

2. 语文要素的纵向发展

"体会作者如何表达感情"在整套教材中的梯度变化。

第四单元：体会作家是如何表达对动物的感情的

四年级下册

五年级上册 — 第一单元：了解课文借助具体事物抒发感情的方法

六年级下册 — 第三单元：体会文章是怎样表达情感的

"体会作者是如何表达感情的"在教材中共涉及三个单元。细读这三个单元，我们可以发现，四年级下册第四单元"动物朋友"的选文主要通过对动物的细致描写，用突出特点、明贬实褒、富有情趣的语言等方法表达作者对动物的喜爱之情。而五年级上册第一单元"万物有灵"的选文则主要通过描写一种具体的事物，去抒发作者的某种情感，事物是表达情感的依托。六年级下册第三单元为习作单元，选文主要通过记叙事情表达自己的情感，涉及的方法主要有直接抒情和融情于景。综上所述，从就物写物表达情感，到借物抒情表达情感，到融情于事、融情于景来表达情感，教材在这一阅读训练要素上的安排总体上是循序渐进的。

（三）以课后题为依托，落实语文要素

课后题是我们课堂教学的抓手。本单元的每篇课文后面的作业题基本上安排了如下内容：一是朗读、默读等内容，让学生认认真真地读书，感受文字的魅力。二是帮助学生理解课文内容的"资料袋"，以及同主题的"阅读链接"，通过群文性阅读，感受文章表达的不同特点，感受作家是如何表达对动物的喜爱之情的。三是常用词语的练习，通过读、抄、用、比较等方法，增加词语积累，提高运用词语的能力。四是根据课文特点相继安排的仿写"小练笔"，让学生感悟作家语言的趣味性和口语化。

1. 同一课内语文训练点落实的梯度

以《猫》一课为例，进行分析。

> 默读课文，说说课文围绕猫的可爱讲了哪几层意思。

> 这道题是关注文章结构段落特点。引导学生在默读过程中边读边思考，可以逐段阅读找到描写猫可爱的语句，并勾画相关部分，最后总结概括出哪几层意思；也可以抓住课文中两个部分的总起句"猫的性格实在有些古怪"和"满月的小猫们就更好玩了……可是已经学会淘气"，从而整体把握文章主要内容。

> 举例说说可以从哪些地方看出作者非常喜欢猫，再把你的体会有感情地读出来。

> 这道题关注的是表达感情的方法，课文通过生动具体的事例表现了猫的性格特点，可以先引导学生关注描写具体事例的语句，在品词析句中，说说从哪些地方可以看出作者喜欢猫，并通过朗读体会作者是如何表达这种感情的。

> 读一读，体会这段话的表达特点，再照样子写一写。

> 这道题来自课文第一部分，用"说……吧……的确……可是"这样的句式写出了猫看起来矛盾却又出奇的和谐的特点，同时表现了语言的口语化特点。可以引导学生在品读句子后，回忆身边的人或物，是否有这样看似矛盾的特点，概括之后，再用具体的事例迁移练习，照样子写一写，表达喜爱之情。

> 读下面的"阅读链接"，体会不同作家对猫的喜爱之情。

> 这道题是在感悟课文表达方法的基础上，通过阅读夏丏尊的《猫》和周而复的《猫》，体会他们是如何运用不同手法，表达出对猫的喜爱之情的。操作中可以采用列表法，帮助学生梳理，降低难度。

这四道课后题，从默读课文，关注结构，把握课文内容开始，引导学生体会作家是如何表达感情的，再到品味语言特点的迁移练习，最后的"阅读链接"体会不同作家的表达方法，其难度是逐步上升的。其目的就是一步一步落实本单元的语文要素。

2. 单元不同课文之间语文训练点落实的梯度

（1）关注段落结构

> 默读课文，说说课文围绕猫的可爱讲了哪几层意思。

> 关注段落结构 把握文章主要内容

> 《白鹅》第一自然段泡泡图："这个自然段在文中有什么作用？"

《猫》课后第一题首次在教材中明确提出分几层意思的问题。意义段也叫"层次""部分""逻辑段"，表示逻辑关系相近的几个自然段归类为一个意义段。自然段可以成为一个意思表达完整的意义段，意义段有时需要结合几个自然段才能将意思表达完整。第四单元"意义段"的提出，为第五单元理解"按照变化顺序写"奠定基础，同时，为第六单元把握长文章的意思——先分部分概括，再把意思串联起来——做了铺垫。

《白鹅》采用了先总写后分述的方法，文中的泡泡图是想告诉我们，文章抓住"鹅的高傲，更表现在它的叫声、步态和吃相中"这句话，它是文章的过渡句，不仅承接上文，还引起下文，总领全文自然过渡，条理清晰。

（2）关注表达方法

三篇文章课后题都关注表达方法，第一课重点是通过具体事例，运用拟人、比喻等修辞手法表达对猫的喜爱；第二课采用先抑后扬的方法，表达了对母鸡的感情变化；第三课通过反语、对比的方法，字里行间流露出对白鹅的喜爱之情。不同的表达方式，打开学生的视野，更值得孩子们效仿运用。

同时三篇课文从关注语言的表达特点，到表达用词的严谨，再到抓特点学表达的方法，编者的设计逐层递进。

（3）关注对比阅读

本单元的三篇文章，无一例外安排了对比阅读的内容。对比阅读，是指把内容或形式相近的或相对的两篇文章或一组文章放在一起，对比着进行阅读，不仅有助于对作品的理解，更拓宽了学生的阅读面，引导学生从不同的角度思考问题，感悟文章表达的思想感情。

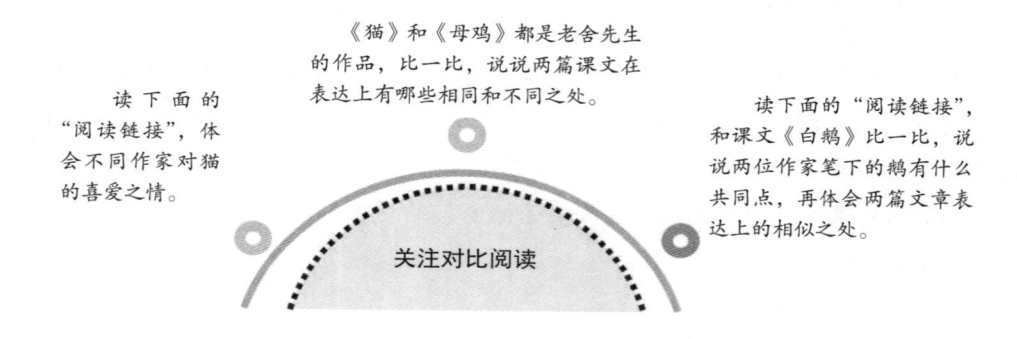

读下面的"阅读链接"，体会不同作家对猫的喜爱之情。

《猫》和《母鸡》都是老舍先生的作品，比一比，说说两篇课文在表达上有哪些相同和不同之处。

读下面的"阅读链接"，和课文《白鹅》比一比，说说两位作家笔下的鹅有什么共同点，再体会两篇文章表达上的相似之处。

关注对比阅读

本单元的对比阅读设计又有不同：第一课安排的是同一题材、国内不同作家的作品片段，揣摩作家们状物言情的方法；第二课是同一作家的不同题材作品，从整体上把握，可以从文章结构、语言风格、情感表达等方面比较异同，体会同一作家的写作风格和不同动物的特点；第三课是中外不同作家的同一题材的作品，可以从文章结构、拟人的描写方法、反语表达的特色等方面，感受两位作家风趣幽默的语言特点。从片段到全文，从中国作品到俄国作品，选文的梯度逐渐加深。

3. 专题阅读

本单元的"资料袋"出现了作家老舍的介绍，提示我们可以开展"作家专题阅读"，人文主题是动物朋友，还可以进行同主题的群文阅读。无论是哪种专题阅读，都会引领学生走向深度对接，实现跨越式的读写结合目标。

本单元三篇选文都是曾经出现在人教版教材中的经典课文，通过课后题我们不难发现，他们的指向有所不同。三篇名家散文各有特色，每一篇都值得我们细细阅读，感受文字背后蕴藏的美好情感，学习作家独特的写作方法，最终实现读写结合，完成好单元习作。

欢迎扫码观看统编版语文四年级下册教材研读微课

统编版小学语文五年级上册教材研读

李颖　张栗莲

一、教材整体结构研读

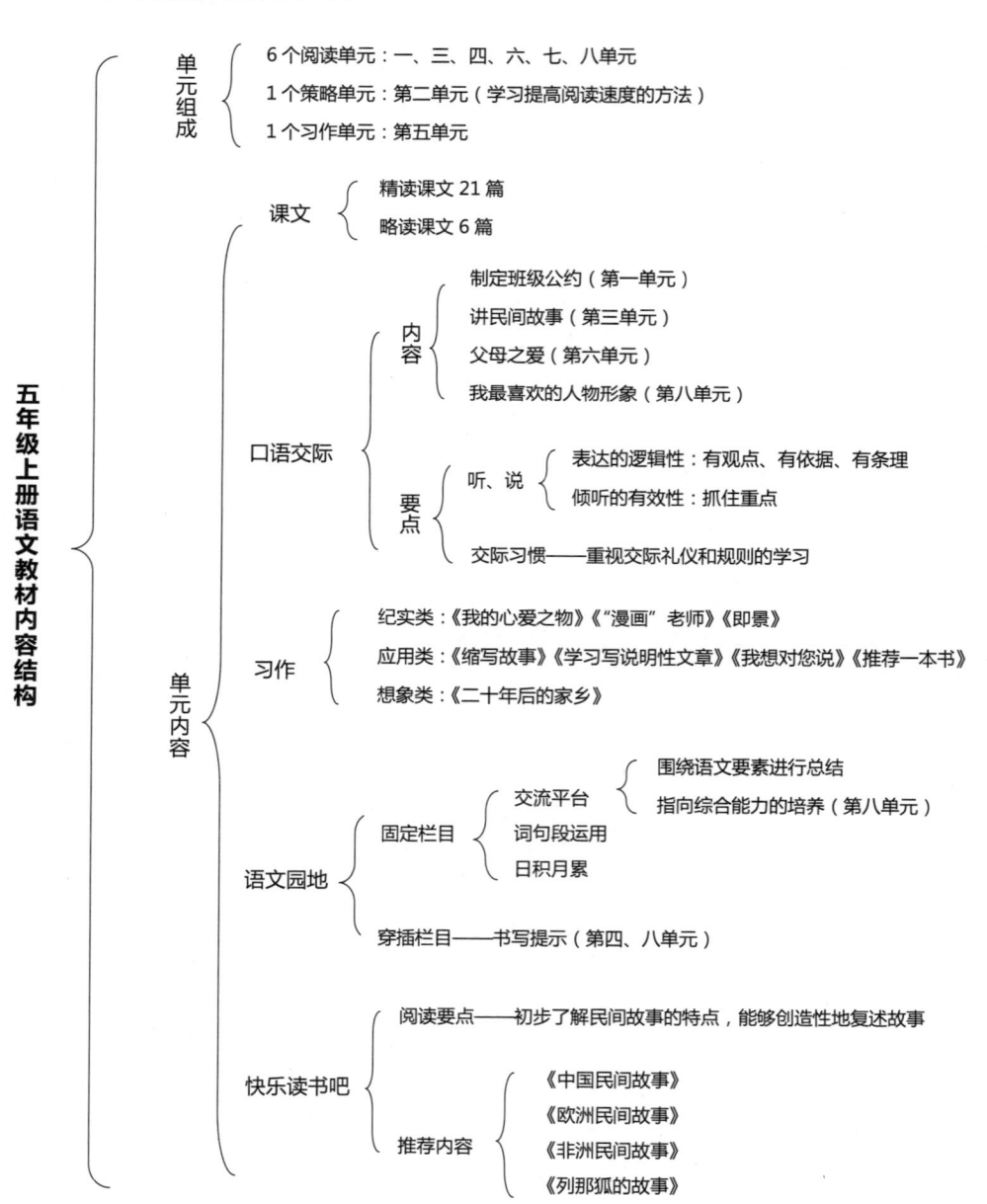

五年级上册语文教材内容结构
- 单元组成
  - 6个阅读单元：一、三、四、六、七、八单元
  - 1个策略单元：第二单元（学习提高阅读速度的方法）
  - 1个习作单元：第五单元
- 单元内容
  - 课文
    - 精读课文21篇
    - 略读课文6篇
  - 口语交际
    - 内容
      - 制定班级公约（第一单元）
      - 讲民间故事（第三单元）
      - 父母之爱（第六单元）
      - 我最喜欢的人物形象（第八单元）
    - 要点
      - 听、说
        - 表达的逻辑性：有观点、有依据、有条理
        - 倾听的有效性：抓住重点
      - 交际习惯——重视交际礼仪和规则的学习
  - 习作
    - 纪实类：《我的心爱之物》《"漫画"老师》《即景》
    - 应用类：《缩写故事》《学习写说明性文章》《我想对您说》《推荐一本书》
    - 想象类：《二十年后的家乡》
  - 语文园地
    - 固定栏目
      - 交流平台
        - 围绕语文要素进行总结
        - 指向综合能力的培养（第八单元）
      - 词句段运用
      - 日积月累
    - 穿插栏目——书写提示（第四、八单元）
  - 快乐读书吧
    - 阅读要点——初步了解民间故事的特点，能够创造性地复述故事
    - 推荐内容
      - 《中国民间故事》
      - 《欧洲民间故事》
      - 《非洲民间故事》
      - 《列那狐的故事》

二、单元人文主题研读

（一）人文主题分类

五年级上册语文教材中有六个常规阅读单元都是以人文主题和语文要素双线结构编排的，其人文主题分别是：万物有灵、四季之美、民间故事、家国之殇、舐犊之情和读书明智。另外有两个特殊单元，第二单元为围绕"提高阅读的速度"编排的阅读策略单元，第五单元为围绕"说明性文章"编排的习作单元。本册教材中人文主题包括人与自然、人与社会、人与自我三个方面。

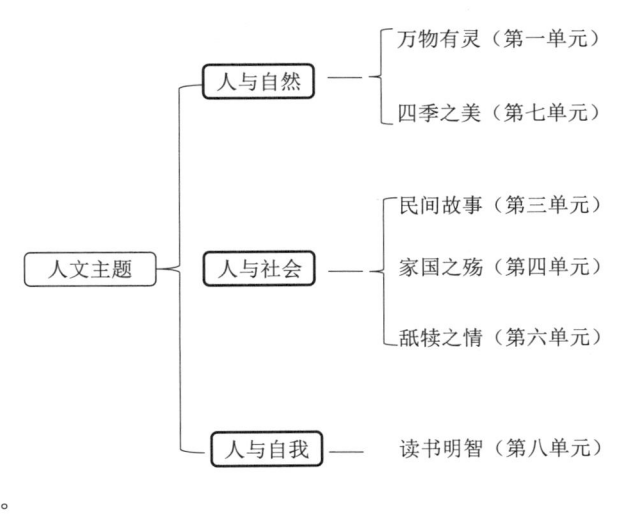

```
                    ┌─ 人与自然 ─┬─ 万物有灵（第一单元）
                    │            └─ 四季之美（第七单元）
                    │
         人文主题 ──┼─ 人与社会 ─┬─ 民间故事（第三单元）
                    │            ├─ 家国之殇（第四单元）
                    │            └─ 舐犊之情（第六单元）
                    │
                    └─ 人与自我 ─── 读书明智（第八单元）
```

这些人文主题，在以往教材中都有所体现，本册教材是原有人文主题的延伸与提升。

（二）单元导语页凸显人文主题

教材中每个单元的人文主题，几乎都可以在单元导语页的信息中总结获得。比如，第四单元导语："为什么我的眼里常含泪水？因为我对这土地爱得深沉……"这句话出自诗歌《我爱这土地》，是现代诗人艾青于1938年写的一首现代诗。1938年11月，日本侵略者攻占了华中重镇武汉，祖国的大半部分国土都沦于敌手，祖国大地和人民都遭受日寇铁蹄的践踏和蹂躏。诗人从武汉撤出，避难于广西桂林，他把自己想象成"一只鸟"，永远不知疲倦地围绕着祖国大地飞翔，表达自己对土地最真挚、深沉的爱。选用的是诗歌的最后两句，这是诗人发自内心的呐喊，因为不忍见到国土沦于敌手，不忍看到国家凋敝，不忍看到百姓颠沛流离，这一切都因为对祖国的深切的爱。这首力透纸背的爱国诗，引出本单元的浓浓的爱国情，十分恰当。

再看本页的插图，灰褐色的世界映入眼帘，荒凉的土地上，硝烟四起……一个还未站起来的中国，被欺辱被压迫，一个昏黄的背影中，透着家国之肝肠寸断的痛苦与悲愤。

本单元的导语页从图文两方面都可以明确其是以"爱国情怀"为主题。

不难发现，每个单元的导语页文字、插图，都体现着单元主题。

三、整本书语文要素研读

语文要素指的就是语文素养发展的目标要素，包括基本的语文知识、必需的语文能力、适当的学习策略和学习习惯等等。统编教材根据人文主题和语文要素，双线组元，构成一个完整的体系，每一个单元都包括阅读要素和表达要素，他们基本上可以对应起来，完成单元基本的学习目标。本册教材语文要素梳理见本部分最后附表。

（一）本册教材内语文要素之间的联系

1. 体会文章表达的思想感情

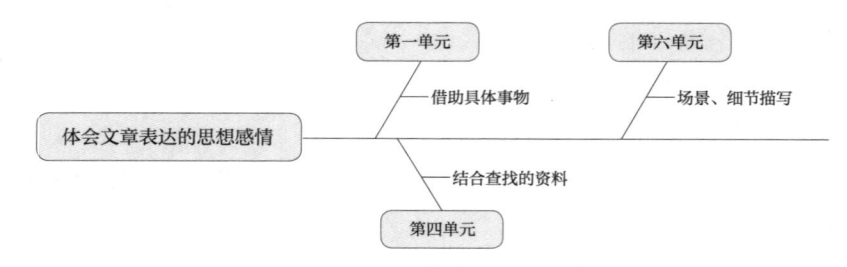

```
                   ┌── 第一单元
                   │       借助具体事物
体会文章表达的思想感情 ─┼────────────── 场景、细节描写 ── 第六单元
                   │       结合查找的资料
                   └── 第四单元
```

"体会文章表达的思想感情"是本册教材中的一个重要训练内容，涉及第一单元、第四单元、第六单元，但各单元的训练点不同。第一单元提出"初步了解课文借助具体事物抒发感情的方法"。从学生运用学过的方法来领悟文章感情，到学生思考抒发情感的方法，再到学生借助具体事物抒发感情这一方法，为下面的学习做铺垫。

第四单元提出结合查找的资料体会文章感情。结合资料是准确体会文章表达的思想感情的具体方法之一，这一单元涉及的文章从古代到近代，再到当代，从诗歌到文言文，再到讴歌时代主题的大文章，要体会其与具体时代背景相关的思想情感，这对孩子们来说比较有难度，一定是需要借助背景资料，才能真正读懂，进而产生共鸣。

第六单元"体会作者描写的场景、细节中蕴含的感情"。文章中情感表达既有表面的，也有藏于文字背后的，要准确深入地体会，一定需要方法和经验来支撑。第六单元是对前面学习方法的综合运用。统编版教材便将相关方法和能力的学习，进行了纵向的、持续的、有层次的设计安排。

2. 说明性文章

本学期第一次出现了"说明性"文章的概念，但是说明性文章在教材里并不是第一次出现，除了四年级下册、五年级上册集中在一个单元，在其他册教材中主要和其他文体的文章一起落实阅读训练要素。中学段的学习中，教材通过课后题引导学生关注了说明性文章语言表达的准确。本册教材中出现在第二单元的《什么比猎豹的速度更快》《冀中的地道战》都是说明性文章，编排在此，重点是学习"借助关键词句"和"带着问题"提高阅读速度的阅读策略。

第五单元的阅读要素是"阅读简单的说明性文章，了解基本的说明方法"。这一单元是从写作角度提出来，阅读要素和习作要求是一致的，更凸显写作成果。在学生了解说明类文章的特点的基础上，体会说明性文章会围绕几个方面来把事情写清楚，每个段落经常会有关键句，围绕一个意思把一段话写清楚，为写说明性文章做准备。

3. 把握文章的主要内容

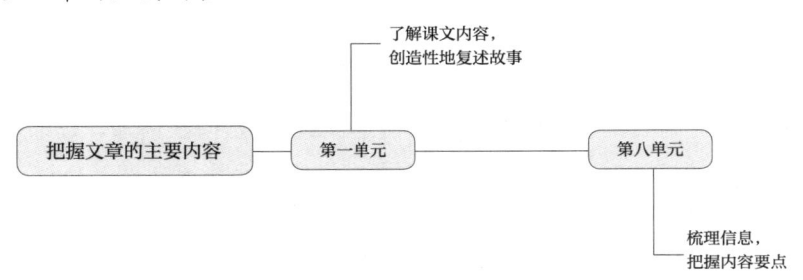

```
                          ┌─ 第一单元 ─ 了解课文内容，创造性地复述故事
把握文章的主要内容 ─┤
                          └─ 第八单元 ─ 梳理信息，把握内容要点
```

"把握文章的主要内容"这一训练要素在第三单元和第八单元都有涉及。这也是小学阶段非常重要的训练内容，从低年级到高年级均有所涉及。第三单元"了解课文主要内容，创造性地复述"，结合单元习作"提取主要信息，缩写故事"，要引导学生概括故事主要内容，再分清主次，提取主要信息完成缩写。第八单元提出根据具体的目的，从文章中梳理出相应的信息，然后归纳、整理、总结，把握这一类内容的要点，难度逐层递进，层层深入。

（二）整套教材中语文要素的联系

1. "把握文章的主要内容"这一要素的整体编排

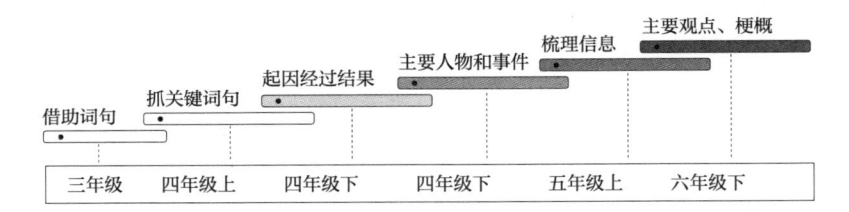

```
借助词句 │ 抓关键词句 │ 起因经过结果 │ 主要人物和事件 │ 梳理信息 │ 主要观点、梗概
─────────┼──────────┼────────────┼──────────────┼─────────┼──────────────
 三年级  │ 四年级上  │  四年级下   │   四年级下    │ 五年级上 │   六年级下
```

对内容的把握从段到篇，从低年级到高年级，各册教材都有所涉及。从借助词句提取主要信息，到理解一段话的意思，从了解故事起因、经过、结果，学习把握一件事的主要内容，到关注主要人物事件，概括几件事的文章内容，再到运用小标题概括等方法总结叙事性长文的主要内容，孩子们已经积累了一定的经验。到了五年级要求再次提升，分条把握文章的要点，最后到六年级借助作品梗概，了解名著主要内容，让孩子们综合运用这些方法把握文章的内容，从学单一的方法到综合运用，要求在逐渐提高。本册教材的学习为更加准确把握文章主要观点、了解梗概做铺垫。

2. "阅读策略"在整套教材里的梯度变化

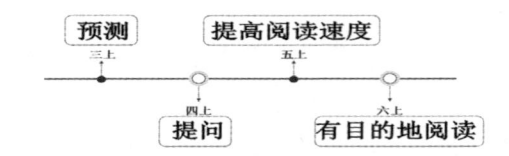

```
    预测        提高阅读速度
    三上           五上
    ●━━━━○━━━━●━━━━○
         四上           六上
         提问        有目的地阅读
```

第二单元是特殊的阅读策略单元。本单元的阅读要素是"阅读要有一定的速度",重点通过学习提高阅读速度的方法,实现快速阅读。统编版教材从三年级开始,所有的上册教材都有一个阅读策略单元,三年级以预测为主要内容,四年级学习如何提问,五年级上册学习提高阅读速度的方法,到了六年级学习目标为有目的地阅读。

本册教材中的"提高阅读速度"不等于"快速阅读",是指在读通、读懂的基础上缩短阅读的时间,提高阅读的时效性。课标中要求本学段(小学高年级)阅读速度不低于每分钟300字,前提也是读懂文本。本单元编排的内容,课文题材、体裁各异,任务不同,每篇课文落实不同的学习目标,从精读课文的学习目标集中注意力不回读,连词成句地读,提出问题速读,到略读课文,综合运用多种方法快速阅读,教材在一课一得的目标落实中,培养学生的快速阅读能力。

3. "了解课文内容,复述故事"这一要素在整套教材里的梯度变化

《小学语文新课程标准》中指出,小学高年级的阶段目标要求"阅读叙事性作品,了解事件梗概,简单描述自己印象最深的场景、人物细节,说出自己的喜欢、憎恶、崇敬、向往、同情等感受"。本单元教学内容为民间故事,从三年级上册开始,每册包含一个故事单元,从三年级的童话、寓言,到四年级的神话故事、中外经典童话,五年级的民间故事、古典名著,再到六年级的小说和外国名著,故事单元的编排在整套教材里的体现,是由易到难,逐步加深的。

```
  想象画面说话    记住内容、用      提取信息、简      创造性复述
                自己的话详细      要复述
                复述故事
     ●              ●              ●              ●
   二年级          三年级          四年级          五年级
```

本册教材第三单元阅读要素是"了解课文内容,创造性地复述故事"。故事单元的编排适合这一训练点的落实。关于"复述"的学习,其实是一个逐步进阶、螺旋上升的过程。三年级时要求在二年级想象画面说话的基础上,学习记住内容、用自己的话详细复述故事,四年级时我们学习提取信息、简要复述,注意的是顺序和详略,到了五年级,要求进一步提高,学习创造性复述。这一语文要素是依据学生的认知思维与能力发展而

制定的。通过改变人称、增加情节、改变叙述顺序、变换体裁等方式，使得故事复述拥有与众不同的思考和创造。

4."静态描写和动态描写"的编排

"初步体会课文中的静态描写和动态描写"，这是教材第一次以单元编排的方式对学生进行专门的文学品鉴能力的培养。三年级下册第一单元，教材提出"试着一边读一边想象画面"，四年级上册第一单元变为"边读边想象画面"，五年级上册第七单元提出"初步体会课文中的静态描写和动态描写"，也就是第一次接触这两个概念，而到五年级下册第七单元就是体会景物的静态美和动态美，体现出教材的层次性和连续性，对学生是一个由浅到深、由表及里的训练和引导过程。

四、单元语文要素研读

（一）围绕语文要素的单元整体研读

统编教材每个单元的组成，都有一定的规律，自单元导语页开始，包含有精读课文、略读课文、口语交际、单元习作、语文园地，大多又分为"交流平台""词句段运用""书写提示""日积月累"以及快乐读书吧。单元中出现的插图、课内注释、课后习题、阅读链接也都是学习的内容。在教材的编排中，每一部分的内容都承载不同的任务。

导语页图文并茂，明确单元学习主题和语文要素；精读课文，落实语文要素，贯彻学习方法；略读课文要运用所学的方法应用练习；"交流平台"进一步强化语文要素，梳理、总结、提炼学习方法；"词句段运用"和单元习作、口语交际大多是都是实践运用单元学习方法，练习巩固。

1.人文主题研读

单元的人文主题"舐犊情深"，也就是"父母之爱"。单元导语"舐犊之情，流淌在血液里的爱和温暖"表达着浓浓的爱。画面上慈爱的老牛舔着小牛，恰映衬《后汉书·杨彪传》中"犹怀老牛舐犊之爱"，意思是像老牛舔小牛一样的母爱深情，比喻父母对子女的慈爱。

本单元围绕"舐犊之情"这一单元主题安排了两篇精读课文：梁晓声的《慈母情深》、吴冠中的《父爱之舟》，一篇略读课文《"精彩极了"和"糟糕透了"》。这些课文有的写了无私的母爱，有的写了深沉的父爱，还有的写了父母对孩子不同的爱的方式，展现了父母与孩子之间的点点滴滴，字里行间蕴含着真挚的情感，能引起读者的共鸣和思考。一次口语交际"父母之爱"，一次习作"我想对您说"也是紧扣人文主题进行的。

2. 语文要素研读

在这个单元教材安排的语文要素是"体会作者描写的场景、细节中蕴含的感情"。依照教材给出的导语提示，我们可以明确本单元体会思想感情的方法是"从场景和细节描写中体会思想感情"。

★场景描写是什么呢？

字典里是这样解释的：场景指戏剧、电影中的场面，泛指某种情景，就是对一个特定的时间与地点内许多人物活动的总体情况的描写。它往往是叙述、描写、抒情等表述方法的综合运用。就本单元的具体课文来说，场景主要指的就是对特定的时空人们活动的情形的描写。

★场景描写的作用：

场景描写能够起到刻画人物的作用，能够渲染气氛。正是因为场景描写得深刻、具体、翔实，人物的形象才能不断完善，情节更深入，使主题不断深化。在本单元，"场景描写"主要指作者对"特定环境和周围人物活动"的描写。

★细节描写又是什么呢？

细节描写指抓住生活中的细微而又具体的典型情节，加以生动细致的描绘，它具体渗透在对人物、景物或场面描写之中。本单元细节描写指的是在特定空间人们活动的时候，对环境的细节，人们活动的动作、神态、语言、心理等细微变化的描写。本单元我们可以抓住课文中"特定的时间与地点内许多人物活动的总体情况描写的场景"和"对人物、景物或场面描写之中的细节描写"来体会人物的情感。

本单元每篇课文所承担的教学任务不同。两篇精读课文《慈母情深》要求学生边读边想象描写的场景、细节，体会字里行间蕴含的母爱；《父爱之舟》让学生说出作者梦中出现的难忘的场景，体会深切的父爱。略读课文《"精彩极了"和"糟糕透了"》抓住细节描写，从父母的语言和神态，体会父亲母亲的内心世界。语文园地"词句段运用"的第二题要求学生在体会情感的基础上进一步了解场景描写的作用。

(二)围绕语文要素的"坐标"研读

1. 语文要素的横向勾连

单元	人文主题	阅读要素	习作要素
一	万物有灵	初步了解课文借助具体事物抒发感情的方法。	写一种事物，表达自己的感情。
二	策略单元	学习提高阅读速度的方法。	结合具体事例写出人物的特点。
三	民间故事	了解课文内容，创造性地复述故事。	提取主要信息，缩写故事。
四	家国之殇	结合资料，体会课文表达的思想感情。	学习列提纲，分段叙述。
五	习作单元	阅读简单的说明性文章，了解基本的说明方法。	搜集资料，用恰当的说明方法，把某一种事物介绍清楚。

(续表)

单元	人文主题	阅读要素	习作要素
六	舐犊之情	体会作者描写的场景、细节中蕴含的感情。	用恰当的语言表达自己的看法和感受。
七	四季之美	初步体会课文中的静态描写和动态描写。	学习描写景物的变化。
八	读书明智	根据要求注意梳理信息，把握内容要点。	根据表达的需要，分段表述，突出重点。

体会文章表达的思想感情是本册教材中的一个重要训练内容。第一单元语文要素侧重的是写，"体会作者是如何借助具体事物来表达思想感情的""写出对一种事物的感受"，到了第四单元"结合资料体会思想感情"，侧重的是如何运用"资料"，如何根据资料来深刻理解作者所表达的情感思想，从而加深对作者所要表达的情感思想的理解。第六单元课文注重对故事中的场景、人物言行举止的细节进行具体的描述，学生通过品读交流印象深刻的场景、细节，可以更深入地把握文章内容，更细致地体会蕴含在其中的人物情感。它并非凭空出现，体现着编者对知识点螺旋上升的呈现方式。

2. 语文要素的纵向发展

本单元的阅读要素是"体会作者描写的场景、细节中蕴含的感情"。四年级下册就出现了相关训练点"抓住关键语句，初步体会课文表达的思想感情"，初次强调学生阅读课文体会课文感情的方法。五年级上册有三个单元都与此相关，本单元体会课文感情的方法是"从场景和细节描写中体会思想感情"，要求先读懂场景和细节描写，感受人物的形象，再从场景和细节描写中去推测人物内心的想法和情感态度，最后体会文章中的场景和细节是怎样表达情感的。再结合语文园地中的"交流平台"和"词句段运用"，就会发现在前面学习感受、表达真情实感基础上，还要学会运用表达。可见统编教材根据学生的认知发展规律，作出了循序渐进的设计安排。

（三）以课后题为依托，落实语文要素

课后习题是落实相应语文要素的有力抓手，对教师教学和学生学习起着导向作用。对课后习题进行研读，对教师准确把握教材编写意图、精准地确立教学目标、有效地设计习题起着重要的作用。

1. 同一课内语文训练点落实的梯度

以《慈母情深》一课为例，进行分析。

> 默读课文，边读边想象课文中的场景，说说哪些地方让你感受到了"慈母情深"。

这道题直接告诉了作者表达的情感是"慈母情深"。首先可以引导学生根据起因经过结果梳理文章主要内容，然后引导学生边读边想象课文中的场景，在感受深刻的地方做上批注，可重点结合"去工厂找母亲"和"母亲给钱买书"两个场景进行交流，可以通过联系生活实际、抓关键词、联系上下文等方法进行。引导学生初步感知母亲的形象，进而体会场景描写和细节描写的感情，以及作者"我"对母亲的爱和感激。

新的备课·备新的课
指向语文要素的整体教材研读

> 🔲 读下面的句子，注意反复出现的部分，想想它们的表达效果。课文中还有一些这样的语句，画出来和同学交流。
>
> ○ 背直起来了，我的母亲。转过身来了，我的母亲。褐色的口罩上方，一双眼神疲惫的眼睛吃惊地望着我，我的母亲的眼睛……
>
> ○ 母亲说完，立刻又坐了下去，立刻又弯曲了背，立刻又将头俯在缝纫机板上了，立刻又陷入手脚并用的机械忙碌状态……

这道题的目的是体会文章中反复出现的词语的表达效果。三次出现"我的母亲"，将细节描写慢镜头展现，连续四次"立刻"的出现，快节奏动作展现细节，可以让学生在对比中感悟母亲的形象，在反复词语的描写中，体会细节场景描写的背后蕴含的慈母情深。最后通过有感情地朗读整个场景描写，再次入情入境地感受作品中的情感。

> ✏️ 小练笔
>
> 联系上下文，说说为什么"我"拿到钱时"鼻子一酸"。你有过"鼻子一酸"的经历吗？试着写一写。

这道题是体会故事的结尾，运用省略号表达更意味深长的特点。结合语文园地中"词句段运用"的练习"就这样，我有了第一本长篇小说……"，感受结尾照应开头，省略号体现了作者对母亲无尽的感情。在学生情感体验的基础上，结合生活，试着写出自己"鼻子一酸"的经历，就是尝试运用反复出现的词语，在描写的场景细节中表达感情，也是为单元习作积累素材。

这三道课后题，都围绕"体会作者描写的场景、细节中蕴含的感情"这一语文要素，从理解课文内容找场景细节，到体会反复写法在描写场景细节时的作用，再到尝试迁移练习，是在逐步上升、有梯度地落实单元学习目标的。

2. 单元不同课文之间语文训练点落实的梯度

（1）默读理解课文内容

> 《慈母情深》
>
> 默读课文，边读边想象课文中的场景，说说哪些地方让你感受到了"慈母情深"。

> 《父爱之舟》
>
> 默读课文，说说在"我"的梦中出现了哪些难忘的场景，哪个场景给你的印象最深。

> 《"精彩极了"和"糟糕透了"》
> 　　默读课文，想想父亲和母亲对巴迪的诗为什么会有不同的看法；巴迪长大后，又是如何看待这件事的。

　　这三篇课文第一题都是引导学生梳理文章脉络，体会课文在场景中表达的感情，但各有侧重。《慈母情深》重点是从"我"的真实经历的描写中，感受母亲独特的爱，在场景中要关注"我"的情感变化。《父爱之舟》描写的是作者以梦的形式回忆与父亲的往事，感受父亲深沉的爱。文章篇幅较长，年代较远，有一些地域特色，文中作者梦中出现的场景较多，概括起来有些难度，引导学生用清楚完整的语句概括大意即可。前面的回忆主要是生活中的点点滴滴，下面的几个场景则主要围绕父亲支持我读书而展开，让学生选择自己印象最深的场景、细节来体会父爱，要求进一步提高。《"精彩极了"和"糟糕透了"》抓住细节描写，从父母的语言和神态，体会父亲母亲的内心世界，感受长大后不同的爱对作者的影响。

　　三篇课文引导孩子体会场景、细节中蕴含的感情从单一逐渐变成多元，在字里行间，体会不同的爱的表达方式，理解多样的爱。

　　（2）体会含义深刻的句子和表达效果

　　《慈母情深》课后第二题中对母亲转过身来时的情景描写，母亲给"我"钱之后的几个动作描写，侧重引导学习反复出现词句的描写方法，以增强文章的感染力。

> 读下面的句子，注意反复出现的部分，想想它们的表达效果。课文中还有一些这样的语句，画出来和同学交流。
> ◇ 背直起来了，我的母亲。转过身来了，我的母亲。褐色的口罩上方，一双眼神疲惫的眼睛吃惊地望着我，我的母亲的眼睛……
> ◇ 母亲说完，立刻又坐了下去，立刻又弯曲了背，立刻又将头俯在缝纫机板上了，立刻又陷入手脚并用的机械忙碌状态……

　　《父爱之舟》第二题抓住关键词，理解"人生道路中品尝到的新滋味""用自己手中的笔，把那只载着父爱的小船画出来就好了"的深刻含义。第三题，理解课题和部分语句

> 读下面的句子，回答括号里的问题。
> 　　这是我第一次真正心酸的哭，与在家里撒娇的哭、发脾气的哭、打架的哭都大不一样，是人生道路中品尝到的新滋味了。（"新滋味"指的是什么？）
> 　　我什么时候能够用自己手中的笔，把那只载着父爱的小船画出来就好了！（从这句话中，你体会到了作者对父亲怎样的情感？）
> 课文为什么以"父爱之舟"为题？从课文中找出相关内容说说你的理解。

的含义。从部分到整体，引导学生在感受到整篇文章所表现的浓浓的父爱之后，深入理解课题的含义。

　　《"精彩极了"和"糟糕透了"》这篇外国文学作品的最后两段，多处含义深刻的句子，要让学生联系上下文理解课文，感受父爱母爱不同的表达方式，学会理解与感激。"词句段运用"第二题，让学生学以致用，想象画面的同时，了解场景描写在课文中的作

用，再进行练笔尝试。

本单元围绕阅读要素，从理清课文脉络，到聚焦场景和细节，到体会其中的感情，再到运用反复出现词句、结合课题、巧妙结尾等方法在场景、细节中表达感情，逐步搭建支架，从阅读到写作，实现读写结合，完成单元训练目标。

统编版小学语文五年级下册教材研读

王颖　刘铭

一、教材整体结构研读

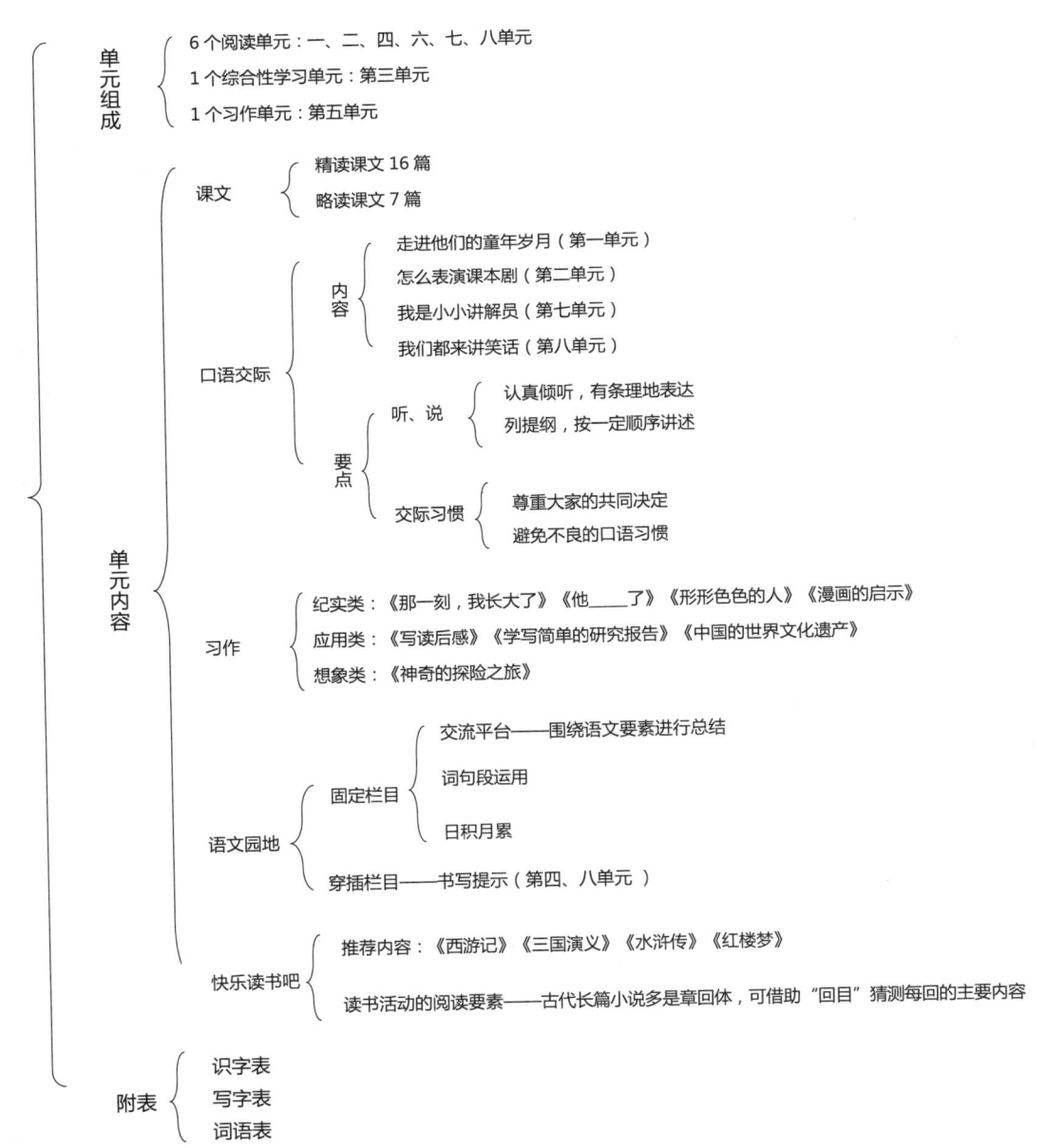

五年级下册语文教材内容结构
- 单元内容
  - 单元组成
    - 6个阅读单元：一、二、四、六、七、八单元
    - 1个综合性学习单元：第三单元
    - 1个习作单元：第五单元
  - 课文
    - 精读课文16篇
    - 略读课文7篇
  - 口语交际
    - 内容
      - 走进他们的童年岁月（第一单元）
      - 怎么表演课本剧（第二单元）
      - 我是小小讲解员（第七单元）
      - 我们都来讲笑话（第八单元）
    - 要点
      - 听、说
        - 认真倾听，有条理地表达
        - 列提纲，按一定顺序讲述
      - 交际习惯
        - 尊重大家的共同决定
        - 避免不良的口语习惯
  - 习作
    - 纪实类：《那一刻，我长大了》《他____了》《形形色色的人》《漫画的启示》
    - 应用类：《写读后感》《学写简单的研究报告》《中国的世界文化遗产》
    - 想象类：《神奇的探险之旅》
  - 语文园地
    - 固定栏目
      - 交流平台——围绕语文要素进行总结
      - 词句段运用
      - 日积月累
    - 穿插栏目——书写提示（第四、八单元）
  - 快乐读书吧
    - 推荐内容：《西游记》《三国演义》《水浒传》《红楼梦》
    - 读书活动的阅读要素——古代长篇小说多是章回体，可借助"回目"猜测每回的主要内容
- 附表
  - 识字表
  - 写字表
  - 词语表

其中，口语交际的具体分析如下：

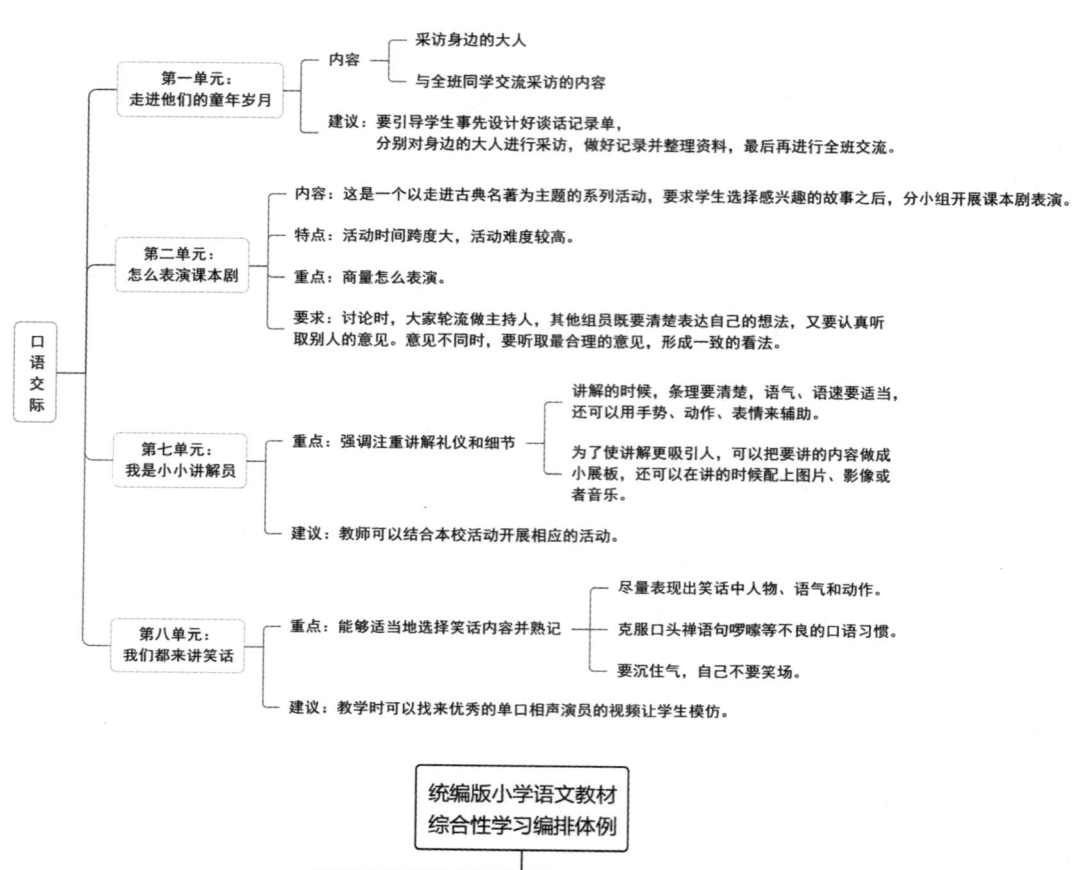

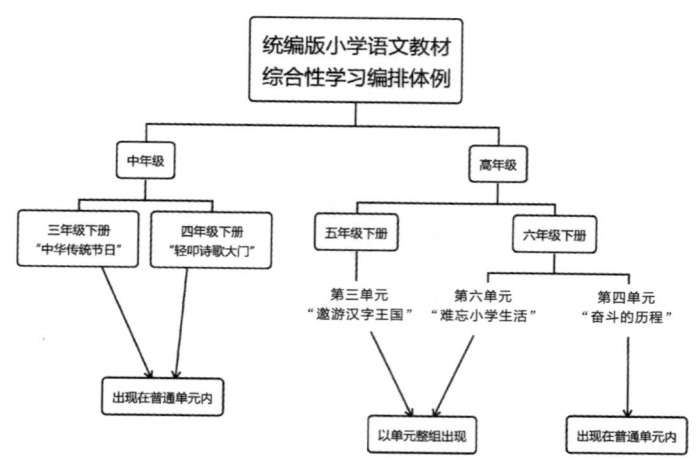

```
                    ┌─ 内容 ┬─ 采访身边的大人
        ┌第一单元：  │      └─ 与全班同学交流采访的内容
        │走进他们的 │
        │童年岁月   └─ 建议：要引导学生事先设计好谈话记录单，
        │                    分别对身边的大人进行采访，做好记录并整理资料，最后再进行全班交流。
        │
        │          ┌─ 内容：这是一个以走进古典名著为主题的系列活动，要求学生选择感兴趣的故事之后，分小组开展课本剧表演。
        │第二单元： │─ 特点：活动时间跨度大，活动难度较高。
        │怎么表演  │─ 重点：商量怎么表演。
  口   ─┤课本剧     └─ 要求：讨论时，大家轮流做主持人，其他组员既要清楚表达自己的想法，又要认真
  语    │                    取别人的意见。意见不同时，要听取最合理的意见，形成一致的看法。
  交    │
  际    │                   ┌─ 讲解的时候，条理要清楚，语气、语速要适当，
        │第七单元： ┌─重点：  │  还可以用手势、动作、表情来辅助。
        │我是小小  │强调注重 ┤
        │讲解员    │讲解礼仪 │─ 为了使讲解更吸引人，可以把要讲的内容做成
        │         │和细节   └  小展板，还可以在讲的时候配上图片、影像或
        │         │             者音乐。
        │         └─ 建议：教师可以结合本校活动开展相应的活动。
        │
        │                              ┌─ 尽量表现出笑话中人物、语气和动作。
        │第八单元： ┌─重点：能够适当地 │
        └我们都来  │选择笑话内容并熟记 ┼─ 克服口头禅语句啰嗦等不良的口语习惯。
         讲笑话    │                   │
                  │                   └─ 要沉住气，自己不要笑场。
                  └─ 建议：教学时可以找来优秀的单口相声演员的视频让学生模仿。
```

```
                    统编版小学语文教材
                    综合性学习编排体例
                  ┌──────────┴──────────┐
                中年级                  高年级
              ┌───┴───┐              ┌───┴───┐
          三年级下册  四年级下册     五年级下册   六年级下册
          "中华传统  "轻叩诗歌                ┌─────┴─────┐
           节日"    大门"         第三单元   第六单元   第四单元
              │       │         "遨游汉字   "难忘小学   "奋斗的
              └───┬───┘          王国"     生活"      历程"
                  ↓                 ↓         ↓         ↓
            出现在普通单元内    以单元整组出现    出现在普通单元内
```

本册教材第三单元综合性学习的语文要素是："感受汉字的趣味，了解汉字文化。学习搜集资料的基本方法。学写简单的研究性报告。"在此之前的语文学习中，学生已经了解了"收集资料"的方法。

"收集"主要指把分散的资料集中到一起，而"搜集"主要指通过广泛的渠道有目的地搜寻某些资料，然后把资料整理集中。从"收集"到"搜集"，难度有所提高。第三单元语文要素则重点指向培养学生"搜集""选择"和"运用"资料的综合能力。

二、单元人文主题研读

五年级下册教材除第三单元综合性学习单元、第五单元习作单元之外，其他六个常规单元都是以人文主题和语文要素双线结构编排的。这六个单元的人文主题分别是：童年往事、走近中国古典名著、责任、思维的火花、世界各地、风趣与幽默。

按照统编版小学语文教材人文主题分类，可以将这六个单元分为三类：

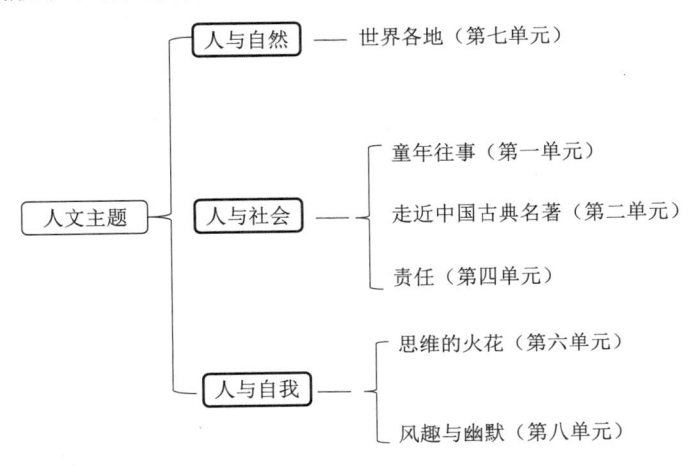

```
                   ┌─ 人与自然 ── 世界各地（第七单元）
                   │
                   │              ┌ 童年往事（第一单元）
                   │              │
         人文主题 ─┼─ 人与社会 ──┼ 走近中国古典名著（第二单元）
                   │              │
                   │              └ 责任（第四单元）
                   │
                   │              ┌ 思维的火花（第六单元）
                   └─ 人与自我 ──┤
                                  └ 风趣与幽默（第八单元）
```

在学习新的单元之前，建议教师先用一节课（我们通常称为"单元导读课"）的时间，带领学生到"单元"里浏览一番。先大概了解本单元的所有内容（包括单元主题、单元导语、语文要素、作者、课文相关背景资料、课文体裁、注释、插图、课后题、资料袋、阅读链接、语文园地等），再结合语文园地的"交流平台"明确本单元学习的重点与难点，培养学生进行单元学习的整体意识。

每个单元的导语页包含了很多重要信息，教师要引导学生逐一去发现。教会学生依据单元导语及插图、本单元课文内容等提炼出本单元的人文主题。

例如，第一单元的导语是："每一个人都有他自己的童年往事，快乐也好，辛酸也好，对于他都是心动神移的最深刻的记忆。——冰心"

这句话出自著名儿童文学作家冰心写海的名篇《海恋》。这篇文章写出了冰心对大海的喜爱，对儿时玩伴及美好童年生活的怀念。

引导学生抓住导语中的关键词即"童年往事"便可概括出本单元的人文主题。

除了抓单元导语概括出人文主题之外，还可以结合导语页的插图概括主题。

插图中一位银发老奶奶在慈爱地为小姑娘梳头发，这将是小姑娘最美好的童年回忆，也会勾起不同年龄段读者对童年的美好记忆，童年的故事总是那么温馨，那么令人难以忘怀。

再翻看本单元的四篇课文《古诗三首》《祖父的园子》《月是故乡明》《梅花魂》，这四篇课文既有对古代儿童快乐童年生活的描写，也有作家萧红、季羡林、陈慧瑛笔下对童年往事的回忆。综合以上信息，也能进一步印证出本单元的人文主题——童年往事。

再如，第八单元的导语是莎士比亚的名言——"风趣和幽默是智慧的闪现"。从单元导语我们就可以提炼本单元的单元主题是"风趣和幽默"。萧伯纳也曾说："没有幽默感的语言是篇公文，没有幽默感的人是尊雕像，没有幽默感的家庭是间旅店，而没有幽默感的社会是不可想象的。"足以可见"拥有风趣和幽默"会让生活变得多姿多彩，富有乐趣。

我们一起将目光定格在单元导语页的图片上，最先映入眼帘的就是一个小丑迈着大步举着一把雨伞滑稽地向前走，笑容在他的脸上绽放，仿佛在向谁挥手致意。看到这里你有没有会心一笑呢？

我们再将镜头拉远，可以想象这个小丑漫步在云端，和花草飞鸟为伴，生活得多么畅快！这一定是内心极为豁达的人，一定像个顽童一样将幽默融入骨髓才会这样游戏人间。从哪里可以看出他的智慧呢？看右边的眼睛，或是紧闭，或是半睁，或是睁得大大的，说明他善于观察生活；插图中勾勒的五张嘴唇说明了他善于表达。每个人对于这幅图都有不同的想法、不同的表达，希望同学们通过学习本单元也能成为一个幽默的"智慧人"。

总结一下教学中经常用到的概括单元导语的方法：抓住导语中的关键词、借助导语页背景图、结合本组课文内容。

三、整本书语文要素研读

（一）本册教材语文要素之间的联系

每个单元的语文要素都包括阅读要素和表达要素，均出现在单元导语页上。第一行语句指向阅读要素，第二行语句指向表达要素。表达既包括书面表达——习作，也包括口语表达——口语交际。本册教材语文要素汇总表详见本部分最后附表。

1. 本册教材阅读要素之间的联系

五年级下册重点以教会学生掌握人物描写的方法为主，从课文编排上就能看出来。本册教材共有四个单元涉及人物描写的方法，分别是第四单元"通过课文中动作、语言、神态的描写，体会人物的内心"；第五单元"学习描写人物的基本方法"；第六单元"了解人物的思维过程，加深对课文内容的理解"；第八单元"感受课文风趣的语言"。

第四单元的学习旨在先让学生复习五种描写人物的基本方法，即外貌描写、动作描写、语言描写、神态描写、心理描写。在此基础上，再学习作者是如何通过人物动作、语言、神态的描写，体会人物的内心的。

第五单元是习作单元，旨在让学生全面了解并掌握人物描写的各种方法并运用到自己的习作中。因此，第四单元是在为第五单元的学习做铺垫。

第六单元语文要素中提到的"了解人物的思维过程"，这个"思维过程"，其实就是人物的想法，人物的内心活动。通过前面第四单元、第五单元的学习，学生已经掌握了人物语言、动作、神态描写的方法了，在第六单元又通过体会人物思维过程让学生进一步感受人物的心理活动描写，这也是对前面两个单元人物描写方法的补充。

再来看看第八单元的语文要素"感受课文风趣的语言"，"风趣的语言"即人物的语言描写。可见，有关人物描写方法的运用，在五年级下册占据着重要地位。

相对于其他描写方法，学生们最熟悉的是人物外貌描写，在之前的语文学习中经常遇到。小学阶段整套语文教材中关于人物描写方法的训练，渗透在不同年级语文园地的"词句段运用"里：

人物描写方法	教材	单元	具体内容	具体分析
心理活动描写	一年级下册	八	你有过下面这些心情吗？说一说，写一写。 高兴、生气、害怕、难过	对心理活动描写的初步认知。
	四年级上册	六	选一个词语，仿照例子用动作描写来表现它。 害怕、生气、自豪、快乐、着急、伤心	学习通过动作描写表现出来人物心情的方法。
	六年级上册	四	体会人物复杂的内心世界，试着写一写你忐忑不安或犹豫不决时的心理活动。	进行心理活动描写的练笔训练。
语言描写	六年级上册	二	写人物说话时，可以不用"说"来表达，仿照着写一写。	用其他描写代替"说"进行语言描写。
动作描写	四年级下册	七	连续性动作描写。	进行连续性动作描写的训练。
神态描写	六年级下册	四	体会外貌和神态描写对刻画人物的作用。如果删去这些内容，是否会影响文章的表达效果？	体会外貌和神态描写对刻画人物的作用。
外貌描写	五年级下册	二	读句子，猜猜写的是谁，说说理由。	体会人物外貌描写的表达效果。
	六年级下册	四	外貌和神态描写对刻画人物有什么作用，删去是否影响文章表达效果。	体会外貌和神态描写对刻画人物的作用。

(续表)

人物描写方法	教材	单元	具体内容	具体分析
人物描写综合运用	五年级上册	三	把牛郎织女初次见面的情节说得更具体。	加入生动的语言、动作、神态描写使故事更加具体生动。
	五年级下册	四	体会人物的内心，再选择一种情景，照样子写一写。	回顾本单元借助人物的动作、语言、神态体会人物的内心的阅读方法，联系生活情景写一写。
			写出人物与平时不同的表现，体会它们的表达效果，照样子说一说。	体会"对比"手法带来的感染力。

通过细读上面的表格，大家就会发现教材在编排上是很用心的，只要我们留意到教材之间的联系，注重语文园地"词句段运用"内容的训练，对高年级学生学习人物描写是很有帮助的。

2. 本册教材表达要素之间的联系

本册教材第一单元习作要素是"把一件事的重点部分写具体"，第六单元习作要素是"根据情境编故事，把事情发展变化的过程写具体"，这两个单元的习作要素都涉及"写具体"这一训练目标。在第一单元的习作训练中重点训练学生"把感到自己长大了的'那一刻'的情形"写具体，有了第一单元做铺垫，第六单元"把事情发展变化的过程写具体"就水到渠成了。

第四单元习作要素是"尝试运用动作、语言、神态描写，表现人物的内心"，第五单元习作要素是"初步运用描写人物的基本方法，具体地表现一个人的特点"，这两个单元都离不开人物描写。第四单元侧重表现人物的内心，第五单元是综合运用描写人物的方法表现出人物特点。这两个单元的习作训练体现出梯度性。

（二）整套教材语文要素之间的联系

"人物描写"这一阅读要素在教材中的梯度变化：

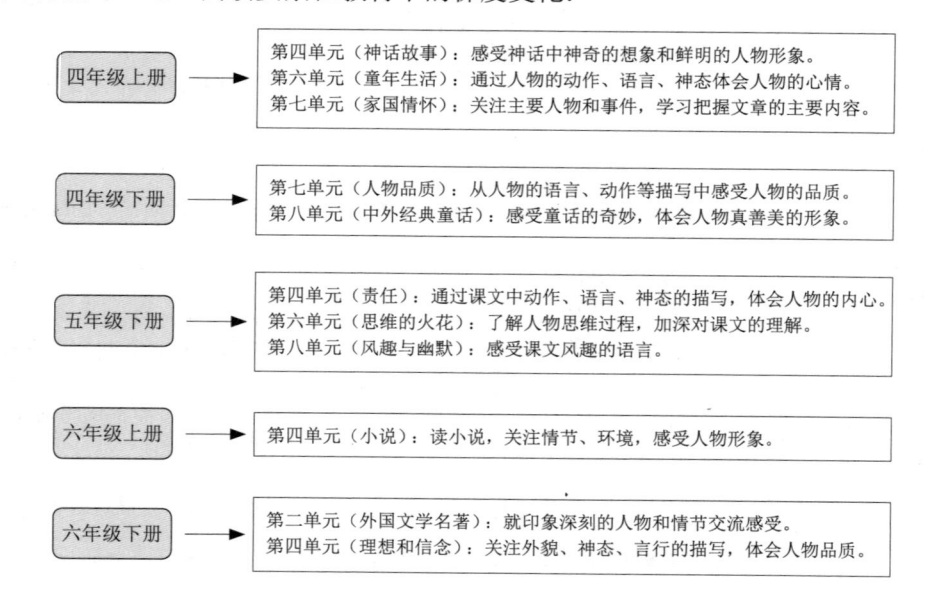

四年级上册 → 第四单元（神话故事）：感受神话中神奇的想象和鲜明的人物形象。
第六单元（童年生活）：通过人物的动作、语言、神态体会人物的心情。
第七单元（家国情怀）：关注主要人物和事件，学习把握文章的主要内容。

四年级下册 → 第七单元（人物品质）：从人物的语言、动作等描写中感受人物的品质。
第八单元（中外经典童话）：感受童话的奇妙，体会人物真善美的形象。

五年级下册 → 第四单元（责任）：通过课文中动作、语言、神态的描写，体会人物的内心。
第六单元（思维的火花）：了解人物思维过程，加深对课文的理解。
第八单元（风趣与幽默）：感受课文风趣的语言。

六年级上册 → 第四单元（小说）：读小说，关注情节、环境，感受人物形象。

六年级下册 → 第二单元（外国文学名著）：就印象深刻的人物和情节交流感受。
第四单元（理想和信念）：关注外貌、神态、言行的描写，体会人物品质。

一　统编版各年级语文教材研读

通过观察上图，我们就会发现，从四年级感受神话中的人物形象到"关注主要人物"，再到五年级"体会人物的内心"，最后到六年级感受小说中的人物形象、"体会人物品质"，体会的层次深入了。在这样层层深入地感受人物形象的过程中，学生的理解能力逐渐提高，对人物的认识也更加深刻。

"人物描写"这一习作要素在教材中的梯度变化：

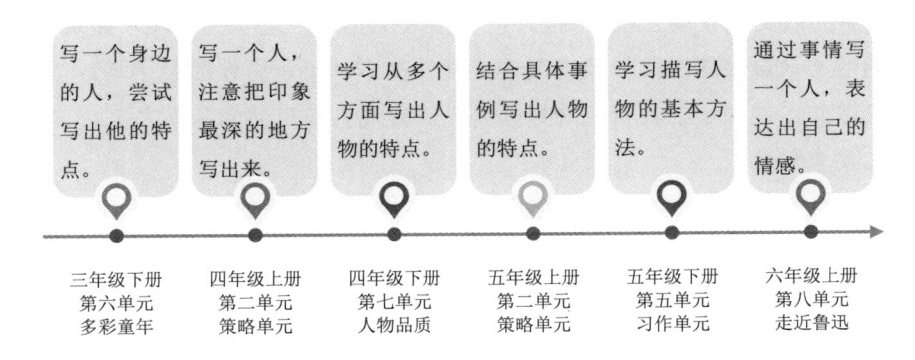

写一个身边的人，尝试写出他的特点。	写一个人，注意把印象最深的地方写出来。	学习从多个方面写出人物的特点。	结合具体事例写出人物的特点。	学习描写人物的基本方法。	通过事情写一个人，表达出自己的情感。
三年级下册第六单元 多彩童年	四年级上册第二单元 策略单元	四年级下册第七单元 人物品质	五年级上册第二单元 策略单元	五年级下册第五单元 习作单元	六年级上册第八单元 走近鲁迅

到了中高年级，每一册中都安排了写人的习作，从尝试写出人物特点，到"把印象最深的地方写出来"，再到"从多个方面写出人物的特点"，接着到"结合具体事例写出人物的特点"，进而"学习描写人物的基本方法"，最后"通过事情写一个人，表达出自己的情感"，要求学生进一步学习写人的方法，不断提升描写人物的习作能力。

四、单元语文要素研读

（一）围绕语文要素的单元整体研读

1. 导语页研读

第七单元的导语是：足下万里，移步换景，寰宇纷呈万花筒。

只看这句导语不能够直接借助抓关键词的方法一下子概括出本单元主题。我们可以借助（　　）和（　　）来概括单元主题。

通过观察导语页背景图，你发现了什么？

此页背景图中共有四幅画，分别描绘了（　　）、（　　）、（　　）、（　　）四处美丽的风光。仔细分析就会发现，这四幅图描绘的景色分别来自（　　）洲、（　　）洲、（　　）洲、（　　）洲。再结合本组课文内容，《威尼斯的小艇》《牧场之国》《金字塔》也是世界各地的风光，所以，运用以上方法就能概

括出本单元主题为（　　）。

（答案：导语页背景图、本组课文内容；中国的长城、荷兰的牧场、非洲的大草原、澳大利亚的悉尼歌剧院；亚、欧、非、大洋；世界各地）

2. 人文主题研读

本单元分别编排了美国作家马克·吐温的游记散文《威尼斯的小艇》，捷克作家卡雷尔·恰佩克的散文《牧场之国》，描写世界十大文化遗产之一的古埃及建筑《金字塔》，包括穆青的散文《金字塔夕照》及自编非连续性文本《不可思议的金字塔》。这三篇课文主要是写景散文，展现了独具特色的异国风光，体现人与自然的和谐之美。

3. 语文要素研读

本单元的阅读要素是"体会静态描写和动态描写的表达效果"。《金字塔》一课的重点是指导学生对非连续性文本信息进行搜集、整合。本单元的表达要素是"搜集资料，介绍一个地方"。本单元语文要素可以这样落实：

③《金字塔》一课的重点是指导学生对非连续性文本信息进行搜集、整合，感受金字塔的雄浑之美。

②《牧场之国》一课，重点体会以动写静的写法，体现荷兰牧场的宁静之美。

①《威尼斯的小艇》一课是单元开篇，重点体会威尼斯的静态美与动态美，承担了方法指导、要素落实的重任。

两篇精读课文旨在引导学生体会异国风情的动静之美，感受语言文字的魅力，而略读课文和后面的口语交际、习作更侧重言语实践，培养学生搜集、整合信息的能力，提升学生的思维能力和表达能力。

（二）围绕语文要素的"坐标"研读

1. 语文要素的横向勾连

本单元表达要素是"搜集资料，介绍一个地方"。关于"搜集资料"这一训练点，在本册教材第三单元的语文要素中也有相应要求——"感受汉字的趣味，了解汉字文化。学习搜集资料的基本方法"。第三单元是在教会学生搜集资料的基本方法，而第七单元是将习得的方法运用到习作之中。

2. 语文要素的纵向发展

本单元阅读要素是"体会静态描写和动态描写的表达效果"。五年级上册第七单元就有相关的训练点即"初步体会景物的静态美和动态美"。上册与下册仅相差"初步"二字。在五年级上册学生已经初步学习并掌握了景物的静态描写与动态描写，并能通过抓关键语句来体会景物的静态美与动态美。在五年级下册本单元的学习中，阅读训练要素去掉了"初步"二字，说明随着学生年龄的增长，学生的阅读能力从宽泛的感受、体会，走向初步的文学品鉴。本单元的课文不仅描写了不同景物的静态和动态之美，还将人的活动同景物、风情结合起来进行描写，再结合语文园地中的"交流平台"就能很清楚地领会。可见统编教材循序渐进、螺旋上升的编写特色。

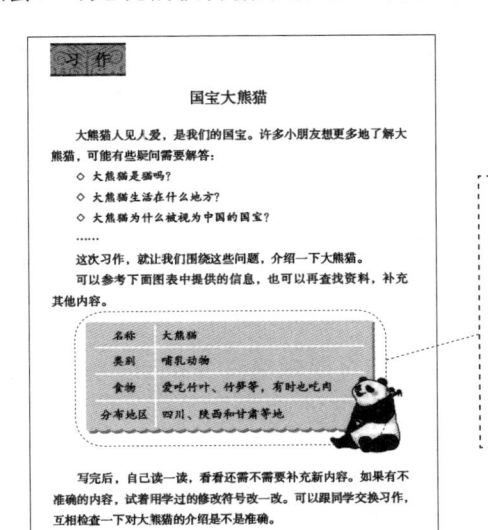

三年级下册第七单元习作"国宝大熊猫"中，习作要求是这样的："参考下面图表中提供的信息，也可以再查找资料，补充其他内容。"这是在培养学生初步整合信息的能力。

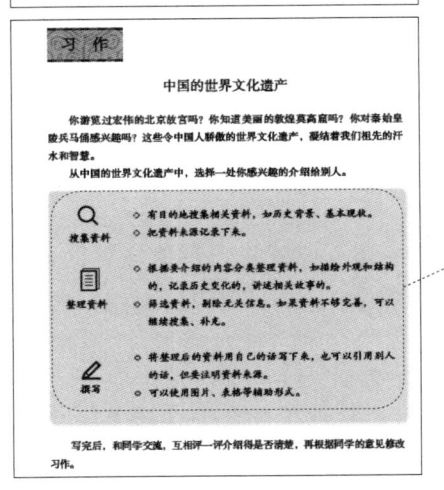

本单元习作"中国的世界文化遗产"中，也有搜集、整理资料的明确要求，这是在培养学生有目的查找整合信息的能力。

（三）以课后题为依托，落实语文要素

学生能够比较容易地理解并区分静态描写和动态描写的句子，但如何体会静态美和动态美，就需要通过课后习题为依托辅助教学。

从内容上看，第七单元的课后题分别围绕朗读、理解内容、体会情感、积累表达几个方面进行设计。同一课文的课后题在训练点的落实上呈现着明显的梯度。

新的备课·备新的课
指向语文要素的整体教材研读

1. 同一课内语文训练点落实的梯度

以《威尼斯的小艇》一课为例，进行分析。

❋ 默读课文，说说课文围绕小艇写了哪几方面的内容。

这道题旨在帮助学生整体把握课文内容。在默读过程中边读边思考，学生可以找到描写小艇的自然段并勾画相关句子，总结概括出围绕小艇写了哪几方面内容。引导学生在关注文本的同时想象画面，提高学生的语言表达能力和信息搜索能力。

❋ 体会作家笔下威尼斯的动、静之美，再有感情地朗读课文。

这道题直接指向本课承担的方法指导、要素落实的重任，即体会威尼斯的静态美与动态美，并通过有感情地朗读表现出来。

威尼斯的动、静之美主要体现在第6自然段。前两句是动态描写，写了半夜戏院散场人们的活动情况，后面三句是静态描写，一动一静对比鲜明，表现了小艇与人们的生活息息相关——艇动城闹，艇歇城静。

朗读动态描写和静态描写的句子时语气是不同的。朗读动态描写的语句时，语气轻快活泼；朗读静态描写的语句时，语气要舒缓，读出对威尼斯的喜爱。

❋ 读下面这段话，说说小艇有哪些特点，再体会加点部分的表达效果。

威尼斯的小艇有二三十英尺长，又窄又深，有点儿像独木舟；船头和船艄向上翘起，像挂在天边的新月；行动轻快灵活，仿佛田沟里的水蛇。

这段写出了小艇的特点，加点部分运用比喻的修辞手法，生动形象地写出了小艇两头向上翘起、轻快灵活的特点，又拉近了小艇与读者的距离，留给读者深刻印象。

❋ 读下面的"阅读链接"，想想在描写威尼斯时，三位作家的表达方法有什么相似之处。

通过"阅读链接"中朱自清的《威尼斯》与乔治·桑的《威尼斯之夜》，体会动静结合的表现手法，感受这三篇文章从不同侧面介绍了威尼斯的独特风情，三位作者都用优美、生动、形象的语言写出了景物的特点。

为了帮助学生更好地提炼表达方法，可以用表格作引导：

文章	相同点	不同点
《威尼斯的小艇》		
《威尼斯》		
《威尼斯之夜》		

这四道课后题，先从整体把握课文内容开始，再到引导学生关注动态描写、静态描写的重点段落，体会其中蕴含的动态美和静态美，通过有感情地朗读表达出来，这是一个逐层深入学习的过程。由学习作家关于小艇特点的具体写法再扩充到中外其他作家笔下的动态美和静态美，学习同一事物的不同表达方法，其难度是逐步上升的，但其最后的落脚点都是为了夯实本单元的语文要素。

2. 单元课文之间语文训练点落实的梯度

（1）朗读

> 《威尼斯的小艇》：体会作家笔下威尼斯的动、静之美，再有感情地朗读课文。
> 《牧场之国》：有感情地朗读课文。

《威尼斯的小艇》一课首先让学生整体把握文章，体会"艇动城闹，艇歇城静"的情趣。让学生带着自己的体会，试着用轻快活泼的语气朗读动态描写的语句，用舒缓沉静的语气朗读静态描写的语句。通过前一课的方法指导，在学习略读课文《牧场之国》时，学生可以自行找出文中动态描写和静态描写的句子，感受荷兰独特的风光之美，并通过朗读读出不同的语气变化。

（2）理解课文内容

> 《威尼斯的小艇》：默读课文，说说课文围绕小艇写了哪几方面的内容。
> 《牧场之国》：作者眼中"真正的荷兰"是什么样的？作者为什么反复强调"这就是真正的荷兰"？

从难度设置上看，《威尼斯的小艇》将把握文章内容和落实语文要素分成了两道题，引导学生逐步完成，但是《牧场之国》将这两个内容融为一体，在难度上有所提升。

需要注意的是，"这就是真正的荷兰"，这句话出现了四次，其实作者不仅是在向人们介绍荷兰的特点，更是对荷兰的美景发出自己由衷的赞叹。老师要指导学生有感情地朗读这句话，读出对荷兰牧场安宁、美好、和谐生活的赞美，加深对荷兰牧场的印象。

（3）积累表达

> 🌸 《牧场之国》的课后题第三题：作者笔下的牛、马、羊等动物都别有一番情趣，如，"牛犊的模样像贵妇人，仪态端庄"。找出这样的句子，读一读，再把它们抄下来。

> 这道题旨在提高学生对语句的品鉴能力和语言表达能力。本道题的要求从对阅读要素的巩固上升到对表达要素的训练。本文写作的一大特色就是大量运用了比喻、拟人等修辞手法来表达荷兰牧场的动态美和静态美。教学中可以当作积累范例，引导学生在今后的表达中迁移运用，来进行静态描写和动态描写。例如，可以仿照《威尼斯的小艇》中夜晚的描写，对荷兰牧场进行动态描写和静态描写。

本单元教学时需要注意的问题是：

语文要素"体会静态描写和动态描写的表达效果"是从了解课文表达方法的角度提出的，要注重引导学生学习、了解课文的写法，把握好适切度。关于静态描写和动态描写，不要作过细的分析，也不要机械地让学生去辨别，应结合课文中的具体语句，重点引导学生体会这些描写的表达效果。

欢迎扫码观看统编版语文五年级下册教材研读微课

统编版小学语文六年级上册教材研读

王颖　刘铭

一、教材整体结构研读

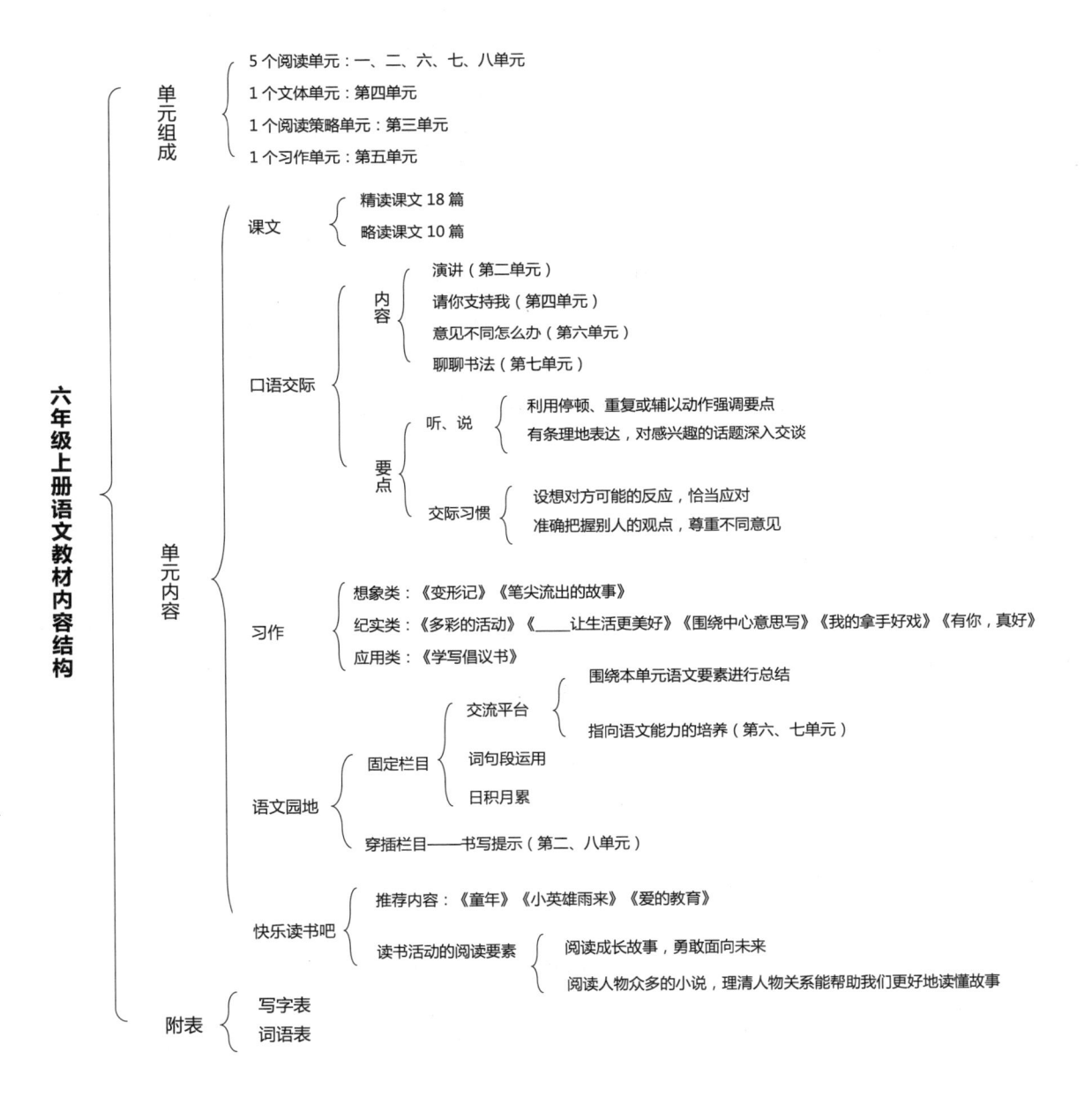

六年级上册语文教材内容结构
- 单元组成
  - 5个阅读单元：一、二、六、七、八单元
  - 1个文体单元：第四单元
  - 1个阅读策略单元：第三单元
  - 1个习作单元：第五单元
- 单元内容
  - 课文
    - 精读课文18篇
    - 略读课文10篇
  - 口语交际
    - 内容
      - 演讲（第二单元）
      - 请你支持我（第四单元）
      - 意见不同怎么办（第六单元）
      - 聊聊书法（第七单元）
    - 要点
      - 听、说
        - 利用停顿、重复或辅以动作强调要点
        - 有条理地表达，对感兴趣的话题深入交谈
      - 交际习惯
        - 设想对方可能的反应，恰当应对
        - 准确把握别人的观点，尊重不同意见
  - 习作
    - 想象类：《变形记》《笔尖流出的故事》
    - 纪实类：《多彩的活动》《＿＿＿让生活更美好》《围绕中心意思写》《我的拿手好戏》《有你，真好》
    - 应用类：《学写倡议书》
  - 语文园地
    - 固定栏目
      - 交流平台
        - 围绕本单元语文要素进行总结
        - 指向语文能力的培养（第六、七单元）
      - 词句段运用
      - 日积月累
    - 穿插栏目——书写提示（第二、八单元）
  - 快乐读书吧
    - 推荐内容：《童年》《小英雄雨来》《爱的教育》
    - 读书活动的阅读要素
      - 阅读成长故事，勇敢面向未来
      - 阅读人物众多的小说，理清人物关系能帮助我们更好地读懂故事
- 附表
  - 写字表
  - 词语表

其中，口语交际的具体分析如下：

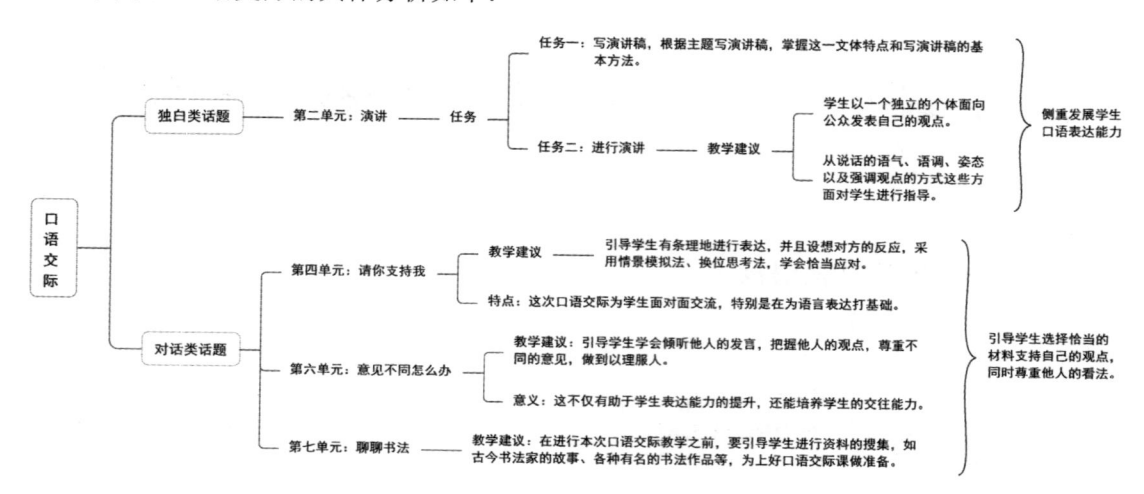

```
                           ┌─ 任务一：写演讲稿，根据主题写演讲稿，掌握这一文体特点和写演讲稿的基本方法。
                           │                                                                              ┐
        ┌─ 独白类话题 ─ 第二单元：演讲 ─ 任务 ─┤                                                                │ 侧重发展学生
        │                  │                学生以一个独立的个体面向                                        │ 口语表达能力
        │                  │            ┌─ 公众发表自己的观点。                                            │
        │                  └─ 任务二：进行演讲 ─ 教学建议 ─┤                                                 │
        │                               └─ 从说话的语气、语调、姿态                                        │
  口语                                     以及强调观点的方式这些方                                         ┘
  交际                                     面对学生进行指导。
        │                                  ┌─ 教学建议：引导学生有条理地进行表达，并且设想对方的反应，采
        │                  ┌─ 第四单元：请你支持我 ─┤       用情景模拟法、换位思考法，学会恰当应对。            ┐
        │                  │              └─ 特点：这次口语交际为学生面对面交流，特别是在为语言表达打基础。   │
        │                  │                                                                              │ 引导学生选择恰当的
        └─ 对话类话题 ─┤ 第六单元：意见不同怎么办 ─┬─ 教学建议：引导学生学会倾听他人的发言，把握他人的观点，尊重不  │ 材料支持自己的观点，
                          │                      │   同的意见，做到以理服人。                              │ 同时尊重他人的看法。
                          │                      └─ 意义：这不仅有助于学生表达能力的提升，还能培养学生的交往能力。 │
                          │                                                                              ┘
                          └─ 第七单元：聊聊书法 ── 教学建议：在进行本次口语交际教学之前，要引导学生进行资料的搜集，如
                                                    古今书法家的故事、各种有名的书法作品等，为上好口语交际课做准备。
```

小学阶段教材中出现的非连续性文本都集中出现在高年级。教材编排的目的是让学生分别认识非连续性文本的常见形式——图文类（五年级下册、六年级上册）和图表类（六年级上册）。五年级侧重于让学生初步了解非连续性文本的特点，从中获取所需的信息，通过比较非连续性文本、连续性文本这两种不同文体的异同，体会它们的表达效果及适用范围。六年级的非连续性文本出现次数较多，重点培养学生从图文、图表等组合材料中找出有价值的信息，注重语文跟生活的密切联系，进而提高学生语文综合运用能力。

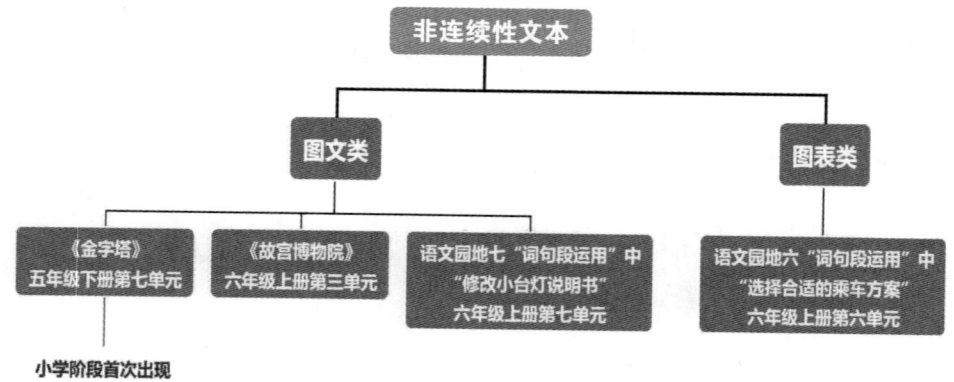

```
                        非连续性文本
                       ┌──────┴──────┐
                     图文类          图表类
          ┌────────┬────┴──────┐         │
      《金字塔》  《故宫博物院》  语文园地七"词句段运用"中   语文园地六"词句段运用"中
     五年级下册第七单元  六年级上册第三单元    "修改小台灯说明书"        "选择合适的乘车方案"
          │                            六年级上册第七单元         六年级上册第六单元
    小学阶段首次出现
```

二、单元人文主题研读

六年级上册语文教材除第三单元阅读策略单元、第四单元小说单元、第五单元习作单元之外，其他五个阅读单元都是以人文主题和语文要素双线结构编排的。这五个单元的人文主题分别是：触摸自然、革命岁月、保护环境、艺术之美、走近鲁迅。

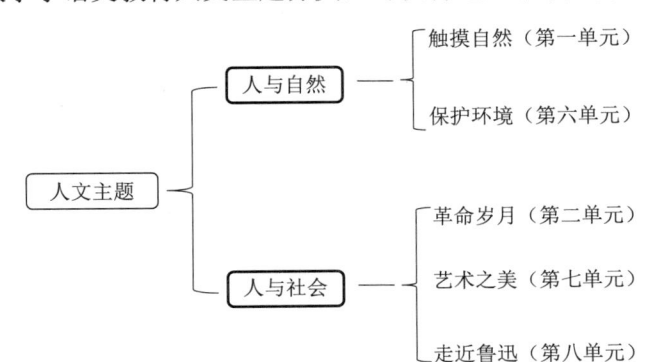

按照统编版小学语文教材人文主题分类，可以将这五个单元分为两类：

```
                        ┌─ 触摸自然（第一单元）
              ┌ 人与自然 ┤
              │         └─ 保护环境（第六单元）
   人文主题 ──┤
              │         ┌─ 革命岁月（第二单元）
              └ 人与社会 ┼─ 艺术之美（第七单元）
                        └─ 走近鲁迅（第八单元）
```

在学习新的单元之前，建议教师先用一节课（我们通常称为"单元导读课"）的时间，带领学生到"单元"里浏览一番。先大概了解本单元的所有内容（包括单元主题、单元导语、语文要素、作者、课文相关背景资料、课文体裁、注释、插图、课后题、资料袋、阅读链接、语文园地等），再结合语文园地的"交流平台"明确本单元教学的重点与难点，培养学生进行单元整体学习的意识。

每个单元的导语页包含了很多重要信息，教师要引导学生逐一去发现。教会学生依据单元导语提炼出本单元的人文主题。例如：

第一单元的导语是：背起行装出发吧，去触摸山川湖海的心跳。

引导学生抓住这句话中的关键词即"触摸""山川湖海"，"山川湖海"是地点，再引导学生结合导语页的插图发现图中所描绘的是山林里的美丽景色，展示了大自然中人与动物温馨美好的画面。

再翻看本单元的几篇课文《草原》《丁香结》《古诗词三首》《花之歌》，这里面都含有美丽的景物；既有现代文人眼中的优美风光，又有古代人眼中的江、湖美景，乡村景致，这些都属于大自然。所以，综合以上信息，就能概括出本单元的人文主题——触摸

· 117 ·

自然。

再如，第六单元的导语：我们是大地的一部分，大地也是我们的一部分。

这句话出自印第安人首领西雅图的《这片土地是神圣的》。

19世纪50年代，"华盛顿特区"的白人领袖想购买美国西北部的印第安人领地。《这片土地是神圣的》是当地酋长西雅图写给白人的一封信，让他们好好善待这片土地。为了纪念他，就将这片土地取名为西雅图。（绘本《西雅图酋长的宣言》也讲述了相关内容。）

"我们是大地的一部分，大地也是我们的一部分。"这句话充分表明了人类与大地是不可分割的，也预示着这片神圣的土地对于我们有多么重要。理解这句话的意思之后，引导学生再结合本单元的课文内容《只有一个地球》《青山不老》《三黑和土地》，就可以概括出本单元的人文主题——保护环境。

三、整本书语文要素研读

（一）本册教材语文要素之间的联系

每个单元的语文要素包括阅读要素和表达要素，均出现在单元导语页的下面。第一行语句指向阅读要素，第二行语句指向表达要素。表达既包括书面表达——习作，也包括口语表达——口语交际。本册教材语文要素汇总表详见本部分最后附表。

1. 本册教材阅读要素之间的联系

（1）"培养学生想象力"语文要素之间的联系

第一单元的阅读要素是"阅读时能从所读的内容想开去"，第七单元的阅读要素是"借助语言文字展开想象，体会艺术之美"，

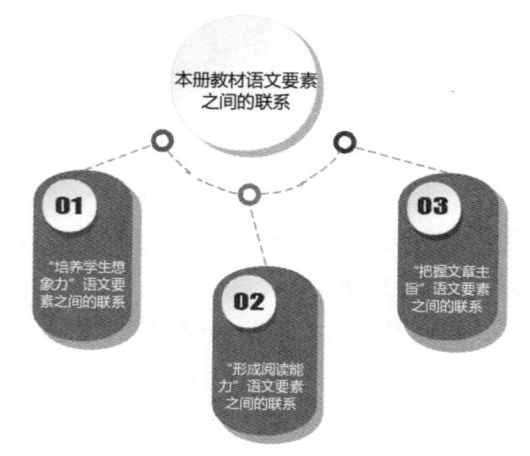

都旨在培养学生的想象力。

第一单元是由所读的内容想开去，由阅读语言文字展开想象；第七单元是把想象的内容通过语言文字描述出来，学习作者如何把想象落实到文字表达上，而且描述得越具体越好。这两个单元的阅读训练点正好是相辅相成的。先练习用语言文字辅助想象，让文本在头脑中形成丰富的画面；再练习把画面转化成优美、详尽的语言文字输出，这一进一出的过程既包括积累语言的过程，又包括把积累的语言转化为实践的过程，在实践中提升学生的表达能力。

（2）"形成阅读能力"语文要素之间的联系

第三单元的阅读要素是"根据阅读目的，选择恰当的阅读方法"，第四单元的阅读要素是"读小说，关注情节、环境，感受人物形象"。

学会"有目的地阅读"，能提高阅读效率，有助于帮助学生尽快完成相关阅读任务，是阅读高效的一种表现。在第三单元学习阅读策略的基础上，第四单元引导学生接触"小说"这一文体，在阅读中关注小说三要素（环境、人物、情节），在学习中巩固"有目的地阅读"这一策略，从而拓展到快乐读书吧里面的三本小说的阅读，为学生进行大量课外阅读作支撑。

（3）"把握文章主旨"语文要素之间的联系

第二单元的阅读要素是"了解文章是怎样点面结合写场面的"，第五单元的阅读要素是"体会文章是怎样围绕中心意思来写的"，第六单元的阅读要素是"抓住关键句，把握文章的主要观点"，第八单元的阅读要素是"借助相关资料，理解课文主要内容"。这四个单元都在提示学生把握文章主旨的方法。

此外，第四单元、第六单元、第七单元的学习都在为第八单元的学习打基础。举例来说：借助第四单元的"关注情节、环境，感受人物形象"的小说阅读法，学生可以自学《少年闰土》一课，读出自己心中的闰土形象；借助第六单元的"抓住关键句，把握文章的主要观点"的概括法，学生可以自学课文《我的伯父鲁迅先生》，列出小标题；借助第七单元的"借助语言文字展开想象，体会艺术之美"的感受法，学生可以自读课文《好的故事》，读出美的画面，体会作者表达的情感。

2. 本册教材表达要素之间的联系

本册语文教材第一单元"习作时发挥想象，把重点部分写得详细一些"，第四单元"发挥想象，创编生活故事"，第七单元"写自己的拿手好戏，把重点部分写具体"，这三个单元都离不开"想象力和创造力"的培养。

学生在第一单元习作训练中学会把重点部分写详细之后，在第四单元创编生活故事就会围绕重点展开描写，习作就会轻松很多。所以第一单元的习作训练在为第四单元的习作训练做铺垫，而第七单元的习作训练又是在落实将文章内容写具体这种表达的好方法。

　　本册第二单元口语交际"演讲"与第四单元"请你支持我",第六单元"意见不同怎么办"都有联系和承接。"演讲"属于独白类口语交际,围绕主题进行自我演说,"请你支持我"除了需要说服之外,还需要考虑对方感受,并给出恰当的应对方法,这两次口语交际都在为第六单元"意见不同怎么办"做铺垫。

　　（二）整套教材语文要素之间的联系

　　表达方法即表达方式,分为记叙、描写、说明、抒情和议论五种。小学语文阅读教学中主要涉及记叙、描写、说明、抒情这四种。

　　小学阶段文章表达方法相关语文要素汇总:

教材	单元	文章表达方法相关语文要素	表达方法
三年级上册	第六单元	借助关键语句理解一段话的意思。习作的时候,试着围绕一个意思写。	记叙
三年级下册	第三单元	了解课文是怎么围绕一个意思把一段话写清楚的。	记叙
	第七单元	了解课文是从哪几个方面把事物写清楚的。	记叙
四年级上册	第五单元	了解作者是怎样把事情写清楚的。	记叙
四年级下册	第四单元	体会作家是如何表达对动物的感情的。	抒情
	第五单元	了解课文按一定顺序写景物的方法。	记叙
五年级上册	第一单元	初步了解课文借助具体事物抒发感情的方法。	抒情
	第五单元	阅读简单的说明性文章,了解基本的说明方法。	说明
	第七单元	初步体会课文中的静态描写和动态描写。	描写
五年级下册	第五单元	学习描写人物的基本方法。	描写
六年级上册	第二单元	了解文章是怎样点面结合写场面的。	描写
	第五单元	体会文章是怎样围绕中心意思来写的。	记叙
六年级下册	第一单元	分清内容的主次,体会作者是如何详写主要部分的。	记叙
	第三单元	体会文章是怎样表达情感的。	抒情
	第五单元	体会文章是怎样用具体事例说明观点的。	记叙

　　把每个年级与表达方法相关的语文要素汇总之后就会发现,教材从三年级起就开始引导学生学习、体会、运用文章表达方法,形成语文综合素养。整个小学阶段的教材以"记叙"这种表达方法最为广泛,"说明"这一表达方法集中出现在五年级上册第五单元,是说明文单元。

　　六年级上册第二单元指导学生通过阅读不同文本,了解"文章是怎样点面结合写场面的",我们可以在教学中结合相关课后题、课前预习提示进行练习,指导学生有效学习场面描写中"点面结合"的表达方法。

　　第五单元是习作单元,语文要素是"体会文章是怎样围绕中心意思来写的"。统编教材从三年级开始,就有意识地引导学生学习"围绕一个意思写"（三年级上册、三年级下册）、"围绕一个地方写"（四年级下册）、"围绕一个动物写"（四年级下册）、"围绕一个人物写"（五年级下册）等内容，教材这样安排是将表达方法训练梯度由浅入深，做到读写结合，将习得的方法——突出中心，付诸习作实践。

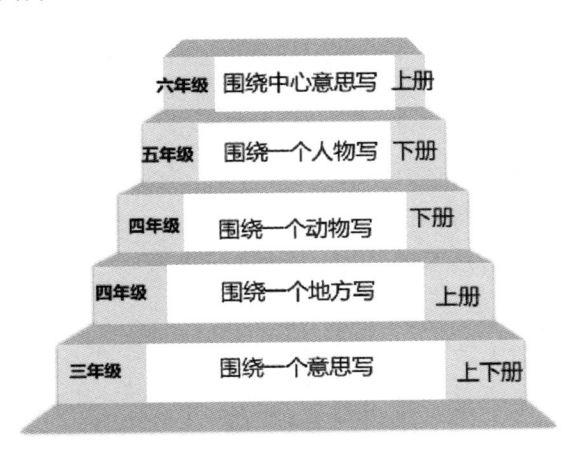

```
六年级   围绕中心意思写   上册
五年级   围绕一个人物写   下册
四年级   围绕一个动物写   下册
四年级   围绕一个地方写   上册
三年级   围绕一个意思写   上下册
```

统编版教材从四年级开始到六年级分别涉及记叙文写作的四大类：写景（四年级下册）、写人（五年级下册）、写事（四年级上册，还包括六年级上册的写场面）、写物（五年级上册）。让学生进行基本表达方法的学习，可以提高学生的习作能力，为今后的语文学习奠定基础。

四、单元语文要素研读

（一）围绕语文要素的单元整体研读

1. 人文主题研读

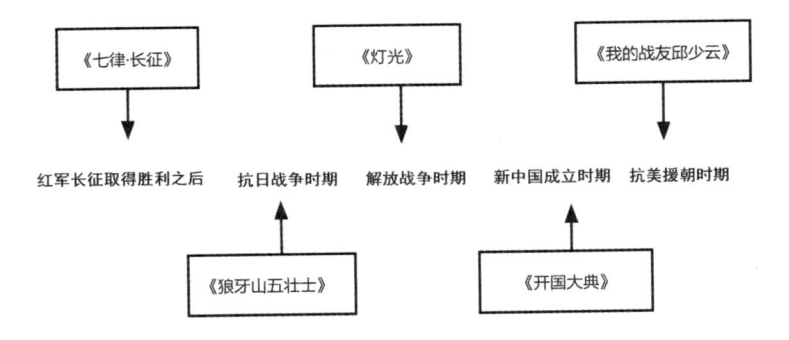

```
《七律·长征》        《灯光》                   《我的战友邱少云》
     ↓                  ↓                              ↓
红军长征取得胜利之后  抗日战争时期  解放战争时期  新中国成立时期  抗美援朝时期
                         ↑                    ↑
                   《狼牙山五壮士》        《开国大典》
```

六年级上册第二单元的教学还肩负着革命传统教育的任务。虽然本单元课文描述是革命岁月的不同时期（见上图），但都表现了革命豪情和英雄主义。学完这几篇课文也让学生对我国的近现代史有了初步了解。

2. 导语页研读

统编版教材六年级上册第二单元的人文主题是"革命岁月"。单元导语页的插图是人民英雄纪念碑浮雕——抗日敌后游击战。浮雕上显现出的是抗日战争时期太行山区敌后游击战的场面：在一座雄伟峻峭的半山腰里，游击队员们正穿过高大的树林和茂密的青纱帐，准备与敌人进行英勇斗争。画面上，青年男女拿着铁铲，背着土制地雷；白发的母亲送枪给儿子，去打击日本侵略者；年轻小伙子站在指挥员身旁，等候命令，准备随时投入消灭敌人的战斗。这一画面正是"革命岁月"的真实写照。

在统编版小学语文教材的导语页里还有一处也出现了纪念碑浮雕，就在五年级下册第四单元"责任"的单元导语页。这一页出现的是五四爱国运动的纪念碑浮雕。人民英雄纪念碑浮雕一共8幅，除了教材中展现的2幅，其余6幅分别是：虎门销烟、金田起义、武昌起义、南昌起义、五卅运动、胜利渡长江。

3. 语文要素研读

第二单元的阅读要素是"了解文章是怎样点面结合写场面的"。表达要素是"尝试运用点面结合的写法记一次活动"。

针对本单元语文阅读要素的分析：

"场面"一词在《现代汉语词典（第6版）》中有五种解释，其中第2种指"叙事性文学作品中，由人物在一定场合相互发生关系而构成的生活情景"，第4种是"泛指一定场合下的情景"。本单元阅读训练要素中的"场面"，包括以上这两种意思。而"场面描写"可以解释为"对一个特定的时间与地点内许多人物活动的总体情况的描写"。

"点"是最能显示人、事、景物形象状态特征的详细描写；"面"是对人、事、景物的叙述或概括性描写。"点"突出重点，体现深度；"面"顾及全局，体现广度；点面结合，既有整体，又有局部，就能表现出人、事、景物真切的形象状态，将思想感情准确地表现出来。简单来说，就是将详写和略写结合起来。

不同课文中，点面结合写法的表现形式也有所不同。

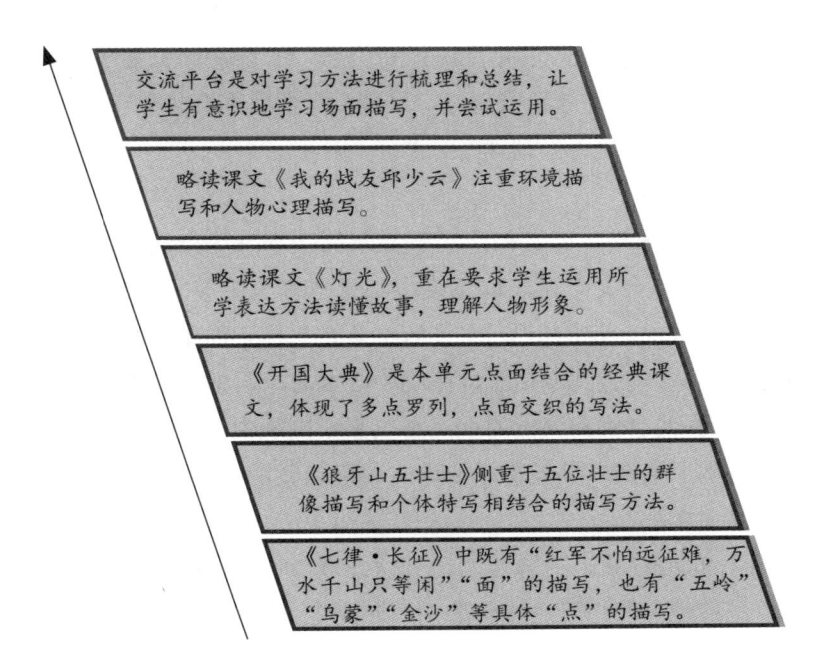

> 交流平台是对学习方法进行梳理和总结，让学生有意识地学习场面描写，并尝试运用。
>
> 略读课文《我的战友邱少云》注重环境描写和人物心理描写。
>
> 略读课文《灯光》，重在要求学生运用所学表达方法读懂故事，理解人物形象。
>
> 《开国大典》是本单元点面结合的经典课文，体现了多点罗列，点面交织的写法。
>
> 《狼牙山五壮士》侧重于五位壮士的群像描写和个体特写相结合的描写方法。
>
> 《七律·长征》中既有"红军不怕远征难，万水千山只等闲""面"的描写，也有"五岭""乌蒙""金沙"等具体"点"的描写。

4. 其他与人文主题相关的课文

统编版小学语文教材增加了多篇表现革命传统的课文，旨在感受革命志士不怕艰难困苦、勇敢乐观、不怕牺牲的英雄主义气概，激发学生的爱国热情，从小种下爱国的种子，铭记自己民族的根。与革命传统相关的人文主题与课文汇总如下：

教材	单元	人文主题	课文
二年级上册	八	伟人	《吃水不忘挖井人》《朱德的扁担》《王二小》
三年级上册	八	美好品质	《手术台就是阵地》
四年级上册	七	家国情怀	《为中华之崛起而读书》《梅兰芳蓄须》《延安，我把你追寻》
四年级下册	二	科普	《千年圆梦在今朝》
四年级下册	六	成长	《小英雄雨来》
四年级下册	七	人物品质	《黄继光》
五年级上册	四	家国之殇	《示儿》《少年中国说》《圆明园的毁灭》
五年级下册	四	责任	《军神》《青山处处埋忠骨》《清贫》
六年级上册	二	革命岁月	《七律·长征》《狼牙山五壮士》《开国大典》《灯光》《我的战友邱少云》《金色的鱼钩》
六年级下册	四	理想和信念	《十六年前的回忆》《为人民服务》《董存瑞炸碉堡》《综合性学习：奋斗的历程》

通过分析上表可知，二年级到四年级教材编排的都是比较零散的描写革命志士的课文，从五年级开始逐步形成体系。五年级上册第四单元的"家国之殇"选文是在为我们讲述中华民族的屈辱史——从一个独立主权的国家变成了半殖民地半封建国家，所以我们要把家国责任扛在肩上；五年级下册的选文都是描写革命前辈的；六年级上册第二单元"革命岁月"的选文是在为学生讲述那段峥嵘岁月，呼吁学生们铭记历史，继承革命

先辈的光荣传统；六年级下册第四单元"理想和信念"的选文，引导学生们树立崇高的理想与信念，为实现伟大的中国梦砥砺前行。这是一个情感的升华过程。

（二）围绕语文要素的"坐标"研读

1. 语文要素的横向勾连

六年级的语文教学要求学生能够初步了解文章的基本表达方法，如"了解文章是怎样点面结合写场面的""体会文章是怎样围绕中心意思来写的"，主要是为了丰富学生的阅读经验，给学生习作提供一定的借鉴。"了解文章是怎样点面结合写场面的"是教会学生写作时注意详略得当。"体会文章是怎样围绕中心意思来写的"旨在告诉学生无论"详写"还是"略写"，选择的事例和突出的重点必须紧紧围绕中心意思来写。很显然，第二单元的语文要素在为本册语文书第五单元的语文训练点做铺垫。

2. 语文要素的纵向发展

四年级上册第六单元的习作主题是"记一次游戏"，其具体要求是把活动过程写清楚，并写出印象较深的地方和感受；本单元的习作主题是"多彩的活动"，具体要求是把活动过程写清楚，写场面时运用点面结合的写法。既要关注整个场景，又要写出人物的动作、语言、神态等细节，写出活动的感受和体会。

从习作要求上看，我们可以看出本次习作难度是加深的，并且本单元的习作也是对之前学习过的方法的综合运用。

对人物动作、语言、神态等细节的描写，从中年级起就一直学习，并随着年级的上升学习的内容也更深入：

教材	单元	单元主题	语文要素
四年级上册	六	童年生活	学习用批注的方法阅读。通过人物的动作、语言、神态体会人物的心情。
四年级下册	七	人物品质	从人物的语言、动作等描写中感受人物的品质。
五年级下册	四	家国情怀	通过课文中动作、语言、神态的描写，体会人物的内心。
六年级下册	四	志向与心愿	关注外貌、神态、言行的描写，体会人物品质。查阅相关资料，加深对课文的理解。

读是为了写，阅读要素和表达要素密不可分。所以教师在授课时不应该局限于通过人物的动作、语言、神态体会人物的心情、品质、内心，还要帮助学生明白为了体会人物的心情、品质、内心，作者是如何写的，并指导学生用于自己的习作中。

同时，本单元的习作也是为了夯实本单元的习作要素——尝试运用点面结合的写法记一次活动。教师在讲授精讲课文时要带领学生了解文章是怎样点面结合写场面的，通过"交流平台"的总结与点拨加深理解，最后将学习的方法用于实践，学以致用。

（三）以课后题为依托，落实语文要素

从内容上看，第二单元的课后题围绕朗读背诵、理解内容、体会情感、学习表达几

个方面进行设计。

同一课文的课后题在训练点的落实上呈现着明显的梯度。

1. 同一课内语文训练点落实的梯度

下面以《狼牙山五壮士》一课为例，进行分析。

❋ 朗读课文。根据课文内容填一填，再讲讲这个故事。

接受任务 →（　　　　　）→（　　　　　）→（　　　　　）英勇跳崖

　　朗读是学习课文的基础，本文的朗读基调是激昂的，所以要通过朗读把五壮士的英雄壮举表达出来。在反复朗读课文的基础上，学生提炼出课文的小标题，填在括号里，这样就抓住了这篇课文内容的主干。最后再借助小标题按照事情发展顺序，适当添加一些细节把故事讲出来。这道题的用意是教会学生概括场面和复述场面。

❋ 读下面的句子，注意加点的部分，体会五位壮士的英雄气概。在课文中画出类似的词句，和同学交流。

◇ 为了不让敌人发现群众和连队主力，班长马宝玉斩钉截铁地说了一声："走！"带头向棋盘陀走去。战士们热血沸腾，紧跟在班长后面。

◇ 他刚要拧开盖子，马宝玉抢前一步，夺过手榴弹插在腰间，猛地举起一块大石头，大声喊道："同志们！用石头砸！"

　　这两句话主要是班长马宝玉的语言描写和动作描写，这是文中"点"的描写，加点的词语更加表现出马宝玉机智勇敢、顽强不屈的精神，帮助学生感受英雄个体形象。

　　这道题旨在引导学生在文中找到"点面结合"的"点"的描写即写马宝玉的语句，从语句、细节中感受他的英勇无畏，紧扣本单元语文要素的落实。

❋ 课文第 2 自然段既关注了人物群体，也写了每一位战士，结合相关内容说说这样写的好处。

　　第 2 自然段是五位战士整体作战图，运用"点面结合"最集中的段落，既关注到了每位战士即"点"的描写，又关注到了"面"即五位战士所构成的英雄群像，突出五位壮士的英雄气概。这是前面课后题第 2 题的升华，引导学生体会点面结合的好处。

新的备课·备新的课
指向语文要素的整体教材研读

> 这 3 道题，从"场面"开始，引导学生感知文中的"点"和"面"，最后体会运用"点面结合"的好处，这样的设置是有梯度的。让学生扎扎实实地掌握"点面结合写场面"这个语文要素。这种课后题的梯度设计不仅体现在某一课中，还体现在课文之间语文训练点的落实中。

2. 单元课文之间语文训练点落实的梯度

（1）朗读背诵

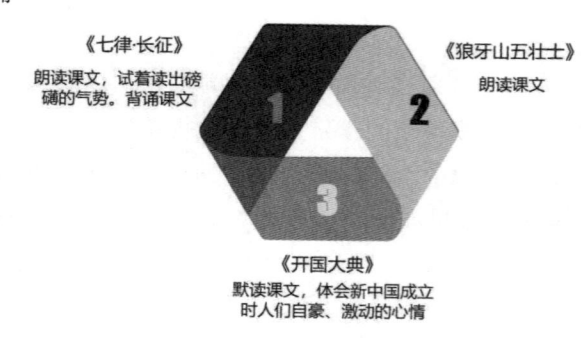

《七律·长征》 朗读课文，试着读出磅礴的气势。背诵课文

《狼牙山五壮士》 朗读课文

《开国大典》 默读课文，体会新中国成立时人们自豪、激动的心情

《义务教育课程标准（2022年版）》中指出："各个学段的阅读教学都要重视朗读和默读。学习用恰当的语气语调朗读，注意通过语调、韵律、节奏等体味作品的内容和情感。"这 3 篇课文都有朗读、默读的要求。其中《七律·长征》需要背诵，落实了课标要求。

对于朗读，叶圣陶先生曾经说过："吟咏的时候，对于探究所得的，不仅理智地理解，而且亲切地体会，不知不觉之间，内容与理法化而为读者自己的东西了，这是最可贵的一种境界。"通过朗读，学生能够从整体上体会到课文的韵律美、节奏美，还有利于记忆。语文水平也会得到提升。

《七律·长征》描述了二万五千里长征的艰难历程，赞颂了中国工农红军的革命英雄主义气概和革命乐观主义精神，朗读基调是慷慨激昂的，很适合朗诵，读出磅礴的气势。朗读是背诵的前提，所以在理解文意的基础上进行朗读，这首诗就背下来了。

《狼牙山五壮士》的朗读基调是激昂的，所以要通过朗读把五壮士的英雄壮举表达出来。

《开国大典》要求默读，默读有助于思考，可以让学生边读边画出描写人们动作或行为的句子，体会新中国成立时人们自豪、激动的心情。

（2）理解内容

根据课文内容填一填，再讲讲这个故事。接受任务—（　）—（　）—（　）—英勇跳崖。 → 《狼牙山五壮士》课后题 → 理解内容 → 《开国大典》课后题 ← 想想从群众入场到游行结束，课文写了哪几个场面，连起来简要说说开国大典的过程。

这两篇课文的课后题都在训练学生概括场面、复述场面的语文能力，需要教师在教学中帮助学生复习借助小标题概括场面以及用自己的语言简要复述的方法。

（3）体会表达

体会表达

《七律·长征》

读一读，说说诗句的意思和表达的情感。

◇ 五岭逶迤腾细浪，乌蒙磅礴走泥丸。
◇ 金沙水拍云崖暖，大渡桥横铁索寒。

《狼牙山五壮士》

2. 读下面的句子，注意加点的部分，体会五位壮士的英雄气概。在课文中画出类似的词句，和同学交流。

◇ 为了不让敌人发现群众和连队主力，班长马宝玉斩钉截铁地说了一声："走！"带头向棋盘陀走去。战士们热血沸腾，紧跟在班长后面。

◇ 他刚要拧开盖子，马宝玉抢前一步，夺过手榴弹插在腰间，猛地举起一块大石头，大声喊道："同志们！用石头砸！"

3. 课文第 2 自然段既关注了人物群体，也写了每一位战士，结合相关内容说说这样写的好处。

《开国大典》

2. 读读写阅兵式的部分，说说课文是怎样描写这个场面的。

3. 读下面的句子，体会字里行间传达出的热烈、庄严的气氛。再从课文中找出这样的句子，在旁边作批注，和同学交流。

◇ 主席台设在天安门城楼上。城楼檐下，八盏大红宫灯分挂两边。靠着城楼左右两边的石栏，八面红旗迎风招展。

◇ 到了正午，天安门广场已经成了人的海洋，红旗翻动，像海上的波浪。

◇ 两个半钟头的检阅，广场上不断地欢呼，不断地鼓掌，一个高潮接着一个高潮。群众差不多把嗓子都喊哑了，把手掌都拍麻了，还觉得不能够表达自己心里的欢喜和激动。

《七律·长征》中，作者没有具体描述红军长征途中所经历的困难，而是以"五岭""乌蒙"和"岷山"作为"千山"的代表，以巧渡金沙江、飞夺泸定桥作为"万水"的代表，形象地表现了"远征难"，以点带面的写法，描绘了长征。课后题中的这两句话，恰是写"点"的句子。

《狼牙山五壮士》课后第 2 题是关于马宝玉"点"的描写，课后第 3 题是体会点面结合的好处。

《开国大典》课后题第 2 题重点研读"阅兵式"这个场面，体会作者是怎样抓住不同军种的特点来写各个方阵的。第 3 题是有关"面"的描写。同时，还要带领学生复习一下四年级时曾经学习过的做批注的方法。

这 3 篇课文的课后题，都与"点面结合"有关，都在引导学生聚焦关键语句，通过品词析句，在字里行间感受点面结合的好处。

通过对《狼牙山五壮士》和《开国大典》课后题的研读，我们能发现很多相似的地方，可以采取对比阅读的方式进行。

新的备课·备新的课
指向语文要素的整体教材研读

课文	写作顺序	小标题概括课文主要内容	找出运用点面结合描写场面的地方	品读关键语句，体会思想感情
《狼牙山五壮士》	事情发展顺序			
《开国大典》	事情发展顺序			

  本单元语文园地围绕场面描写进行了阶梯训练。"交流平台"点明了点面结合的表达效果。习作"多彩的活动"运用点面结合的写法，帮助学生进行读写的迁移。

  本单元教学时需要注意的问题是：

  重视借助相关背景资料理解课文主题。本单元选取的课文均为革命题材，与学生的日常生活有一定距离，要让学生真正理解课文的内容和情感，就需要教师指导学生做好课前预习工作，搜集一些与课文内容相关的图片、视频等资料，让学生适当了解相关历史背景。

统编版小学语文六年级下册教材研读

李宁　高维敬

一、教材整体结构研读

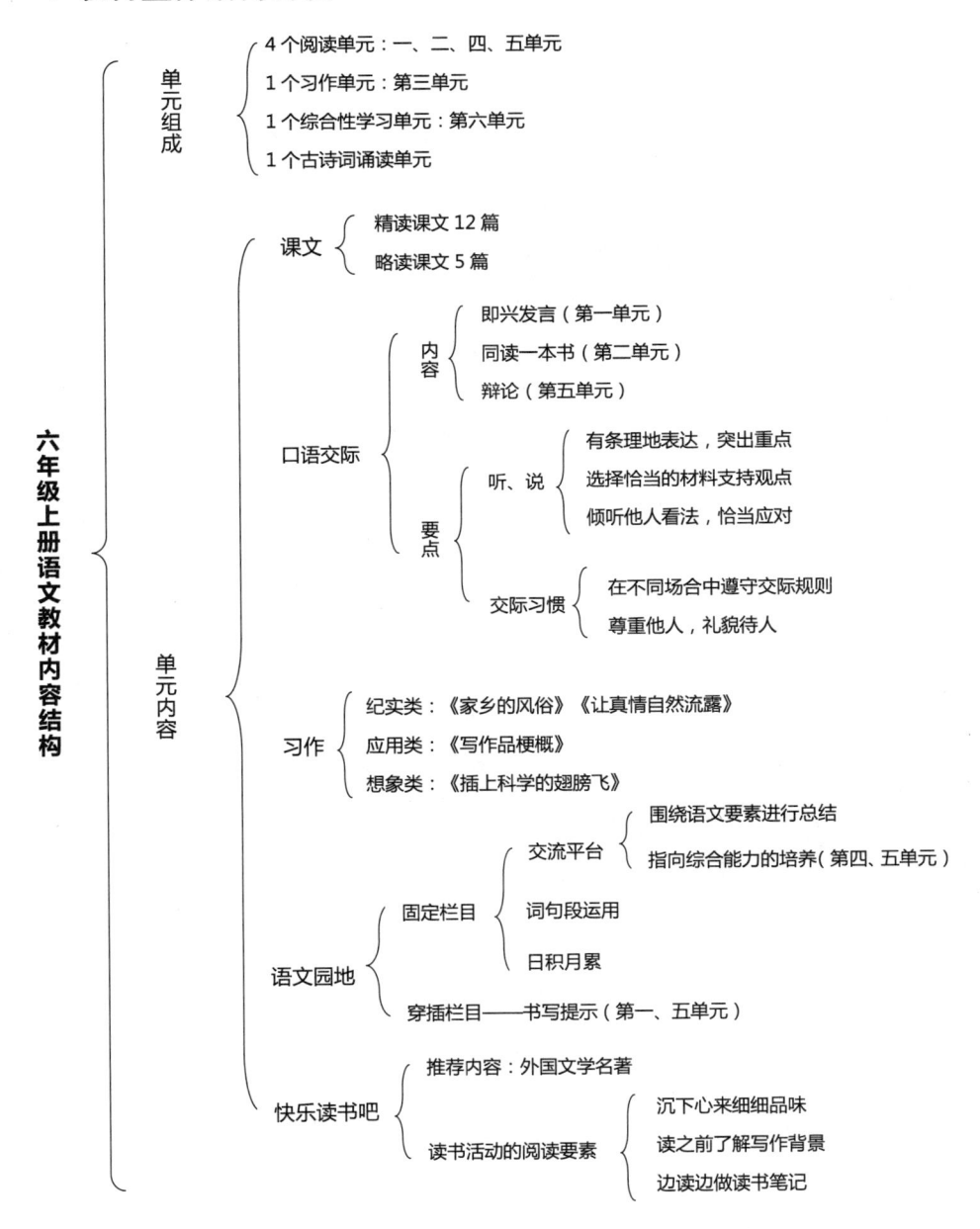

六年级上册语文教材内容结构
- 单元组成
  - 4个阅读单元：一、二、四、五单元
  - 1个习作单元：第三单元
  - 1个综合性学习单元：第六单元
  - 1个古诗词诵读单元
- 单元内容
  - 课文
    - 精读课文12篇
    - 略读课文5篇
  - 口语交际
    - 内容
      - 即兴发言（第一单元）
      - 同读一本书（第二单元）
      - 辩论（第五单元）
    - 要点
      - 听、说
        - 有条理地表达，突出重点
        - 选择恰当的材料支持观点
        - 倾听他人看法，恰当应对
      - 交际习惯
        - 在不同场合中遵守交际规则
        - 尊重他人，礼貌待人
  - 习作
    - 纪实类：《家乡的风俗》《让真情自然流露》
    - 应用类：《写作品梗概》
    - 想象类：《插上科学的翅膀飞》
  - 语文园地
    - 固定栏目
      - 交流平台
        - 围绕语文要素进行总结
        - 指向综合能力的培养（第四、五单元）
      - 词句段运用
      - 日积月累
    - 穿插栏目——书写提示（第一、五单元）
  - 快乐读书吧
    - 推荐内容：外国文学名著
    - 读书活动的阅读要素
      - 沉下心来细细品味
      - 读之前了解写作背景
      - 边读边做读书笔记

二、单元人文主题研读

本册教材的第一、四、五单元，依然延续以人文主题和语文要素双线结构编排，其人文主题分别为：民风民俗、理想和信念、科学精神。这三个单元的人文主题，主要包含人与社会、人与自我两方面的内容。

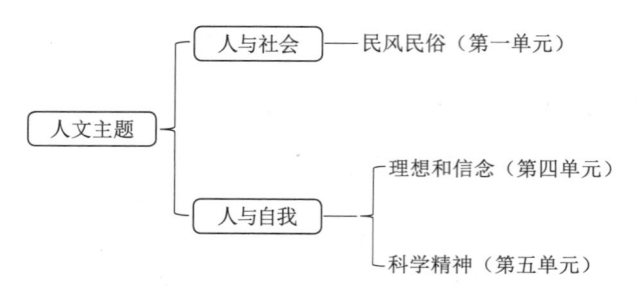

```
                     ┌─ 人与社会 ── 民风民俗（第一单元）
                     │
         人文主题 ────┤
                     │              ┌─ 理想和信念（第四单元）
                     └─ 人与自我 ────┤
                                    └─ 科学精神（第五单元）
```

这些主题，在整套教材中均有所涉及，它们是以往主题学习的承接与延伸。

教材中的单元人文主题往往以文辞优美的"单元导语"以及精美的插图呈现。有的单元导语可以通过提炼关键词概括单元主题，还有的单元导语内涵深远，需要借助资料了解其内涵才能理解它与单元主题的关联。比如，六年级下册第四单元的导语为"人生自古谁无死？留取丹心照汗青"。这是文天祥的诗作《过零丁洋》中的名句。查阅这首诗的相关资料，让我们了解到这是文天祥在生死关头的抉择。文天祥是南宋末年的政治家、文学家，爱国诗人，抗元名臣，与陆秀夫、张世杰并称"宋末三杰"。1278年底，他率军在广东五坡岭与元军激战，兵败被俘。第二年正月，他被元军押解北上，船经过零丁洋。元军首领逼迫他写信招降固守崖山的陆秀夫、张世杰等人，他坚决不从，以诗明志，写下传世佳作《过零丁洋》。"人生自古谁无死？留取丹心照汗青"彰显了他为国捐躯、视死如归的理想和信念。这宝贵的精神也激励了一代又一代的爱国志士慷慨赴义。以这两句诗作为导语引出人文主题"理想和信念"可谓十分贴切。

这个单元导语所配的插图也别有深意。插图以传统文化中象征高尚人格的"岁寒三友"——松竹梅为主体，不仅契合了单元主题，而且在潜移默化中与本单元的托物言志诗产生了关联。再联系本单元的几篇课文，不论是古代先贤的诗句，还是革命先辈的事迹，都紧扣本单元的人文主题"理想和信念"。

我们在研读单元主题的时候，既要通过查阅资料了解单元导语的出处，读懂导语的内涵，要品析插图，了解插图背后的深意，还要整体感知文本的内容。这样的单元主题研读由点到面，由导语到插图再到课文的整体解读，能让我们较准确地概括单元主题，更深入地理解单元主题的内涵，这样，教学时才能做到"深入浅出"。

三、整本书语文要素研读

语文要素，就是语文训练的基本元素。它主要包括：必要的语文知识，基本的语文能力，适当的学习策略，良好的学习习惯。统编教材将这些语文训练的基本元素，分成若干个知识或能力训练点，由浅入深，分布并体现在各个单元的教学之中。教材中的语文要素，明确了每个单元在阅读方面、表达方面所要达到具体要求。

每一个单元的语文要素都不是孤立的存在。同一类的语文要素的落实往往循序渐进，有着千丝万缕的联系。因此，理清要素的前后联系，深入理解要素的内涵，才能明晰现阶段教学中承担的任务。

（一）本册教材语文要素之间的联系

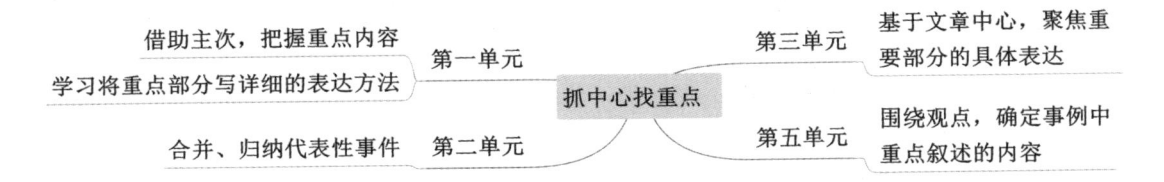

1. 阅读要素之间的联系

第一单元	借助主次，把握重点内容 学习将重点部分写详细的表达方法
第二单元	合并、归纳代表性事件
抓中心找重点	
第三单元	基于文章中心，聚焦重要部分的具体表达
第五单元	围绕观点，确定事例中重点叙述的内容

本册教材的阅读要素主要体现在"抓中心找重点"。

第一单元的阅读要素"分清内容的主次，体会作者是如何详写主要部分的"。一方面是在阅读层面上引导学生借助主次，把握重点内容；另一方面是在阅读中学习将重点部分写详细的表达方法。第二单元的阅读要素"借助作品梗概，了解名著的主要内容"，需要学生捕捉梗概中的代表性事件，合并、归纳，进而把握整本书的主要内容。在这一过程中，同样离不开抓"主次"。第三单元的阅读要素"体会文章是怎样表达情感的"，它是基于文章中心，聚焦重要部分的具体表达。第五单元的阅读要素"体会文章是怎样用具体事例说明观点的"，必定涉及围绕观点，确定事例中重点叙述的内容。这一要素体现了确立中心、选择重点、具体描述的综合运用。通过上面的分析，可以看出，第一单元的阅读要素是在为后续单元要素的落实做好铺垫。

2. 表达要素之间的联系

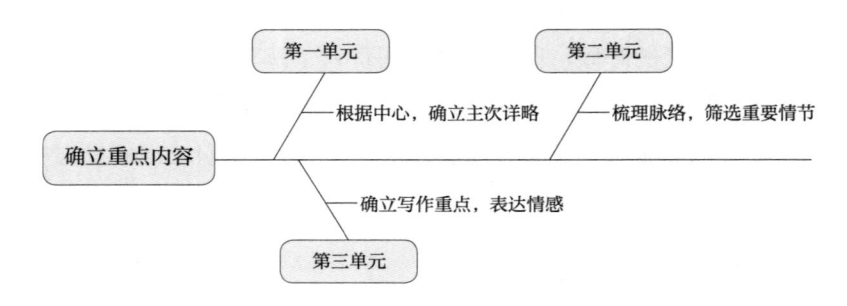

```
                    第一单元              第二单元
                       │                    │
              根据中心，确立主次详略    梳理脉络，筛选重要情节
                       │                    │
           确立重点内容 ─────────────────────
                       │
              确立写作重点，表达情感
                       │
                    第三单元
```

本册教材的表达要素前后衔接紧凑，遥相呼应，主要侧重"确立重点内容"。

第一单元的表达要素"习作时注意抓住重点，写出特点"，是引导学生根据中心，确立主次详略。第二单元的表达要素为"学习写作品梗概"。这一表达要素的落实需要学生在梳理脉络，筛选重要情节的基础上保留"主干"。为落实第三单元"选择合适的内容写出真情实感"这一表达要素，首先要根据表达需要，确立重点写作的内容，然后运用在阅读中学到的方法来表达情感。第二、三单元的表达要素都涉及文章重点内容的确立。第一单元学生学会"根据中心确立重点，分清主次"，在此基础上，进一步学习"依托重点，表达情感"。第一单元"习作时注意抓住重点"这个训练点在为后续单元训练目标的落实奠定基础。

此外，本册教材中三、四两个单元的表达要素联系也很紧密。第四单元"习作时选择合适的方式进行表达"的前提是围绕中心意思选择合适的内容抒发情感。然后才是基于写作目的选择合适的表达方式。第三单元"选择合适的内容写出真情实感"这一要素正是为第四单元表达要素的落实做好铺垫。

由此可见，本册教材的表达要素的落实，需要在根据中心确立重点，分清主次的基础上，依托重点，表达情感，进而选择合适的表达方式。这样循序渐进的训练，促使学生的表达能力实现螺旋式提升。

一册教材中语文要素有着这样密切的联系，整套教材中语文要素又有着怎样的关联呢？下面，我们以"资料的查找、理解与运用"这一语文要素为切入点进行分析。

（二）整套教材中相关语文要素的联系

> "资料的查找、整理与运用"这一语文要素在整套教材的编排

查找整理资料是学习过程中学生必备的能力，尤其是文史类学习，借助资料学习能够扩大知识面，加深对文本的理解。因此，统编教材将培养学生查找、整理、运用资料的能力渗透在多册语文教材之中。

一 统编版各年级语文教材研读

以下是统编教材中有关"资料的查找、整理与运用"这一要素的梳理：

教材	单元	单元主题	语文要素
三年级下册	三	中华传统文化 *其间安排 综合性学习 中华传统节日	收集传统节日的资料，交流节日的风俗习惯，写一写过节的过程。

统编教材从三年级下学期开始，着手培养学生查找资料的能力。学生通过了解收集资料的途径以及记录资料的方式，初步形成收集、汇总资料的能力。

教材	单元	单元主题	语文要素
四年级下册	三	现代诗 *其间安排 综合性学习 轻叩诗歌大门	根据需要收集资料，初步学习整理资料的方法。

在三年级掌握收集资料的方法的基础上，四年级下学期，教材开始引导学生对收集的资料进行分类，初步掌握整理资料的基本方法，从而为高年级"搜集资料"以及运用资料解决学习所需做好铺垫。

教材	单元	单元主题	语文要素
五年级上册	四	爱国情怀	结合资料，体会课文表达的思想感情。
	五	说明性文章	搜集资料，用恰当的说明方法，把某一种事物介绍清楚。
五年级下册	三	综合性学习 遨游汉字王国	学习搜集资料的基本方法。
	七	异域风情	搜集资料，介绍一个地方。

进入高年级，教材对于查找资料的要求有所提升。在中年级"收集资料"的基础上，高年级提出了"搜集资料"的要求。

查找资料
- 中年级 收集资料 —— 把分散的资料集中到一起
- 高年级 搜集资料
  - 通过广泛的渠道有目的地搜寻某些资料
  - 根据需要对资料进行筛选、整理

· 133 ·

新的备课·备新的课
指向语文要素的整体教材研读

　　从"收集"到"搜集",查找资料的渠道更广泛,对于精准地查找资料的需求更高。为此,五年级下学期的"综合性学习"专门编排了"学习搜集资料的基本方法"的语文要素,用以引导学生掌握更多的精准查找资料的方法,为后续的学习做好铺垫。

　　此外,教材从五年级开始在阅读、习作单元中出现有关查找、运用资料的语文要素。一方面使得学生在"综合性学习"中习得的搜集、整理资料的方法在阅读中进一步得到巩固运用,另一方面借助搜集的资料体会文章表达的情感,辅助习作,让学生在对资料的分析过程中真切感受查找资料的作用。

教材	单元	单元主题	语文要素
六年级上册	八	走近鲁迅	借助相关资料,理解课文主要内容。
六年级下册	四	理想和信念	查阅相关资料,加深对课文的理解。
	六	综合性学习 难忘小学生活	运用学过的方法整理资料。

　　六年级对于"资料的查找、整理与运用"主要体现在利用资料理解文本以及对资料的整理中。作为小学的最后一册教材,六年级下学期在这方面的训练要求不仅较上学期进一步提升,而且体现了学习方法的综合运用。

　　"查阅相关资料,加深对课文的理解",不仅指向课文内容,还蕴含着对课文表达的情感等方面的体会。加深理解不仅要借助资料,而且要会主动查阅资料。此外,六年级下册的综合性学习编排了"运用学过的方法整理资料"的语文要素,引导学生在实践活动中综合运用掌握的搜集、筛选、整理资料的方法,进一步发展他们整理资料、使用资料的能力。

四、单元语文要素的研读

　　单元教学是落实语文要素的载体,同一要素在单元学习中的要求呈阶梯状逐渐递增,学习难度也逐级递进。下面以六年级下册第四单元为依托,对单元的语文要素之间的关联、落实梯度进行简析。

(一)围绕语文要素的单元整体研读

　　六年级下册第四单元围绕"理想和信念"的人文主题,编排了《古诗三首》《十六年前的回忆》《为人民服务》《董存瑞舍身炸暗堡》四篇课文以及综合性学习"奋斗的历程"。四篇课文涵盖古诗、散文、演讲稿等文学体裁,从抒发高尚节操与远大志向,追忆革命先辈感人事迹,阐述革命志士理想与信念等方面展现了英雄气节和民族精神。

```
第四单元 ……………………………… 57
10  古诗三首 …………………………… 58
    马诗 ……………………………… 58
    石灰吟 …………………………… 58
    竹石 ……………………………… 59
11  十六年前的回忆 …………………… 60
12  为人民服务 ………………………… 64
13* 董存瑞舍身炸暗堡 ………………… 66
◎   综合性学习:奋斗的历程 ………… 68
◎   语文园地 …………………………… 77
```

本单元编排的语文要素中,"查阅相关资料,加深对课文的理解"这个语文要素在本单元的学习中起到了重要作用。因为本单元的四篇课文乃至综合性学习中提供的阅读材料讲述的内容,它们所处的时代距离学生较为久远,学生需要借助与文本有关的时代背景资料,查阅人物的相关事件资料,才能对文本内容有所理解,才能对人物品质加深体会。

"关注外貌、神态、言行的描写,体会人物品质"这一语文要素的训练,分布在课文的学习以及语文园地"词句段运用"的练习中。《十六年前的回忆》《董存瑞舍身炸暗堡》引导学生从人物的描写中体会人物精神品质。语文园地"词句段运用"的第二题聚焦本单元乃至以往学过的课文中有关人物外貌、神态描写的语句,引导学生品读语句,体会它们对刻画人物形象的作用,进一步强化这一语文要素。

> 单元语文要素:
> ※ 关注外貌、神态、言行的描写,体会人物品质。
> ※ 查阅相关资料,加深对课文的理解。
> ※ 习作时选择合适的方式进行表达。

"习作时选择合适的方式进行表达"是本单元的表达要素。它与本单元综合性学习中的第三项活动"写一写自己的心愿"相关联。这是对学生六年来学习的表达形式的回顾与运用,也是他们根据内容的需要,进行有目地表达的初步尝试。它体现了六年级下学期在习作方面提出的更高的能力要求,更加注重表达方法,强化表达效果,重视表达的丰富性。

(二)围绕语文要素的"坐标"研读

1. 语文要素的横向关联

"关注外貌、神态、言行的描写,体会人物品质"是体会人物形象的重要方法。在本册教材前面课文的学习中曾用到这种方法体会人物形象。

> **交流平台**
>
> 读名著时,我会对书里的人物作出自己的评价。如,在我眼里,汤姆·索亚是一个热爱自由、喜欢冒险的孩子,同时他又很有趣,还有点儿虚荣心。从小说中的很多地方都能看出他的这些特点。
>
> 我特别留意描写人物语言、动作、神态的句子,从中能看出一个人的性格。之前学习《穷人》,读到桑娜"用头巾裹住睡着的孩子,把他们抱回家里。……让他们同自己的孩子睡在一起,又连忙把帐子拉好",我想,她是多么善良而勇敢啊!
>
> 每个人都是立体的、多面的,评价人物时角度不能太单一。如,很多人觉得尼尔斯太淘气、太顽皮,但是当我读到他心里想"父母从教堂回来时,发现雄鹅不见了,他们会伤心的",我觉得尼尔斯其实也是一个体贴父母的孩子。

如:第二单元的教学中,阅读要素"就印象深刻的人物和情节交流感受"虽然没有明确要素点是体会人物形象,但是在"交流平台"中引导学生留意对人物的描写,对人物进行多元化的评价。

我们在教学中要有意识地引导学生留意描写人物的语言、动作、神态的句子,感受人物的特点,进而就印象深刻的人物和情节交流感受。

本单元承接前面习得的方法,引导学生在关注人物神态、语言、动作等描写的同时,留意人物的外貌描写,联系查阅的资料,重点体会人物形象中的精神品质。同时,在潜移默化中渗透用外貌描写彰显人物品质的写作方法,为今后学生在习作中刻画人物形象做好铺垫。

"查阅相关资料,加深对课文的理解"这一要素,在本册教材前面的学习中也有所体现。本册教材多个单元的学习都在运用"查阅相关资料"这种方法加深对文本的认知。

> **选 做**
> 这三首古诗分别与哪些传统节日有关?还有一些古诗也写到了传统节日和习俗,查找资料了解一下。

如:第一单元古诗的学习中,我们引导学生查找资料了解与传统节日、习俗有关的古诗词,感受诗词中体现的传统文化内涵。

> 先大致了解名著的写作背景,能帮助我们理解作品的内容和价值。读的时候如果能做一些读书笔记,收获就更大了。

如:第二单元的教学,我们引导学生通过了解名著的写作背景,理解作品的内容和价值。

在本单元,这个语文要素复现是为了强调对以前习得的方法的综合运用。

2. 语文要素的纵向发展

统编教材中同一类的语文要素往往会分布在各个学段之中,训练的要求由浅入深,循序渐进。与"关注外貌、神态、言行的描写,体会人物品质"相关联的"体会人物形象"这一语文要素从四年级开始,延伸到小学结束。不同年级对这一方法的训练分别有所侧重。

> 四年级上册:
> 第六单元:通过人物的动作、语言、神态体会人物的心情。
> 四年级下册:
> 第七单元:从人物的语言、动作等描写中感受人物的品质。

四年级上学期引导学生"通过人物的动作、语言、神态体会人物的心情"侧重于情感的体会。四年级下学期,侧重于引导学生借助人物的言行等描写了解人物特点,感受人物品质。

一 统编版各年级语文教材研读

五年级下册：
第四单元：通过动作、语言、神态的描写，体会人物的内心。

　　五年级下学期，在四年级的基础上，引导学生运用抓关键词，联系上下文的方法，"通过动作、语言、神态的描写，体会人物的内心"，不仅包括体会人物的思想感情，还包括揣摩人物的心理活动及其变化，并由此体会人物的精神品质。

六年级上册：
第四单元：读小说，关注情节、环境，感受人物形象。

　　在学生经过五年的语文学习，具备通过语言、动作、神态、心理来理解人物形象能力的基础上，六年级上学期，引导学生关注小说中的情节和环境，体会环境描写和情节对刻画人物形象的作用。借此引导学生习得体会小说中人物形象的基本方法，为六年级下学期阅读外国名著，多元化评价人物打下基础。

六年级下册：
第二单元：就印象深刻的人物和情节交流感受。
第四单元：关注外貌、神态、言行的描写，体会人物品质。

　　六年级下学期对人物形象的体会是基于前面基础的综合运用与提升。一方面体现在外国文学名著单元引导学生借助人物描写体会多元的人物形象，就人物和情节表达自己的感受。另一方面体现在本单元既要综合运用借助神态、言行体会人物品质的方法，又渗透外貌描写对刻画人物形象起到的重要作用。学生透过这些描写，不仅要体会人物内心思想情感，更要感受人物的品质。

（三）以课后题达成语文要素

　　课后题是我们把握一篇文章核心教学内容的抓手。从内容看，第四单元的课后题围绕朗读背诵、把握内容、体会人物品质、领会表达方法几个方面进行设计。

　　同一课文的课后题在语文要素的落实上呈现着明显的梯度。

1. 同一课内语文要素落实的梯度

以第 11 课《十六年前的回忆》为例，进行分析。

　　🕮 有感情地朗读课文。

※ 第一题"有感情地朗读课文"。一方面，进一步落实朗读的训练，引导学生不仅

新的备课·备新的课
指向语文要素的整体教材研读

读正确、读流利，还要通过语气、语调、节奏的变化读出自己的感受。另一方面，引导学生将对文本内容的理解，对人物品质的体会，内化为情感，通过朗读得以抒发。

> ◎ 默读课文，说说课文按照时间顺序写了哪些事情，给你印象最深的是哪件事。

※ 这道题分为两个层次。第一个层次是引导学生带着问题默读课文，梳理文章的脉络，为把握主要内容打下基础。由于这篇课文有一定的时代性，距离学生的生活有一定距离，在梳理课文的事件时，学生会产生一些困惑，需要借助搜集的资料了解当时的社会背景，了解李大钊的生平事迹，初步解决理解的障碍，从而为交流印象最深的事情在情感体验上做好铺垫。这是在潜移默化中落实"查阅相关资料，加深对课文的理解"这一语文要素。第二个层次是在初步解决理解的障碍，整体感知文章内容的基础上，引导学生以留给自己印象最深的事情为依托交流阅读感受，初步感知李大钊的人物形象，为后续结合人物描写进一步体会人物的精神品质奠定基础。

> ◎ 下面的句子描写了李大钊的外貌、神态和言行，读一读，再找出类似的句子体会他的品格。
> ◇ 我看到了他那乱蓬蓬的长头发下面的平静而慈祥的脸。
> ◇ 父亲坚决地对母亲说："不是常对你说吗？我是不能轻易离开北京的。你要知道现在是什么时候，这里的工作多么重要。我哪能离开呢？"
> ◇ 父亲不慌不忙地向外走去。

※ 这道题体现了"关注外貌、神态、言行的描写，体会人物品质""查阅相关资料，加深对课文的理解"两个语文要素的落实。学生通过寻找文中描写李大钊外貌、神态、言行的语句，综合运用以往习得的抓关键词，联系上下文，结合搜集的资料等品读人物描写的方法，深入体会李大钊的精神品质，建构人物形象。从而为落实"有感情地朗读"这一训练目标在情感体验上打下基础。

> ◎ 课文最后两个自然段与开头有什么联系？说说这样写有什么好处。

※ 这道题与本单元的"交流平台"相联系。它引导学生再次关注课文的整体，了解课文前后照应的写作特色，感受这种写法在强化主题，突出作者思想感情，加深读者印象方面的作用，于无形中培养学生的阅读鉴赏能力。

由此可见，同一篇课文内语文要素的落实环环相扣。从整体感知到品读理解、朗读抒情，进而回归整体逐步深入。

课文是落实语文要素，贯穿学习方法指导的重要媒介。虽然单元的每篇课文都承载着落实语文要素的作用，但是训练重点却各有侧重。

2. 单元课文之间语文要素落实的梯度
(1) 把握内容

> 《古诗三首》
> 　　借助注释，说说下面诗句的意思。

《古诗三首》对内容的把握，侧重于"借助注释理解诗句意思"这种方法的进一步落实与运用。

> 《十六年前的回忆》
> 　　默读课文，说说课文按时间顺序写了哪些事情，给你印象最深的是哪件事。
> 《为人民服务》
> 　　说说课文围绕"为人民服务"讲了哪几方面的意思。

《十六年前的回忆》《为人民服务》两篇课文侧重于通过引导学生梳理文章脉络整体感知文本内容。不同的是，《十六年前的回忆》是在梳理文章脉络的同时，借助搜集的资料初步解决学生的理解障碍，为初步感受人物形象，落实"关注外貌、神态、言行的描写，体会人物品质"这一语文要素做好铺垫。《为人民服务》是通过引导学生了解课文围绕中心观点所讲的内容，进而梳理课文行文的思路，了解段落之间的逻辑关系。

课后题这样的编排，与课文的文体、写作特色以及文章主旨息息相关。借助注释是理解诗意的基本方法，因此《古诗三首》以此为依托，引导学生把握古诗的内容。《十六年前的回忆》是回忆性散文，通过多个事例，多种描写人物的方法塑造李大钊的英雄形象。因此，这篇文章的课后题借梳理事件引导学生把握文本内容，进而对人物形象有初步的认知。《为人民服务》是论说类的演讲稿，围绕中心建立紧密的内在关联是它的写作特色。因此，这篇文章的课后题侧重于引导学生了解内容与中心观点，以及段落之间的逻辑关系。

(2) 体会人物品质

本单元《古诗三首》《十六年前的回忆》《董存瑞舍身炸暗堡》三篇课文的课后题或学习提示均涉及对人物品质的体会，并以此落实"关注外貌、神态、言行的描写，体会人物品质""查阅相关资料，加深对课文的理解"的语文要素。

> 《古诗三首》
> 　　三首古诗分别表达了诗人怎样的志向？表达的方法有什么共同特点？

《古诗三首》中的三首古诗都是"托物言志"的佳作。学生需要借助搜集的诗人的人生经历等资料,建构"物"与"人"之间的联系,进而感受诗人远大的志向以及高洁的人格。

> 《十六年前的回忆》
> 　　下面的句子描写了李大钊的外貌、神态和言行,读一读,再找出类似的句子体会他的品格。

《十六年前的回忆》的课后题首先是"关注外貌、神态、言行的描写,体会人物品质"这一语文要素的落实。其次,品味人物描写过程中势必要通过李大钊的事迹等资料加深对其精神品质的体会,因此,这也在无形中落实"查阅相关资料,加深对课文的理解"这个语文要素。

> 《董存瑞舍身炸暗堡》
> 　　默读课文,说一说董存瑞是一个怎样的战士。再找出描写董存瑞神态、言行的句子读一读,和同学交流这些描写对刻画人物有什么作用。

《董存瑞舍身炸暗堡》作为本单元的略读课文兼最后一篇课文承担着将本单元学生习得的阅读方法综合运用的任务。因此,这篇课文的学习提示不仅引导学生运用学过的阅读方法感受董存瑞的英雄形象,而且引导学生聚焦人物的神态、言行描写,体会这些描写对刻画人物的作用,在品味这些描写中进一步感受人物的精神品质。这道题的设置还与"词句段运用"第二部分的练习相联系,为后续的体会外貌和神态描写的表达效果做好铺垫。

> 联系课文想一想:下面的外貌和神态描写对刻画人物有什么作用?如果删去这些内容,是否会影响文章的表达效果?
> ◇ 父亲仍旧穿着他那件灰布旧棉袍,可是没戴眼镜。我看到了他那乱蓬蓬的长头发下面的平静而慈祥的脸。
> ◇ 扁鼻子军官的目光立刻变得凶恶可怕,他向前弓着身子,伸出两只大手。啊!那双手就像鹰的爪子,扭着雨来的两只耳朵,向两边拉。
> ◇ 他没有什么模样,使他可爱的是脸上的精神。头不很大,圆眼,肉鼻子,两条眉很短很粗,头上永远剃得发亮;腮上没有多余的肉,脖子可是几乎与头一边儿粗。

(3) 领会表达方法

本单元《古诗三首》《十六年前的回忆》《为人民服务》三篇课文的课后题都关注到了表达方法的点拨。

> 《古诗三首》
> 　　三首古诗分别表达了诗人怎样的志向?表达的方法有什么共同特点?

《古诗三首》将表达方法的体会与感受诗人的人格、志向紧密相连,引导学生借此发现"托物言志"的表达特色。

> 《十六年前的回忆》
> 　　课文最后两个自然段与开头有什么联系?说说这样写有什么好处。

《十六年前的回忆》引导学生再次回归课文的整体,于布局谋篇之处体会"首尾呼应"的表达特点以及重要作用,并以此加深对文本主旨的体会。

> 《为人民服务》
> 　　读下面这段话。说说每句话的意思,想想句子之间是怎样连起来的。

《为人民服务》引导学生聚焦重点段落的表达,把握句子之间的逻辑关系,体会意思表达的完整、严密,渗透论说性文章的表达特色,为第五单元学习论说性文章《真理诞生于一百个问号之后》乃至初中的论说性文章的学习埋下伏笔。

此外,就"查阅相关资料,加深对课文的理解"这一语文要素的落实而言,《为人民服务》中的"联系本单元的学习内容说说对'人固有一死,或重于泰山,或轻于鸿毛'这句话的理解和体会"这一课后题体现了对资料获得途径的拓展。这道题引导学生借助从本单元学习内容中了解到的人物事迹,理解课文中的关键语句,深化对"人总是要死的,但死的意义有不同"这一观点的认知。它让学生意识到,资料的获得不仅可以搜寻、访问,还可以借鉴书本上的相关资源,在无形中丰富了学生查阅资料的内容和途径。

欢迎扫码观看统编版语文六年级下册教材研读微课

新的备课·备新的课
指向语文要素的整体教材研读

统编版小学语文教材语文要素汇总

类别	教材	单元	单元主题	语文要素	课程标准
识字与写字	一年级上册	第一单元	识字单元一	在有趣的情境中识字，渗透韵语识字、看图识字、象形字识字、对对子识字等多种识字方法，激发识字兴趣。	第一学段【识字与写字】 1.喜欢学习汉字，有主动识字、写字的愿望。认识常用汉字1600个左右，其中800个左右会写。 2.学会汉语拼音。能读准声母、韵母、声调和整体认读音节。能准确地拼读音节，正确书写声母、韵母和音节。认识大写字母，熟记《汉语拼音字母表》。 3.掌握汉字的基本笔画和常用的偏旁部首，能按基本的笔顺规则用硬笔写字，注意间架结构，初步感受汉字的形体美。努力养成良好的写字习惯，写字姿势正确，书写规范、端正、整洁。 4.学习独立识字。能借助汉语拼音认读汉字，学会用音序检字法和部首检字法查字典。
		第五单元	识字单元二	渗透对比识字、会意字识字、归类识字等多种识字方法，进一步了解汉字偏旁表义的构字规律。	
	一年级下册	第一单元	识字单元一	运用学到的识字方法和已学的字、偏旁开展自主识字，不断提高自主识字的能力，培养主动识字的习惯。	
		第五单元	识字单元二	学习运用形声字的构字规律进行识字。	
	二年级上册	第二单元	识字单元	引导学生发现汉字规律，运用形声字形旁表义、声旁表音的特点归类识字。	
		第八单元	相处	1.综合运用多种方法自主识字、自主阅读。 2.借助提示，复述课文。	
	二年级下册	第三单元	传统文化（识字单元）	发现"灬"与"火"、"心"和"忄"、"刀"和"刂"这些偏旁之间的关联。	
阅读	一年级上册	第四单元	自然	1.正确、流利地用普通话朗读课文，读准字音，重点读好"一"的不同读音。	第一学段【阅读与鉴赏】 1.喜欢阅读，感受阅读的乐趣。学习用普通话正确、流利、有感情地朗读课文。学习默读。
		第六单元	想象	1.把课文读正确、读通顺，及时纠正学生朗读中的错误现象。 2.初步建立句子的概念。	
		第七单元	儿童生活	1.联系学生的生活实际，理解课文内容。 2.学习"的"字词语的合理搭配。	
		第八单元	观察	1.初步培养学生寻找明显信息的能力。 2.借助图画阅读课文。	

(续表)

类别	教材	单元	单元主题	语文要素	课程标准
阅读	一年级下册	第二单元	心愿	1. 找出课文中明显的信息。 2. 继续学习读好词语和句子的节奏，注意不要连读、唱读、读破句。	第一学段【阅读与鉴赏】 2. 结合上下文和生活实际了解课文中词句的意思，在阅读中积累词语。认识课文中出现的常用标点符号，在阅读中体会句号、问号、感叹号所表达的不同语气。借助读物中的图画阅读。 3. 阅读浅近的童话、寓言、故事，向往美好的情境，关心自然和生命，对感兴趣的人物和事件有自己的感受和想法，并乐于与他人交流。诵读儿歌、儿童诗和浅近的古诗，展开想象，获得初步的情感体验，感受语言的优美。 4. 尝试阅读整本书，用自己喜欢的方式向他人介绍读过的书。养成爱护图书的习惯。 5. 积累自己喜欢的成语和格言警句。背诵优秀诗文50篇（段）。课外阅读总量不少于5万字。
		第三单元	伙伴	1. 联系上下文了解词语的意思。 2. 语句的积累和运用。 3. 练习读好角色的对话，读出儿童诗的情趣。	
		第四单元	家人	1. 读好长句子。 2. 语言的积累。包括词语的积累和古诗的积累。	
		第六单元	夏天	联系生活实际了解词语的意思。	
		第七单元	习惯	1. 根据课文信息作简单推断。 2. 读好疑问句和祈使句的语气。	
		第八单元	问号	1. 借助图画阅读课文。 2. 读出祈使句的语气，读好多个角色之间的对话。	
	二年级上册	第一单元	大自然的秘密	1. 积累并运用表示动作的词语。 2. 借助图片，了解课文的内容。	
		第三单元	儿童生活	1. 阅读课文，能说出自己的感受或想法。 2. 借助词句，尝试讲述课文内容。	
		第四单元	家乡	1. 联系上下文和生活经验，了解词句意思。 2. 学习课文的语言表达，积累语言。	
		第五单元	思维方法	1. 初步体会课文讲述的道理。 2. 初步感受课文语言的表达效果。	
		第六单元	革命先辈	借助词句，了解课文内容。	
		第七单元	想象	展开想象，获得初步的情感体验。	
		第八单元	相处	1. 综合运用多种方法自主识字、自主阅读。 2. 借助提示讲故事。	
	二年级下册	第一单元	春天	朗读课文，注意语气和重音。	
		第二单元	关爱	读句子，想象画面。	
		第四单元	童心	默读课文。	
		第五单元	办法	1. 根据课文内容，谈谈简单看法。 2. 引导学生读好对话的语气。	
		第六单元	大自然的秘密	1. 提取主要信息，了解课文内容。 2. 联系生活经验，了解课文内容。	
		第七单元	改变	借助提示讲故事。	
		第八单元	世界之初	根据课文内容展开想象。	

新的备课·备新的课
指向语文要素的整体教材研读

(续表)

类别	教材	单元	单元主题	语文要素	课程标准
阅读	三年级上册	第一单元	学校生活	阅读时，关注有新鲜感的词语和句子。	第二学段【阅读与鉴赏】 1. 用普通话正确、流利、有感情地朗读课文。初步学会默读，做到不出声，不指读。学习略读，粗知文章大意。 2. 能联系上下文，理解词句的意思，体会课文中关键词句表达情意的作用。能借助字典、词典和生活积累，理解生词的意义。在理解语句的过程中，体会句号与逗号的不同用法，了解冒号、引号的一般用法。 3. 能初步把握文章的主要内容，体会文章表达的思想感情。学习圈点、批注等阅读方法。能对课文中不理解的地方提出疑问，乐于与他人讨论交流。 4. 能复述叙事性作品的大意，初步感受作品中生动的形象和优美的语言，关心作品中人物的命运和喜怒哀乐，与他人交流自己的阅读感受。诵读优秀诗文，注意在诵读过程中体验情感，展开想象，领悟诗文大意。
		第二单元	金秋时节	运用多种方法理解难懂的词语。	
		第三单元	童话世界	感受童话丰富的想象。	
		第四单元	阅读策略单元：预测	一边读一边预测，顺着故事情节去猜想。 学习预测的一些基本方法。	
		第五单元	习作单元：留心观察	体会作者是怎样留心观察周围事物的。	
		第六单元	祖国河山	借助关键语句理解一段话的意思。	
		第七单元	我与自然	感受课文生动的语言，积累喜欢的语句。	
		第八单元	美好品质	学习带着问题默读，理解课文的意思。	
	三年级下册	第一单元	可爱的生灵	1. 试着一边读一边想象画面。 2. 体会优美生动的语句。	
		第二单元	寓言故事	读寓言故事，明白其中的道理。	
		第三单元	中华优秀传统文化	了解课文是怎么围绕一个意思把一段话写清楚的。	
		第四单元	观察与发现	借助关键语句概括一段话的大意。	
		第五单元	习作单元：大胆想象	走进想象的世界，感受想象的神奇。	
		第六单元	多彩童年	运用多种方法理解难懂的句子。	
		第七单元	奇妙的世界	了解课文是从哪几个方面把事物写清楚的。	
		第八单元	有趣的故事	了解故事的主要内容，复述故事。	
	四年级上册	第一单元	自然之美	边读边想象画面，感受自然之美。	
		第二单元	阅读策略单元：提问	阅读时尝试从不同角度去思考，提出自己的问题。	
		第三单元	连续观察	体会文章准确生动的表达，感受作者连续细致的观察。	
		第四单元	神话故事	1. 了解故事的起因、经过、结果，学习把握文章的主要内容。 2. 感受神话中神奇的想象和鲜明的人物形象。	
		第五单元	习作单元：把一件事情写清楚	了解作者是怎样把事情写清楚的。	
		第六单元	成长故事	1. 学习用批注的方法阅读。 2. 通过人物的动作、语言、神态体会人物的心情。	
		第七单元	家国情怀	关注主要人物和事件，学习把握文章的主要内容。	
		第八单元	历史传说故事	了解故事情节，简要复述课文。	

(续表)

类别	教材	单元	单元主题	语文要素	课程标准
阅读	四年级下册	第一单元	乡村生活	抓住关键语句，初步体会课文表达的思想感情。	第二学段【阅读与鉴赏】 5. 阅读整本书，初步理解主要内容，主动和同学分享自己的阅读感受。 6. 积累课文中的优美词语、精彩句段，以及在课外阅读和生活中获得的语言材料。背诵优秀诗文50篇（段）。养成读书看报的习惯，收藏图书资料，乐于与同学交流。课外阅读总量不少于40万字。
		第二单元	科普	阅读时能提出不懂的问题，并试着解决。	
		第三单元	现代诗	1. 初步了解现代诗的一些特点，体会诗歌表达的情感。 2. 根据需要收集资料，初步学习整理资料的方法。	
		第四单元	作家笔下的动物	体会作家是如何表达对动物的感情的。	
		第五单元	习作单元：学习按游览的顺序写景物	了解课文按照一定顺序写景物的方法。	
		第六单元	成长	学习把握长文章的主要内容。	
		第七单元	人物品质	从人物的语言、动作等描写中感受人物的品质。	
		第八单元	中外经典童话	感受童话的奇妙，体会人物真善美的形象。	
	五年级上册	第一单元	万物有灵	初步了解课文借助具体事物抒发感情的方法。	第三学段【阅读与鉴赏】 1. 熟练地用普通话正确、流利、有感情地朗读课文。默读有一定的速度，默读一般读物每分钟不少于300字。学习浏览，扩大知识面，根据需要搜集信息。 2. 能联系上下文和自己的积累，推想课文中有关词句的意思，辨别词语的感情色彩，体会其表达效果。在理解课文的过程中体会顿号与逗号、分号与句号的不同用法。 3. 在阅读中了解文章的表达顺序，体会作者的思想感情，初步领悟文章的基本表达方法。在交流和讨论中，敢于提出看法，作出自己的判断。
		第二单元	阅读策略单元：提高阅读的速度	学习提高阅读速度的方法。	
		第三单元	民间故事	了解课文内容，创造性地复述故事。	
		第四单元	爱国情怀	结合资料，体会课文表达的思想感情。	
		第五单元	习作单元：学习写说明性文章	阅读简单的说明性文章，了解基本的说明方法。	
		第六单元	舐犊之情	体会作者描写的场景、细节中蕴含的感情。	
		第七单元	自然之趣	初步体会课文中的静态描写和动态描写。	
		第八单元	读书明智	根据要求梳理信息，把握内容要点。	
	五年级下册	第一单元	童年往事	体会课文表达的思想感情。	
		第二单元	走近中国古典名著	初步学习阅读古典名著的方法。	
		第四单元	家国责任	通过课文中动作、语言、神态的描写，体会人物的内心。	
		第五单元	习作单元：形形色色的人	学习描写人物的基本方法，具体地表现一个人的特点。	
		第六单元	思维的火花	了解人物的思维过程，加深对课文内容的理解。	
		第七单元	世界各地	体会静态描写和动态描写的表达效果。	
		第八单元	风趣与幽默	感受课文风趣的语言。	

新的备课·备新的课
指向语文要素的整体教材研读

（续表）

类别	教材	单元	单元主题	语文要素	课程标准
阅读	六年级上册	第一单元	触摸自然	阅读时能从所读的内容想开去。	4.阅读叙事性作品，了解事件梗概，能简单描述印象最深的场景、人物、细节，说出自己的喜爱、憎恶、崇敬、向往、同情等感受；阅读诗歌，大体把握诗意，想象诗歌描述的情境，体会作品的情感。受到优秀作品的感染和激励，向往和追求美好的理想。 5.阅读说明性文章，能抓住要点，了解文章的基本说明方法。阅读简单的非连续性文本，能从图文等组合材料中找出有价值的信息。尝试使用多种媒介阅读。 6.阅读整本书，把握文本的主要内容，积极向同学推荐并说明理由。 7.背诵优秀诗文60篇（段），注意通过语调、韵律、节奏等体味作品的内容和情感。扩展阅读面，课外阅读总量不少于100万字。
		第二单元	革命岁月	了解文章是怎样点面结合写场面的。	
		第三单元	阅读策略单元：有目的地阅读	根据阅读目的，选用恰当的阅读方法。	
		第四单元	小说	读小说，关注情节、环境，感受人物形象。	
		第五单元	习作单元：围绕中心意思写	体会文章是怎样围绕中心意思来写的。	
		第六单元	保护环境	抓住关键句，把握文章的主要观点。	
		第七单元	艺术之美	借助语言文字展开想象，体会艺术之美。	
		第八单元	走近鲁迅	借助相关资料，理解课文主要内容。	
	六年级下册	第一单元	民风民俗	分清内容的主次，体会作者是如何详写主要部分的。	
		第二单元	外国文学名著	1.借助作品梗概，了解名著的主要内容。 2.就印象深刻的人物和情节交流感受。	
		第三单元	习作单元：表达真情实感	体会文章是怎样表达情感的。	
		第四单元	理想和信念	1.关注外貌、神态、言行的描写，体会人物品质。 2.查阅相关资料，加深对课文的理解。	
		第五单元	科学精神	体会文章是怎样用具体事例说明观点的。	
写话与写作	二年级上册	第一单元	大自然的秘密	积累并运用表示动作的词语。	第一学段【表达与交流】 1.学说普通话，逐步养成说普通话的习惯，有表达交流的自信心。 2.能认真听他人讲话，努力了解讲话的主要内容。听故事、看影视作品，能复述大意和自己感兴趣的情节。能较完整地讲述小故事，能简要讲述自己感兴趣的见闻。与他人交谈，态度自然大方，有礼貌。积极参加讨论，敢于发表自己的意见。 3.对写话有兴趣，留心周围事物，写自己想说的话，写想象中的事物。在写话中乐于运用阅读和生活中学到的词语。 4.根据表达的需要，学习使用逗号、句号、问号、感叹号。
		第三单元	儿童生活	写写自己喜欢的玩具。学习"在方格纸上写，标点符号占一格"等基本写话格式要求。	
		第四单元	家乡	学习写留言条。	
		第七单元	想象	借助图画展开想象，在问题的引导下写几句完整的话。	
	二年级下册	第二单元	关爱	能根据提示写一写自己的好朋友，写出他的样子和一起常做的事。	
		第四单元	童心	1.运用学到的词语把想象的内容写下来。 2.能根据提示看图发挥想象，借助词语按时间顺序把小动物们一天的经历写下来。	
		第六单元	大自然的秘密	能仿照例子，把自己对大自然的疑问写下来。	
		第七单元	改变	能写清楚自己想养小动物的理由。	

（续表）

类别	教材	单元	单元主题	语文要素	课程标准
写话与写作	三年级上册	第一单元	学校生活	体会习作的乐趣。	第二学段（三、四年级） 【表达与交流】 1. 乐于用口头、书面的方式与人交流沟通，愿意与他人分享，增强表达的自信心。 2. 能用普通话交谈，学会认真倾听，听人说话时能把握主要内容，并能简要转述。能就不理解的地方向人请教，就不同的意见与人商讨。 3. 能清楚明白地讲述见闻，说出自己的感受和想法。讲述故事力求具体生动。能主动参与日常生活中的文化活动，根据不同的场合，尝试运用合适的音量和语气与他人交流，有礼貌地请教、回应。 4. 观察周围世界，能不拘形式地写下自己的见闻、感受和想象，注意把自己觉得新奇有趣或印象最深、最受感动的内容写清楚。能用便条、简短的书信等进行交流。尝试在习作中运用自己平时积累的语言材料，特别是有新鲜感的词句。 5. 学习修改习作中有明显错误的词句。根据表达的需要，正确使用冒号、引号等标点符号。课内习作每学年16次左右。
		第二单元	金秋时节	学会写日记。	
		第三单元	童话世界	试着自己编童话，写童话。	
		第四单元	阅读策略单元：预测	尝试续编故事。	
		第五单元	习作单元：留心观察	仔细观察，把观察所得写下来。	
		第六单元	祖国河山	习作的时候，试着围绕一个意思写。	
		第七单元	我与自然	留心生活，把自己的想法记录下来。	
		第八单元	美好品质	学写一件简单的事。	
	三年级下册	第一单元	可爱的生灵	试着把观察到的事物写清楚。	
		第二单元	寓言故事	把图画的内容写清楚。	
		第三单元	中华优秀传统文化	收集传统节日的资料，交流节日的风俗习惯，写一写过节的过程。	
		第四单元	观察与发现	观察事物的变化，把实验过程写清楚。	
		第五单元	习作单元：大胆想象	发挥想象写故事，创造自己的想象世界。	
		第六单元	多彩童年	写一个身边的人，尝试写出他的特点。	
		第七单元	奇妙的世界	初步学习整合信息，介绍一种事物。	
		第八单元	有趣的故事	根据提示，展开想象，尝试编童话故事。	
	四年级上册	第一单元	自然之美	推荐一个好地方，写清楚推荐理由。	
		第二单元	阅读策略单元：提问	写一个人，注意把印象最深的地方写出来。	
		第三单元	连续观察	进行连续观察，学写观察日记。	
		第四单元	神话故事	展开想象，写一个故事。	
		第五单元	习作单元：把一件事情写清楚	写一件事，把事情写清楚。	
		第六单元	成长故事	记一次游戏，把游戏过程写清楚。	
		第七单元	家国情怀	学习写书信。	
		第八单元	历史传说故事	写一件事，能写出自己的感受。	
	四年级下册	第一单元	乡村生活	写自己喜爱的某个地方，表达出自己的感受。	
		第二单元	科普	展开奇思妙想，写一写自己想发明的东西。	
		第三单元	现代诗	合作编小诗集，举办诗歌朗诵会。	
		第四单元	作家笔下的动物	写自己喜欢的动物，试着写出特点。	
		第五单元	习作单元：学习按游览的顺序写景物	学习按游览的顺序写景物。	
		第六单元	成长	按一定顺序把事情的过程写清楚。	
		第七单元	人物品质	学习从多个方面写出人物的特点。	
		第八单元	中外经典童话	按自己的想法新编故事。	

新的备课·备新的课
指向语文要素的整体教材研读

(续表)

类别	教材	单元	单元主题	语文要素	课程标准
写话与写作	五年级上册	第一单元	万物有灵	写一种事物，表达自己的感情。	第三学段（五、六年级） 【表达与交流】 1.听人说话认真、耐心，能抓住要点，并能简要转述。乐于表达，与人交流能尊重和理解对方。注意语言美，抵制不文明的语言。 2.表达有条理，语气、语调适当。参与讨论，敢于发表自己的意见，说清自己的观点。能根据对象和场合，稍作准备，作简单的发言。 3.懂得写作是为了自我表达和与人交流。养成留心观察周围事物的习惯，有意识地丰富自己的见闻，珍视个人的独特感受，积累习作素材。 4.能写简单的纪实作文和想象作文，内容具体，感情真实。能根据内容表达的需要，分段表述。学写读书笔记，学写常见应用文。 5.修改自己的习作，并主动与他人交换修改，做到语句通顺，行款正确，书写规范、整洁。根据表达需要，正确使用常用的标点符号。习作要有一定速度。课内习作每学年16次左右。
		第二单元	阅读策略单元：提高阅读的速度	结合具体事例写出人物的特点。	
		第三单元	民间故事	提取主要信息，缩写故事。	
		第四单元	爱国情怀	学习列提纲，分段叙述。	
		第五单元	习作单元：学习写说明性文章	搜集资料，用恰当的说明方法，把某一种事物介绍清楚。	
		第六单元	舐犊情深	用恰当的语言表达自己的看法和感受。	
		第七单元	自然之趣	学习描写景物的变化。	
		第八单元	读书明智	根据表达的需要，分段表述，突出重点。	
	五年级下册	第一单元	童年往事	把一件事的重点部分写具体。	
		第二单元	走近中国古典名著	学习写读后感。	
		第三单元	综合性学习：遨游汉字王国	学写简单的研究报告。	
		第四单元	家国责任	尝试运用动作、语言、神态的描写，表现人物的内心。	
		第五单元	习作单元：形形色色的人	初步运用描写人物的基本方法，具体地表现一个人的特点。	
		第六单元	思维的火花	根据情境编故事，把事情发展变化的过程写具体。	
		第七单元	世界各地	搜集资料，介绍一个地方。	
		第八单元	风趣与幽默	看漫画，写出自己的想法。	
	六年级上册	第一单元	触摸自然	习作时发挥想象，把重点部分写得详细一些。	
		第二单元	革命岁月	尝试运用点面结合的写法记一次活动。	
		第三单元	阅读策略单元：有目的地阅读	写生活体验，试着表达自己的看法。	
		第四单元	小说	发挥想象，创编生活故事。	
		第五单元	习作单元：围绕中心意思写	从不同方面或选取不同事例，表达中心意思。	
		第六单元	保护环境	学写倡议书。	
		第七单元	艺术之美	写自己的拿手好戏，把重点部分写具体。	
		第八单元	走近鲁迅	通过事情写一个人，表达出自己的情感。	
	六年级下册	第一单元	民风民俗	习作时注意抓住重点，写出特点。	
		第二单元	外国文学名著	学习写作品梗概。	
		第三单元	习作单元：表达真情实感	选择合适的内容写真情实感。	
		第四单元	理想和信念	习作时选择适合的方式进行表达。	
		第五单元	科学精神	展开想象，写科幻故事。	
		第六单元	综合性学习：难忘小学生活	策划简单的校园活动，学写策划书。	

参考文献：《2022年小学语文新课程标准新修订版》《义务教育教科书教师教学用书》

二 / 教学设计

《彩虹》教学设计

王雪婷

教材解读

《彩虹》是统编教材一年级下册第四单元的一篇散文。这一单元的单元主题是"家人",语文阅读要素是"读好长句子"。朗读教学一直是语文学习的重点部分,从一年级上册的"正确、流利地朗读课文",到一年级下册的"读好长句子、读好问句和感叹句、读好疑问句和祈使句的语气、读好多个角色的对话",有了更进一步的要求,也为二年级初步尝试"有感情地朗读课文"奠定基础。

在识字方面,经过一年级上册的学习,学生已经初步掌握了识字方法,在本课的学习中学生可以得到实践,锻炼自主识字能力。

《彩虹》的课文内容天马行空、奇思妙想,从孩子的视角出发进行编写,引领学生进入奇幻世界,获得关于"家人"的美好情感体验。

教学目标

1. 通过熟字比较、偏旁识字法、认会意字、查字典这些方法学习生字
2. 通过对比阅读,进行长句子的朗读训练
3. 感受纯真的想象世界,体会关心家人的美好情感

教学重难点

1. 用不同的方法识字
2. 在理解句子的基础上读好多个分句组成的长句子

教学过程

板块一:游戏导入,开启课堂

1. 通过字谜猜"虹"进入课堂

上课之前和学生一起来玩猜字谜的游戏,谜面设置"左边彩虫七种色,长长身子天

两侧",学生结合预习能得出答案"虹"。教师进行板书。

2. 通过观看微课,进一步认识"虹"

师总结:原来是古人错把天上的彩虹,当做虫子了,所以才有了这个虫字旁。学生用自己的话讲出关于"虹"的故事,进行复述练习。

板块二:朗读课文,随文识字

1. 重音朗读练习

生朗读:雨停了,天上有一座美丽的桥。

教师对句子不同部分进行提问,学生回答问题,练习如何突出重音。理解重音不同,句子表达的意思不同。

师:什么时候,天上有一座美丽的桥?生:雨停了的时候。(重读"雨")

师:哪里有一座美丽的桥?生:天上。

师:天上有一什么美丽的桥?生:座。

2. 对比识字"座"

师出示"座、坐",完成句子填空:"小明 zuò(坐)在 zuò(座)位上",区分形近字。"二人土上坐",就是坐下的"坐",是动词。有广字旁的"座"是量词。

3. 读好疑问语气

生朗读:爸爸,你那把浇花用的水壶呢?如果我提着它,走到桥上,把水洒下来,那不就是我在下雨吗?你就不用去挑水浇田了,你高兴吗?

教师指导疑问语气朗读,朗读时句尾上扬。

4. 偏旁识字"提、挑、浇、洒、"

提、挑

师出示的这两个字"提、挑",学生观察字有什么共同点?(都有提手旁"扌")

通过看图片,农民伯伯的手扶着肩上的扁担,扁担的两边各有一桶水,这个动作就是"挑",组词"挑水"。老师做提水桶的动作,引出"提"的学习。

浇、洒

继续用偏旁识字的方法来看看字"浇、洒",并借助查字典了解字义。"洒"在字典中有两个意思:一是使水或其他东西分散地落下,二是东西散落。学生选出与文中意思相匹配的字。

5. 偏旁识字、字理识字"镜、拿、照"

镜

师:小女孩还想通过彩虹来帮助妈妈,我们一起看看发生了什么事情呢?齐读第三自然段,我们一探究竟。

生齐读。

师出示"镜",一起来观察"镜"的偏旁是什么。提问金字旁和什么有关系呢？看看古代的镜子长什么样子，看看能不能找到答案。（出示铜镜的图片）在古时候啊，人们照镜子用的不是玻璃镜，而是用铜这种金属制作的铜镜，把铜的表面打磨得很亮，就能看到人的影子。所以在汉字的演变中我们保留了金字旁，表示镜子是用金属制作的。

学生用自己的话进行讲解。

出示金字旁的其他字，类比学习。（"铜、铁"）

拿

师：（出示"拿"卡片）同学们能不能找出它是由哪两个独体字组成的？

上半部分是"合"，下半部分是"手"。一起来看看"拿"的说文解字。（出示"拿"的说文解字）图中坐着一个奴隶，有两只手准备过去抓住它，"拿"字本身有"抓捕、拘捕"的意思。在演变的过程中，"奴"字变为"合"，表示"双手牢牢对握"。同学们和老师一起做一个拿的动作。

师：我们学习过，由两个及两个以上的独体汉字根据各自的含义所组合成的一个新汉字，这种字的名字叫会意字。理解为"合手为拿"。

照

师：看看老师在做什么动作（照镜子），照也是这一段中的生字。我们一起来看看"照"的演变过程，可以发现从火变成了"灬"。

生：说明四点底和火有什么关系？

提出疑问，为什么"燕、熊"也是四点底。探究四点底还代表"尾巴"的意思。

6. 生活识字"千"

师：小女孩的家里还有一位家庭成员，哥哥。看看她要帮哥哥做些什么吧！（范读第四自然段）哥哥，你系在门前树上的秋千呢？如果我把它挂在彩虹桥上，坐着秋千荡来荡去，花裙子飘啊飘的，不就成了一朵彩云吗？你看见了，高兴吗？（出示"千"字卡）百位再进一位就是千位，就是我们卡片上的"千"字。

7. 文化识字"裙"

师：本段中还有一个要学习的生字就是"裙"（出示"裙"字卡），哪位女生喜欢穿漂亮裙子呀？

师：老师倒是觉得男孩子也可以穿裙子的！在古时候，人们的服装，上面穿的衣服叫"衣"；下面穿的叫"裳"（cháng），也就是我们说的裙子。所以男孩子也是可以穿裙子的。我们一起来看看"裙"的小篆、楷书的写法，上半部分是"君"，下半部分是"巾"。古代人的下衣中大多有垂下的带子，"巾"就是用来表示"带子"的，而"裙"也指古代人穿的"下衣"。所以我们可以大胆猜测，简体字"裙"的"衣字旁"和什么有关？

生：和衣服有关。

板块三：朗读教学——读好长句子

师：课文中有很多句式相似的长句子，你能流畅地读下来吗？

出示课文，学生自由朗读并对比标点符号的异同。

如果我提着它，走到桥上，把水洒下来，那不就是我在下雨吗？

如果我拿着它，走到桥上，天上不就多了一个月亮吗？

如果我把它挂在彩虹桥上，坐着秋千荡来荡去，花裙子飘啊飘的，那不就成了一朵彩云吗？

前两句"走到桥上"前面都有逗号，第三句没有。当看到一个长句子不知道怎么去读的时候，可以先把它分成两个短句子，进行朗读练习，之后再合起来朗读，就能读好意思通顺的长句子了。

（生齐读练习）

板块四：课堂游戏"摘月亮"——巩固生字

师：通过一节课的学习，我们用熟字比较、偏旁识字法、认会意字、查字典这些方法学习了新的生字，下面我们就用"摘月亮"的小游戏检验大家的学习成果吧！

（游戏互动）

板书：

虹　座　扌　钅　拿　灬　衤

爱的彩虹桥

《动物儿歌》教学设计

刘亚丽

教材解读

《动物儿歌》是统编版教材一年级下册第五单元的一篇充满童趣的识字儿歌。这一单元是集中识字单元,语文要素是继续了解形声字的构字规律,并学习运用这一规律自主识字。在一年级上册的识字教学中,学生对识字方法和形声字的识字规律已经有了一定的了解,本单元在前面的基础上继续加深对形声字构字规律的理解,本课重点是虫字旁生字的识记。本课要求认识的生字中有六个是虫字旁的字,而且是左形右声的形声字。教师应在教学中继续引导学生了解形声字的特点,有效识记生字。

作为识字儿歌,教学时还应在学生熟读儿歌的基础上,联系教材中的彩图和学生的生活经验,采用多种方法引导学生读准字音,识记字形。

在语言训练方面,儿歌的特点是有节奏、有韵律,本课儿歌每一句都是以"谁、在哪里、干什么"的结构组成的,因此应引导学生在多种形式的朗读中感受儿歌的节奏和韵律,培养学生的语感。

教学目标

1. 认识"蜻、蜓"等12个生字。会写"间、迷"等6个生字
2. 正确、流利地朗读儿歌,能完整地用一段话来回答问题
3. 有观察小动物的兴趣

学情分析

一年级学生已经积累了一定的识字量,对于归类识字的方法有一定的了解。他们认识了许多的动物,能说出它们的名字和一些现象,还能简单地表达自己的意愿。但是,仅仅是一些零碎的、不规范的语言。

孩子们对夏天有一定的感性认识。我所执教班级的学生喜欢阅读,对周围事物有好

奇心，大部分学生能对感兴趣的内容提出简单的问题，能发表自己稚嫩的见解。

重点难点

读准字音、熟记字形、熟读儿歌。

教学过程

板块一：图片激趣，互动交流

（一）图片导入

1. 出示课件：文中插图

师：当多彩的春天过去以后，来到我们身边的就是生机勃勃的夏天。大家一起来静静地欣赏一下这幅图，来数一数里面都有哪几种小动物？看看谁是细心的孩子，找得又多又准确。

2. 师：谁能把所有小动物的名字都说出来

板块二：讲究方法，多维识字

（二）看图识字学词、了解形声字的特点

1. 看图识字

（1）师：这些小动物有一个共同的小秘密你们知道是什么吗？我们先来一起认一认它们的名字吧！（课件出示：蜻蜓、蝴蝶、蚯蚓、蚂蚁、蝌蚪、蜘蛛）

谁认识他们的名字，请一位小老师带着大家读一读。

（2）字卡识字，开火车

2. 认识虫字旁，了解形声字（指名拼读认识汉字，其他学生跟读）

（1）师：请同学们仔细观察，找到这些小动物共同的秘密了吗？

（引导学生发现这些字都有虫字旁）因为蜻蜓、蝴蝶、蚂蚁都是昆虫，蚯蚓、蝌蚪、蜘蛛虽然不是昆虫，但样子很像虫子，所以表示这些动物的汉字都是虫字旁。一般和昆虫有关的汉字都是虫字旁。

（2）其实虫字旁一开始并不是这样的（出示虫字旁的演变）

二 教学设计

（3）形声字

汉字中还有很多这样的字，在一个字当中，一部分表示字的意思，一部分表示字的读音，我们把这样的字叫作形声字。

3. 看图说话

现在老师再把这些小动物请来，谁来说一说这些小动物在美丽的夏天，都会忙些什么呢？

谁能和他说的不一样呢？

想不想知道书中是怎么说的呀？打开书来看看课文吧。

4. 多种形式识字

学生自由读文、指名读。这里面呀还藏着几个生字宝宝呢！来认一认吧！

（1）偏旁归类识记：迷、运、造（指导书写）

（2）生活识字：粮食

师：生活中，你在哪里见过这两个字吗？（超市、电视上、书上）

（3）看图识字：藏（出示小朋友捉迷藏的图片）

（4）字源识字：网（伏羲结绳为网的故事、出示象形字、推荐好书《夏洛的网》）

师：上古时候，人们靠打猎生存，经常吃不饱，聪明的华夏始祖伏羲，发现绳子打成结可以织成网，于是他就带领人们织网捕鱼，从而使人类原始的狩猎状态进入到初级的畜牧业生产阶段。后来人们就根据网的样子，造了网这个字。

网　网　网
甲骨文　小篆　楷书

师：有一本特别有意思的书也是和网有关系的，叫《夏洛的网》，感兴趣的同学可以去读一读，看看这里面的网是什么网。

（三）课中休息

一起跟着视频跳《昆虫体操》。

板块三：拓展延伸，练习表达

（四）发现与运用

（1）其实呀，这些句子也都有一个共同的秘密，我们一起来读一读课文，看看谁能发现这个秘密？（他们的句式都是"谁、在哪儿、干什么"）

（2）今天其他的小动物也来到了我们班，我们

一起看看他们在干什么？（出示夏季池塘边小动物互动的图画）

（3）出示课件

看图引导学生用上"谁、在哪儿、干什么"的句式进行说话练习。

（4）你们想不想当一次小诗人把这些小动物也写进你的诗里？

（五）小结

课下，可以把自己创作的句子在儿歌后面写下来，这首儿歌的内容就更丰富了。我们还可以观察这些小动物，或者搜集一些你喜欢的小动物的材料，来丰富我们的知识。

《狐假虎威》教学设计

华丽丽

教材解读：

《狐假虎威》是统编教材二年级上册第八单元的一篇精讲课文。"综合运用多种识字方法自主识字、自主阅读"是本单元的教学重点之一。关于这方面的阅读要素，在一年级上册要求"在有趣的情境中认识象形字，感受汉语的音韵特点，并初步认识会意字、形声字，了解汉字偏旁表意的构字规律"。到一年级下册则要求"自主识字，主动识字，并学习运用形声字的构字规律识字"。这样的编排体现统编版教材由浅到深、螺旋上升的整体性和梯度性。识字写字是低年段阅读教学的重要内容，本课识字量大，教学中充分尊重学情，分析学生的已有能力，鼓励学生自主识记，引导学生结合汉字字理，解析汉字形义。

教学目标

1. 识记本课17个生字，认读由生字组成的词语
2. 能正确、流利、有感情地朗读课文
3. 了解课文内容，理解"狐假虎威"的字面意思

教学重难点

1. 识记本课17个生字，认读由生字组成的词语
2. 了解课文内容，理解"狐假虎威"的字面意思

教学过程

板块一：激发兴趣，揭示课题

我们先做个游戏——"看图猜故事"，看仔细哦，看谁猜得又快又准：

守株待兔　掩耳盗铃　刻舟求剑　揠苗助长

看来同学们读的故事还真不少呢！今天我们再来学习一则故事——狐假虎威。"假"有两个读音，在这里应读 jiǎ，为什么这样读，是什么意思呢，这就需要大家到课文中去寻找答案！

板块二：阅读课文，识记字词

（一）出示自学提示，谁愿意给大家读读"自学提示"？

1. 借助拼音朗读课文，读准字音，读通句子

2. 遇到生字或不熟悉的地方多读两遍

（二）学习生字新词

1. 生字

请同学们看课本，这里有 17 个"我会认"的生字，小声拼一拼，读一读。回忆一下，关于识记生字，你有哪些好办法，能跟大家分享一下吗？（学生自由发言）

对啦，加一加、减一减、换一换、猜字谜、编儿歌、查字典、联系上下文等，这些都是我们识记生字的好办法。希望同学们在这堂课，可以充分利用它们。

2. 新词

狐假虎威、骨碌碌一转、扯着嗓子、派我来、违抗、爪子、走一趟、神气活现、野猪、纳闷、受骗

（1）第一遍带拼音读词语卡片

老师手里的卡片都是本课的词语，请你像老师这样读：jiǎ 假，wēi 威，狐假虎威。

（2）第二遍去拼音读词语卡片

去掉拼音还会读吗？开火车读。相机解决多音字"转""爪"和"闷"。

①如何区分 zhuàn 和 zhuǎn 这两个读音呢？（学生自由发言）找一组同学起立，请你原地转一圈，再转一圈；请你转身面向教室出口，再转头看看身后的同学们？请坐！看屏幕上的两张图片，现在能区分了吗？原来读第四声时，表示围绕一个中心运动，如——"转圈、转动、转笔刀"；读第三声时，表示改变方向或位置，如——"转弯、转身、转头"。文中"骨碌碌一转"表示狐狸想出办法来了。

②"爪"字，你看它的样子，原本就像鸟兽的爪子，它是一个象形字，也是多音字。zhǎo 一般指猛禽、猛兽的脚，如爪牙、张牙舞爪；zhuǎ 是指小动物有尖甲的脚，如鸡爪子、猫爪子。

③找学生读一读"闷"，感受一下两个读音的区别。通常情况读四声时表示心情不好，如"苦闷、郁闷、闷闷不乐"；读一声时表示不透气，空气不流通，不吭声，如"闷热、闷声不语"。

（3）第三遍巩固读，学习重点词语

①学习生字"威"：你印象中谁最威风？你能用"威风"说一句话吗？

我们中国的汉字，一个字就是一幅画；一个字就是一个故事。看看"威"字的演变过程，谁能说说你的理解？（学生自由发言）

外面的戌表示强大的兵器，它里面是一个女子。可以理解为在强大的兵器面前，女人受到了严重的威慑。前人创造这个字的时候，把两个独立的字组合在一起表达新的意思，我们给这样的字叫会意字。

②学习生字"扯""嗓"：观察一下，你有什么好办法记住这两个字？（引导学生用"加一加"识字法。）

左边的形旁，表示这个字跟什么有关，右边的声旁表示发音。我们给这样的字叫形声字。

你能找找"扯着嗓子"出现在课文的哪句话吗？（找学生读句子）通常情况，我们可以说扯一块布，扯一下衣角，课文里的小狐狸为什么要扯着嗓子？（学生自由发言）

狐狸虽然急中生智想到了逃生的办法，但他依然很害怕，为了掩饰心虚和恐惧，所以故意把声音扯得又高又长。（再找学生朗读句子）

③学习生字"派"："派"字是三点水旁，跟水又有什么关系呢？屏幕上是这个字的演变过程，可以猜一猜它的意思。如果猜不出来，现在可以求助字典。字典中有多种解释。这里的"派"是什么意思？

文中"派我来"就是老天爷安排我来的意思。为什么是老天爷"派我来"，而不是野猪或者其他动物？（学生自由发言）原来狡猾的狐狸为了压制老虎的威风，它竟然把老天爷都搬出来了。

④学习词语"违抗"："违抗"是什么意思，你能想到它的近义词是什么？（"违背、反抗"）

明确方法：同学们，我们在理解词语的时候，可以抓住这个词其中一个字来组词，也就是我们常用的近义词解词法。如果真的是老天爷的命令，即便是百兽之王也不敢违抗，看来也只好"服从、遵命"了。

字族识字，学习"抗"。

"抗"这个字还有好几个同胞兄弟呢，你能给"抗"换一换偏旁，组成新的汉字吗？同学们真不简单，能联想到这么多形近字，它们都属于同一个家族。你可以像老师这样编儿歌记住它们。

《巧辨汉字歌谣》：反抗要用手；挖土就是坑；烧火炕头热；有事您吭声。

⑤学习生字"猪"："猪"是"犭"旁，除此之外，你还能想到哪些带"犭"的字？它们也属于同一家族——犬科动物，或者哺乳动物。

⑥学习词语"纳闷"：课文里谁纳闷？为什么纳闷？找人读句子。

采访：野猪，你为什么纳闷？小鹿，你为什么纳闷？兔子，你为什么纳闷？

（4）游戏识字

通过刚才的学习，相信你们对这些生字有了更深刻的理解。接下来，老师检查一下，你们是不是真的掌握了？开火车认读生字。

所有小汽车全都开走了，观察屏幕上所有的生字，除了少量的象形字和会意字，余下的 13 个字全都是形声字。据统计迄今为止大约 90% 的汉字都是形声字，可以说形声字是创造新汉字过程中运用频率最高的造字法。学好形声字，可以大大提高识记生字的能力，加快识记生字的速度。

形声字规律总结如下，师生承接读：形声字，分两半。形一半，表意思。声一半，示读音。形旁相同是同类。

板块三：分段朗读，回顾内容

现在我们分段朗读课文，希望同学们做到正确、流利、有感情地朗读课文。相机指导朗读。

板块四：理解课题，感知形象

课文学到现在，你知道题目"狐假虎威"的意思吗？你能用文中的一句话来解释吗？齐读课文最后一段，明确"假"就是"借"的意思。

课文里的狐狸和老虎分别给你留下什么印象？明确一个狡猾，一个愚昧。

板块五：生字复现，巩固识字

今天我们学习了《狐假虎威》这篇课文，共学习了 17 个生字。接下来我们可以通过下面的童谣回顾课文内容并巩固本课生字。

狐假虎威

老虎出来找食物，活捉一只小狐狸。
小狐狸，眼珠转，扯起嗓子蒙老虎：
老天派我管百兽，你敢违抗这命令！
老虎听了以为真，吓得爪子松开了。
狐狸请求走一趟，摇头摆尾真神气。
百兽纳闷搞不懂，身后一看不得了：
森林之王大老虎，大小百兽撒腿跑。
老虎大哥受骗了，狐狸借机把命逃。

小结：狐狸是如何假借老虎的威风吓跑百兽，老虎又是如何上当受骗的？留在第二课时学习，今天的课就上到这里，下课！

《狐假虎威》教学设计

廉芳

教材解读

《狐假虎威》是统编版教材二年级上册第八单元的一篇精讲课文。这一单元的单元主题是"相处",语文阅读要素是"借助提示,复述课文"。本课是一节识字课,在识字方法教学上主要采用随文朗读识字法,通过对照字典、做动作、多种形式地朗读、补充资料等方法,认读课文中出现的生字词,并能理解字词的准确意思,通过朗读表现出对字、词语的理解。激发识字兴趣,培养自主识字的能力,同时也为了培养孩子们能够更好地衔接三年级,具有独立识字的能力,可以自主读文而打基础。

教学目标

1. 流利并有感情地朗读课文
2. 通过学生自由读课文,认读课文中出现的生字词,做到读得正确、认读迅速、记得扎实
3. 通过查字典、做动作、补充资料等方法,学会理解词语的方法,做到能通过朗读表达出对词语的理解

教学重难点

1. 通过自由读课文,认读课文中出现的生字词,做到读得正确、认读迅速、记得扎实
2. 学会理解词语的方法,做到能通过朗读表达出对词语的理解

教学过程

板块一:课前游戏导入题目,认识生字

同学们,刚才我们玩的手指游戏,五根手指变成了大老虎,今天学习的这课也和老虎有关,让我们一起走进课文《狐假虎威》(板书:《狐假虎威》),请大家一起齐读

课题。

1. 根据字理理解"威"字

点拨：题目中的狐就是"狐狸"，虎就是"老虎"，假和威是这课要求认读的生字。"威"这个字我们可以把它拆分成"戌"和"女"，"戌"在古代是一件很厉害的兵器（出示课件）。大家看，"戌"字是由甲骨文演变到如今的文字的，孩子们，发挥想象力猜一猜，看它像什么呢？（引导学生猜出斧子）

出示课件：看，这是我们古代最有名的一位女将军——花木兰，孩子们快看她多威风呀！

2. 通过查字典的方式，理解"假"字

点拨："假"在字典里有三种解释：①虚伪的，不真实的，伪造的。②借用。③假如，假定。大家快来找一找，题目狐假虎威中的"假"是哪一种吧！

预设：允许学生答案不一。

点拨：老师发现，有的同学很纳闷，哪种更合适呢？老师教你一个好办法，你可以像这样，试着往里面带一带（出示："狐狸____老虎的威风"）。这回你们说是哪一个呢？（在题目"假"上面，板书：借用）

师：当我们不确定是哪一种字义的时候，可以借助字典里的含义，试着往里面带一带，就可以推测出来了！

板块二：逐段读文，认识字词，理解词语

设疑：狐狸是用了什么智慧，能让身为百兽之王的老虎愿意把威风借给它呢？这就需要我们到文中找一找。

1. 老师范读课文

2. 学生自由读文

要求读准字音，读通句子，遇到还不熟练的字时，借助拼音多读几遍。别忽略句子末尾的标点符号哦。

3. 出示第1自然段，通过随文朗读理解"茂密"

（指名学生来读课文）

在茂密的森林里，有一只老虎正在寻找食物，一只狐狸从老虎的身边窜过，老虎扑过去，把它逮住了。

追问：是什么样的大森林？

引导学生描述是怎样的森林才算"茂密"？

追问：它有多大呀？什么样才算茂密？

生：树叶很多，向四周展开，不留一点空隙。

点拨：那怎样读才能读出森林的茂密呢？听老师来读。老师范读，读得缓慢有感情，学生再尝试读。

4. 出示第2、3自然段，通过模仿动作体会词语含义

（1）读准"扯"字音，理解含义

设疑：老虎把狐狸抓住了，接下来又发生什么了呢？（出示2、3段）

找生来读一读2、3自然段。

评价：孩子，你读得真流利，这里面的生字还挺多的呢，你都能读准确，看来预习得很到位。

（出示生字：扯着嗓子）

追问："扯着嗓子"是什么意思？（老师边说边用手做出"拉"的动作，引导学生说出"拉"。）

追问：不错，那"扯着嗓子"中的"扯"是拉什么的呢？把嗓子拉长？（边做动作把喉咙拉长）这受得了吗？想想是把什么拉长？

生：把声音拉长。

点拨：对，就是把声音拔高拉长，伸着脖子说。我们一起来试一试。

全体学生齐读狐狸的话："你敢吃我？"

（2）读准"转"的两种读音，并能区分

设疑：小狐狸说话之前还做了个什么动作呢？

生："眼睛骨碌碌一转。"（课件出示：骨碌碌一转）

点拨："转"有两个读音，怎么区分呢？（板书"转"及其拼音）下面老师来考考大家，咱们一起送词宝宝回家吧！

出示游戏：送词宝宝回家，选择正确的读音。

　　zhuǎn　　　　　　zhuàn

转身　转动　转圈　转头　转弯　转盘

（3）游戏激趣，再次练习"转"字的发音并且区分

设疑：老师发现，有不少同学还不太容易帮它们找到正确的家，接下来咱们来玩一个"听我口令做动作"的游戏，看看能不能帮你找到读音的规律呢？

请大家全体起立，我们现在都是木偶人，小木偶你们听好喽，听我的指令，请你原地转一圈，请你转身面向你的同桌，同桌两人点点头，击个掌，现在你们再转向老师。

点拨：孩子们你们发现什么了吗？（找生来做总结）当读四声转的时候，往往是幅度很大，围绕着一点转圈圈；当读三声转的时候，只是改变了一个方向。

一个小口诀送给大家，请大家跟老师一起运动起来：

风车风车转转转，爸爸开车转个弯。

追问：那"眼睛骨碌碌一转"是什么样呢？你能做个动作给老师看吗？

学生自己做做转眼睛的动作。

点拨：接下来咱们带着动作一起读一读这两段，看看谁最能读出小狐狸的机灵劲儿和大老虎的一愣神哦！（生齐读2、3段）

设疑：孩子们，这时老虎愣住了（板书：一愣），小狐狸又是怎样展开它的智慧糊弄老虎的呢？（出示4、5自然段）谁来接着读一读4、5自然段？

（4）联系生活实际理解"派"

设疑：这里面有一个特别有意思的字——"派"（课件出示"派"），你们能为它组个词吗？

学生组生活中的词语。预设：蛋黄派，苹果派，派对……

点拨：咱们来看它的偏旁，三点水旁，往往都是跟水有关系。但是"派"这个字跟水有什么关系呢？

预设：学生回答可能会说"蛋黄派里可能有馅，蛋黄派是拿水做的……"

点拨：孩子们说得都有道理，但是最早的"派"这个字可是跟江河有关系呢，最早呀，派指的是江河湖海的分支，就像这样（板书画"派"字的甲骨文），后来又用来表示很多京剧，或者戏曲中分支出来的流派，派别，等等。"派"字还有上级对下级分配任务的意思，比如说派遣，委派，指派，等等。课文中狐狸说自己是谁指派它来的？

生：老天爷。

（5）指导朗读，理解"违抗"

大家都怕老天爷，因为他最大。那应该怎么读这一段呢？（齐读）（出示："违抗"）

设疑：违抗又是什么意思？"就是违抗老天爷的命令"，谁怎么样就是违抗命令了？

生：老虎不能吃狐狸，吃了就是违抗老天爷的命令了。

点拨：咱们一起读——违抗，违抗（出示插图1）。孩子们来看看这张图片，小狐狸什么样啊？

预设1：生读得底气十足，挺着胸脯，很自信。

评价：那想让老虎相信你的话，就应该怎样读呢？对！要自信一点。现在你来当小狐狸，我是大老虎，看看你能不能把我蒙住。

预设2：生读得声音很小。

评价：呦！你真是一只温柔的狐狸，看来蒙不住我，我要把你一口吃掉。谁还想来试一试？看来大家都想试一试，那人多力量大，一起来试一试吧！齐读课文。

老师这只大老虎是相信了，在这种情况下，课文中的老虎信了吗？

课件出示：老虎被蒙住了，松开了爪子。（板书：蒙住）

（6）理解"趟"，进行偏旁区分并扩词

追问：接下来又发生了什么呢？男生来读一读吧！（男生读第6自然段）

（出示：走一趟）

设疑：走一趟是什么意思？

生：走一回。

点拨：你们看，"趟"是什么偏旁，"走"字旁，说明跟走有关系，是跳跃行进的样子，部件"尚"又跟整个字的读音相似，所以"趟"还是形声字，跟老师读：去一趟，来一趟，走一趟。如果换个身字旁，就念"躺"。

（7）通过课文插图，体会"纳闷"的含义

点拨：我们再看看这幅图，看看狐狸和老虎的样子，你自己能试着做一做他们的样子，那谁能把狐狸的样子，老虎的样子读出来呢？

点拨：运用采访的方式，一步一步让孩子体会纳闷词语的含义。

追问：呀！真是神气活现的狐狸呀！真是一只半信半疑的老虎呀！（板书：半信半疑）那小动物都什么样呢？

生：看到了前面的小狐狸，都很纳闷。

师：都纳闷什么呢？来，我来采访采访。

师：兔子兔子，你为什么跑呀？

生：因为狐狸后面有只大老虎。

师：原来狐狸什么样啊？

生：原来狐狸都是贼眉鼠眼的，躲着大家跑。今天大摇大摆的。

师：野猪野猪，原来狐狸见你就害怕，为啥今天神气活现呢？

师：以前它不这样，今天怎么变了呢？这就叫作"纳闷"。那咱们就带着纳闷的感觉把这一段再读一遍吧！

（生齐读：森林里的野猪啦……都很纳闷。）

（8）提取关键词，让学生理解"狐假虎威"的含义

（课件出示：再往狐狸身后一看……撒腿就跑。）

师：老虎最后信以为真了。

（板书：信以为真）

点拨：老虎一开始被狐狸的话吓"一愣"，当狐狸说它是老天爷派来的时候，老虎被"蒙住"了，把爪子松开了。老虎跟狐狸去森林里走时，还是"半信半疑"，当看到森林里的小动物都撒腿就跑时，老虎最后"信以为真"。

追问：这回你知道"狐假虎威"是什么意思了吗？请你找到文中的话说一说吧。

（生齐读，课件出示：狐狸是借着老虎的威风把百兽吓跑的。）

回顾到课前题目设下的疑问，师追问：这回你更应该知道"假"是什么意思了吧！

板块三：集中检测生字掌握情况

1. 同桌合作，认读生字

课文我们读完了，也一起认识了不少生字！接下来同桌两个人互相考一考课后我会认识的生字。同桌一组，一人指，一人读。

2. 出示词语，认读生字

接下来看看老师的字卡中的词语，你都认识吗？

出示词语卡片（齐读，男生读，女生读……）

狐假虎威 骨碌碌一转 扯着嗓子

指派 违抗 爪子 走一趟 神气活现

野猪 纳闷 受骗 借着 转动 嗓门

蛋黄派 威风 来一趟 神话 借书

3. 课件游戏，认读生字

接下来我们把生字宝宝的朋友请走，就剩生字宝宝了，看你们还认不认识。

（出示小鸟游戏）

先给大家一点时间练一练，不认识的同桌之间问一问，如果你还不太熟的话，可以看看书上的拼音。

板块四：去拼音再读文，检查验证识字效果

听说大家都认识生字了，为了考考大家，老师给课文施了魔法，咱们再读读课文，这回没有拼音了，你还能读吗？

1. 生自由读没有拼音的课文

2. 通过读课文验证孩子的识字效果

《揠苗助长》教学设计

邵子超

教材解读

《揠苗助长》是二年级的一则寓言故事，出自《孟子·公孙丑上》。这一单元的主题是"办法"。语文要素是"根据课文内容，简单谈谈看法"。统编版教材通过寓言这种体裁，在二年级上册第五单元提出"初步体会课文讲述的道理"，三年级下册第二单元要求"读寓言故事，明白其中的道理"，再到五年级下册第六单元"了解人物的思维过程，加深对课文内容的理解"。这种逐步拓展延伸和发展，体现了语文能力训练的梯度性。

为了更好地落实单元训练点，本课的教学先以多种形式朗读，再进行古文与白话文对比阅读，最后通过结合生活实际和学生与文本的对话等形式，加深对"如果我们办事情不顾事物的发展规律，急于求成，反而会把事情办坏"这句寓意的理解。

教学目标

1. 朗读课文，读通句子，读出恰当的语气
2. 比较句子的不同，体会词语"焦急、筋疲力尽"在句子中的意思和作用
3. 文言文和本文比较阅读，加深对课文寓意的理解和对寓言这种体裁的认识
4. 联系生活实际，找出和本文相对应的事例

教学重难点

1. 比较句子的不同，体会词语"焦急、筋疲力尽"在句子中的意思和作用
2. 文言文和本文比较阅读，加深对课文寓意的理解和对寓言这种体裁的认识

教学过程

板块一 引学：复习导入我来释

（一）忆一忆

学生已经学习了本单元的第一个故事，先让学生回忆第一个寓言故事的题目是什么。

（出示：亡羊补牢）接着用提问的方式复习题目中关键字的意思。亡羊补牢的"亡"是什么意思？"牢"是什么意思？"牢"有牢固的意思，还有一种解释是养牲口的圈。通过结合实际拓展组词的方式，提起学生学习的兴趣。

（出示课件）

péng   jiù
牛 棚   马 厩

蜂房   鸡窝

（二）写一写

1. 揭示课题，另外一篇寓言《揠苗助长》
2. 师生同写课题
3. 读课题
4. 解课题

板块二 品学：抓词品句我来解

（一）朗读勾画，领会"巴望"

1. 学生自由读课文，读准字音，读通句子，不认识的字对照生字表多读几遍
2. 过渡

古时候的这个人，为什么揠苗？用谈话的方式让学生交流自己的想法。

3. 在文中找到揠苗原因的相关语句，读给大家听
4. 抓关键词，体会人物内心
5. 理解"巴望""焦急"的意思，感受"筋疲力尽"的状态。说一说自己理解词语的方法

（出示课件，讲解"焦"）

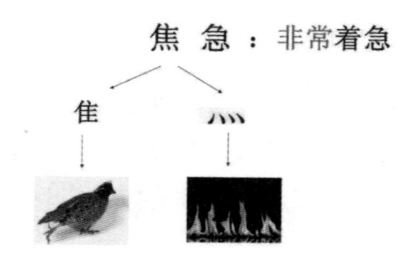

焦 急 ：非常着急
隹   灬

· 170 ·

（出示课件，讲解"筋疲力尽"）

筋 【释义】①附在肌腱或骨头上的韧带
②像筋一样的东西

【筋疲力尽】形容非常疲劳，一点力气也没有了。

会意字。因为竹多筋,故从"竹"字旁。
本义:附着在骨上的韧带。
筋,肉之力也。——《说文解字》

6. 指导学生朗读，要启发孩子们读出疲惫的语气和高兴、炫耀的心情

7. 教师范读

（二）再读课文，了解大意

通过故事的结局，复读课文，让学生体会教训的可悲可叹。

板块三　拓学：课内外结合我来悟

寓言是我们中华传统文化的一部分，早在很多年以前，就已经有这篇寓言了，但是形式和体裁都和我们看到的不一样，引出原文。

（出示课件）

1. 学生自由读

2. 老师范读

3. 男生女生互读

4. 全班齐读

5. 感悟寓意

6. 揭示寓意

如果我们办事情不顾事物的发展规律，急于求成，反而会把事情办坏。

7. 寻找生活中的例子

启发学生回忆生活中的哪些类似的事情呢？跟旁边的同学说一说。

（出示课件）

板块四　延学：多种书刊我来读

1. 绘本

长高是很多小朋友的愿望，但是急于长高很可能事与愿违。建议大家读一读绘本《你很快就会长高》，看看书中的"阿力"最后有没有快速长高呢？

2. 寓言故事

建议学生们课下可以让爸爸妈妈买一本注音版的《中国寓言故事》读一读。这本书是三年级的必读书目。我们可以提前积累这方面的知识，用小故事中的大道理助力我们的成长。

《手术台就是阵地》教学设计

邵子超

教材解读

《手术台就是阵地》是统编版语文三年级上册第八单元的第三篇课文。这个单元的主题是"美好品质"。这个单元的阅读要素是"学生带着问题默读,理解课文的意思"。

本单元在二年级的默读学习基础上,通过课后题的梯度设置,要求学生带着问题默读,边读边思考。

本课在教学初始,从词语入手,接着通过"猜数字"让学生对遥远的战争历史有初步的认识。接下来给学生时间默读,让学生抓住有关环境描写、人物细节描写等关键语句勾画批注,充分体会在严峻又恶劣的战争形势下,白求恩同志舍身忘我的敬业品质和国际主义精神,理解"手术台就是阵地"的含义。最后引入和平年代的今天,多国联合抗击新冠肺炎疫情的医治场面,加深学生对单元主题的体会。

教学目标

1. 复习理解词语的方法
2. 带着问题默读课文
3. 找出并体会描写战争激烈的语句和体现人物品质的语句
4. 理解手术台就是阵地的含义

教学重难点

1. 找出并体会描写战争激烈的语句和体现人物品质的语句
2. 理解手术台就是阵地的含义

教学过程

板块一:读词语,在认读中轻触人物

1. 师生同写课题

边写边提示学生们,"车"在作为字出现的时候,最后一笔是"竖",做偏旁的时候,最后一笔是"提"。它的笔顺是有所不同的。

2. 词语掌握程度

从简单词语入手,逐次增加难度,比如多音字"斗""大",首先读对多音字的音节,再用不同的音节组词,最后同时用这两个词语造句。

3. 例句深化感知

出示例句,学生齐读。

斗:将军在战斗中仍然叼着烟斗。

大:我长大后的梦想是当一名大夫。

板块二:猜数字,在想象中靠近历史

1. 回顾并积累

复习组词和造句后,要适当地点拨理解词语的方法。

师:如果在阅读中遇到理解不了的词语,怎么办?我们学过哪些理解词语的好方法呢?(板书)

生:联系上下文、查工具书、找近义词、结合形声字规律、请教他人……

2. 数字猜事件

出示一组数字"1937、1939、1949、11.12"。让学生们猜一猜这一组数字分别和什么事件有关?

3. 数字展历史

师补充资料:

1937年是日本对我国发动全面侵略战争的时间,我们要永远记住这一天。1939年,齐会战争爆发。出示地图,让学生知道齐会位于河北省河间市区东北部。该村建于北宋年间,当时金兵南侵,盗贼蜂起,居民为了保护财产和生命安全,把附近毗连的七个小村联合成为一个联防大村,得名七会村,后改今名齐会村。

1949年10月1日是我们中华人民共和国成立的日子,我们要铭记于心。

11月12日,是白求恩医生的纪念日。这个日子是我们国家特别为白求恩医生设定的。出示毛主席的评价,学生齐读。

白求恩同志不远万里来到中国,这就是国际主义精神。

——毛泽东。

板块三:抓细节,在品读中深入人物

1. 默读勾画,初体会

给学生时间,默读第2～4自然段,边读边思考:"战争激烈的场景是怎样的? 白求恩是个怎样的医生?他又是个怎样的战士呢?"如果读到相关语句,或者最能体现人物品质的关键词语就用笔和尺勾画下来,如果很有感触,就用一个词语概括下来,用铅笔写到这句话旁边。

2. 环境描写,感危险

(1) 学生通过"硝烟滚滚,弹片纷飞,小庙被烟雾淹没了。白求恩仍然镇定地站在手术台旁"等语句感受危险的环境。

硝烟滚滚,弹片纷飞,小庙被烟雾淹没了。

敌机不断地在上空吼叫。炮弹不断地在周围爆炸。

一连几发炮弹落在小庙的周围。庙的一角落下了许多瓦片。挂在门口的布帘烧着了,火苗向手术台扑过来。

(2) 播放战争枪林弹雨的音频,让学生体会当时的场面。

3. 动作描写,悟内心

(1) 抓关键语句

师:这样的情况下,白求恩医生在做什么呢?

预设:白求恩仍然镇定地站在手术台旁。

师:你觉得哪个词特别能突出白求恩的内心?

预设:镇定。

(2) 抓关键词语

白求恩仍然争分夺秒地给伤员做手术,做了一个又一个。

师:你觉得哪个词特别能突出白求恩的内心?

生:争分夺秒。

(3) 词语替换

师:争分夺秒去掉行不行?

不行,争分夺秒能够体现出白求恩很着急做手术的心情,更能表现出他是一名医术高超、处事冷静的医生。

4. 语言描写,展精神

全文中白求恩同志的话不多,却掷地有声。如:"白求恩沉思了一会儿,说:'我同意撤走部分伤员。至于我个人,要和战士们在一起,不能离开。'"又如:沉思之后,白求恩给出了答复:"谢谢师长的关心。可是,手术台是医生的阵地。战士们没有离开他们的阵地,我怎么能离开自己的阵地呢?"

用提问的方式让孩子们产生共鸣。此时此刻白求恩在想什么?战场上的战士们发起冲锋时可能在喊什么?

通过学生的角色替换,把自己当成白求恩,设身处地地去体会,才能感受到白求恩舍身忘我的精神。

5. 补充资料，升主题

（1）出示历史数据

据历史材料记载，白求恩一天要检查 200 多名伤员，做 10 台左右的手术。白求恩在做完最后一个手术撤离的时候，敌人已经进村了。

（2）引入白求恩日记

"优秀的外科医生只能在战地培养！如果为了安全，待在加拿大是最安全的，我也不需要别人来保护我的安全。我是来参加战斗的。如果我被炮弹击中或者掉下悬崖，不需要任何人为我负责。作为一名外科大夫来说，我的岗位是前线，而且是最前线，谁阻止我，谁就是我的敌人！"

（3）出示两种生活环境

面对鲜明的对比，学生的内心定有所触动，一定会想：为什么白求恩医生会放弃加拿大那么好的生活条件，到中国来呢？

此时抓住契机，升华人物品质。白求恩在中国人处在最黑暗最恐怖的时候，来到了中国，加入了抗日的队伍。他此时不仅仅是一位医生，也是一名战士，一名勇敢的战士，坚强的战士。

（4）揭示去世缘由

师补充资料：战争就有伤亡，白求恩大夫在抢救一名脑部严重感染的伤员进行排脓手术的时候，左手中指被手术刀割破，终因伤势恶化，感染败血症。

小结提升：白求恩医生于 11 月 12 日在河北省唐县黄石口村逝世。中国最高领导人决定把 11 月 12 日定为白求恩纪念日。随着我国教育事业的发展，我国成立了白求恩大学，莘莘学子带着丰富的学识去往国外帮助更多需要帮助的人。

因为"美好的品质，犹如温暖的阳光，带给我们希望和力量"。

板块四：拓视野，在现实中沉淀精神

1. 结合现实，铭记在心

师：新冠病毒铺天盖地而来，给我们人类的生活带来了威胁和困扰。我国的医学工作者走出国门，逆向而行，去支援疫情最严重的地方。因为——

生：（一起大声读）"美好的品质，犹如温暖的阳光，带给我们希望和力量。"

2. 课堂总结

虽然这节课结束了，但是我们学习的脚步没有停止，我们要珍惜大好年华，传承我们中华民族最美好的品质。

《昆虫备忘录》教学设计

刘倩

教材解读

《昆虫备忘录》是统编版教材三年级下册第一单元的一篇略读课文。本单元的单元主题是"可爱的生灵"。本单元第一个语文阅读要素是"试着一边读一边想象画面"。二年级下册学习过"读句子,想画面",三年级上册有过"一边读一边想象课文描写的画面或诗中描绘的景色"的练习,都为本单元"读文章,想画面"的训练奠定了基础。"体会优美生动的语句"是本单元的第二个语文阅读要素,是对三年级上册"关注有新鲜感的词语和句子""感受课文生动的语言"的提升。本课是略读课文,可以先引导学生阅读学习提示,明确学习任务:一是整体了解课文的主要内容,发现昆虫的秘密;二是结合生活经验,交流分享最感兴趣的部分,想象画面,体会有趣的语言。本课学习,以学生自主合作学习为主,教师指导为辅。

教学目标

1. 默读课文,了解昆虫身上的秘密
2. 体会优美生动的语句
3. 学习制作昆虫备忘录的方法
4. 培养学生善于观察的习惯,激发对大自然的热爱之情

教学重难点

1. 教学重点:默读课文,了解昆虫身上的秘密。体会优美生动的语句
2. 教学难点:学习制作昆虫备忘录的方法

教学过程

板块一:初读课文,了解昆虫秘密

1. 导入新课

师:鸟儿在天空翱翔,虫儿在花丛中嬉戏,大自然中处处都是可爱的生灵,需要我

们有一双善于发现的眼睛去发现生活中的美。今天，我们走进汪曾祺的昆虫世界，看看他是怎么观察发现它们身上的秘密的，齐读课题。

2. 默读课文，探究秘密

出示自学提示一：

（1）默读课文5分钟，找到汪曾祺发现了昆虫身上的哪些秘密，尝试用自己的语言讲给大家听一听

（2）小组内交流，进行汇报

板块二：走进课文，品味语言

1. 分析课文，体会生动的语言

问题：找到描写生动的句子，读一读，品一品。

2. 品析句子，朗读体会

①我曾经想过：如果人长了一对复眼……

②圆点是有定数的，不能瞎点。小圆点，叫作"星"，有七星瓢虫、十四星瓢虫……星点不同。

③你走近蜻蜓和苍蝇，还有一段距离，他们就发现了，噌——飞了。

④吃晚饭的时候，嗡——扑！飞来一只独角仙，摔在灯下。

⑤瓢虫款款地落下来了，折好它的黑绸衬裙——膜翅，顺顺溜溜；收拢硬翅，严丝合缝。

⑥河北人把尖头绿蚂蚱叫作"挂大扁儿"。我挺喜欢"挂大扁儿"这个名字。

师小结：恰当的标点会使语言变得生动，想象更具体。

3. 分析开头，体会妙处

出示自学提示二：

（1）组内讨论每种昆虫的介绍是怎么开头的？

（2）小组汇报

师小结：汪曾祺的《昆虫备忘录》好在哪里——运用巧妙的开头（开门见山、飞行姿态、声音、名字、外形……）。

板块三：课外拓展，布置作业

1. 认识绘本《认识昆虫》——采用"配有文字说明的图片"的形式

绘本《认识昆虫》——安妮·罗克韦尔

2. 拓展"昆虫备忘录"的形式——绘制表格

名称	图片	特点和习性
蚂蚁		1. 我们平时见到的蚂蚁大多为黑色或棕色，有 1 对触角 6 条腿。 2. 蚂蚁喜甜，爱吃面包屑、白糖等。 3. 喜欢团队协作，在搬家、运食物时最为明显。 4. 蚂蚁是建筑专家，蚁巢内有许多分室，这些分室各有用处。

3. 作业设计

作业：从我们读过的《昆虫记》中选取一种昆虫，选择自己喜欢的方式（文字介绍、表格、配有文字说明的图片等）做一份昆虫备忘录。

师小结：只要你拥有一双善于观察的眼睛，生活中的美无处不在。

《盘古开天地》教学设计

张 越

教材解读

《盘古开天地》是统编教材四年级上册第四单元的一篇精讲课文。这一单元的主题是"神话",语文阅读要素是"了解故事的起因、经过、结果,学习把握文章的主要内容;感受神话中神奇的想象和鲜明的人物形象"。作为本单元的第一篇课文,教学的重点是引导学生通过了解故事的起因、经过、结果讲述故事,感受神话的神奇,感悟盘古的人物形象,初步落实单元阅读要素。

教学目标

1. 认识"浊、缓"等生字,掌握重点字的字形字义
2. 了解故事的起因、经过、结果,学习把握文章的主要内容
3. 边读边想象画面,感受神话中神奇的想象,体会盘古的献身精神

教学重难点

1. 了解故事的起因、经过、结果,学习把握文章的主要内容
2. 边读边想象画面,感受神话中神奇的想象,体会盘古的献身精神

教学过程

板块一:课题质疑,明确目标

1. 出示课题,齐读课题

齐读课题,用"谁开天地?盘古干了什么?"引入,发现语音轻重不一样,所表达的信息是不一样的。

2. 根据课题提问

在第二单元学过针对课题质疑,谁能针对课题提出有价值的问题?

将同学们提出的问题对应事情的起因、经过和结果。(板书:起因、经过、结果)

3. 回顾单元学习目标

（出示单元导语页）本单元的语文要素是"了解故事的起因、经过、结果，学习把握文章的主要内容。感受神话中神奇的想象和鲜明的人物形象"。走进故事。

板块二：检查预习，重点识字

1. 自由读文

请同学们自由朗读课文，注意读准字音，读通句子。

2. 生词检测

（1）学生读词

屏幕出示：劈开、缓缓、浑浊、四肢、躯干、血液。生领读，教师相机点评。

（2）朗读句子，重点指导"浊"和"缓缓"

让生字回归课文，指名读句子。

屏幕出示：巨人见身边有一把斧头，就拿起斧头，对着眼前的黑暗劈过去，只听见一声巨响，"大鸡蛋"碎了。轻而清的东西，缓缓上升，变成了天；重而浊的东西，慢慢下降，变成了地。

他的四肢和躯干变成了大地的四极和五方的名山，他的血液变成了奔流不息的江河。

①追本溯源学汉字：为什么"浊"是三点水加虫？（生理解，随后屏幕出示）"浊"的篆文字形、繁体字字形，由两部分组成，三点水和蜀，本义是指蜀水，也就是西北多泥沙的河流，水里面泥沙多，说明浑浊、不清澈。后来简化为现在的"浊"字。所以，我们可以追本溯源学习汉字。

②反义词体会词语：我们也可以通过找反义词来理解"浊"的意思，它的反义词是"清"。

③朗读体会词语：什么是缓缓呢？就是慢慢地。谁能通过朗读来表达你的理解？（生读，教师相机指导）

齐读句子。

板块三：方法练习，把握内容

1. 默读课文，找出与起因、经过、结果相关的段落

请同学们默读课文，找出与起因、经过、结果相关的段落，同时，记住文中的插图不可忽略哟，它可以帮助你理解课文。（出示要求，默读课文）

2. 小标题概括起因、经过、结果

（1）师生交流起因（板书标注1）

指名读，试用一句话或一个词语来概括。（板书：混沌一片）

我们知道了借助起因、经过、结果可以概括故事的主要内容，但在概括某一部分的时候，抓关键词句是非常好的方法。（板书：抓关键词句）

（2）小组讨论经过（板书标注 2～4 自然段）

经过其实可以分为两部分，一部分是_____，另一部分是_____，请同学们运用自己的智慧，去文中找一找。

学生寻找总结、小组讨论，班内汇报。（板书：开天辟地、顶天立地）

（3）师生交流结果（板书标注 5～6 自然段身化万物）

对呀，这就是文中说的，你找到了吗？（屏幕出示，齐读）

"伟大的巨人盘古，用它的整个身体创造了美丽的世界。"

3. 闯关游戏概括主要内容

我们抓关键词就理清了事情的起因、经过、结果，我们把这些词串起来就能知道主要内容。

进行闯关游戏，层层深入，练习概括主要内容。（相机指导）

第一关 填空说内容

很久很久以前_____（起因）

有一天，盘古醒来发现_____，

他拿起一把斧子_____，

天和地分开后，他怕_____（经过）

盘古倒下后，他的身体发生了巨大的变化_____（结果）

第二关 看小标题说内容（根据板书的关键词）

第三关 看图说内容（屏幕出示课本插图）

总结：我们知道了用起因、经过、结果去概括文章是一个非常好的方法，以后我们也要不断地练习，做到熟能生巧。

板块四：重点句段，感受神奇

还记得导读课中说的吗？"神话，永久的魅力，人类童年时代飞腾的幻想。"神话最主要的特点是它很——神奇。（板书：神奇）

1. 默读课文，勾画神奇

默读课文，找出文中你认为神奇的地方，用笔勾画下来，并和同桌交流。（出示要求，巡视）

2. 师生交流，分享神奇

提出要求：我们梳理了文章的起因、经过和结果，也就是理清了事情的发展顺序，正因如此，我们很快地了解了故事内容。下面，我们在交流的时候最好也按故事的顺序交流。谁来分享你认为的神奇之处？（交流）

段落重点内容预设：

（1）第一段（落在语言训练）

形容宇宙混沌时间之长，在盘古苏醒之前，什么也看不见，没有温暖的春风、没有明媚的阳光、没有……（生发挥想象说句子）

（2）第二段（落在读）

①盘古翻身坐起来"大鸡蛋"就裂了，拿起斧头劈过去，盘古简简单单、轻而易举地就将"大鸡蛋"劈开了，体现了巨人盘古自身拥有神奇的力量。

②找出神奇了，那你能读出神奇吗？教师指导朗读："轻而清"要轻读、"重而浊"要重读、"缓缓"和"慢慢"要放慢语速。从哪个词中，我们可以感受到盘古开天地的艰难？"缓缓、慢慢。"

（3）第三段（落在动作体会）

全体起立，想象自己就是盘古，我们一起来做做这个动作，谁来读读这段话？头怎样顶着天？脚怎样踏着地？（轻飘飘的？软绵绵的？）要读出力量。谁能更有力量？几个同学连续读，随着朗读声音发力、向上长。

（4）第四段（落在重点字词）

我们坚持了几分钟就有些累了，盘古坚持了多久？"一万八千年""又不知过了多少年"。这里也可以看出，盘古有着怎样的精神？坚持不懈、持之以恒。

①借助字形字义理解词语：这句话中有一个字用得特别好，是哪个字？（出示：盘古这个巍峨的巨人就像一根柱子，撑在天和地之间，不让它们重新合拢。）谁能说说为什么？"撑"字由哪两部分组成？掌，是五指张开的形状；提手旁，与手的动作有关，支持、托起。撑，就是用手掌托起。这个字充满了力量感。所以，我们可以借助字形字义，来学习生字。

②联系上下文理解词语："巍峨"。这个词常用来形容山。盘古就像一根柱子，撑在天地之间，身形高大，一定很有力量，像山一样耸立，也体现了盘古高大的形象。有时候，联系上下文理解词语也是很不错的方法。

（5）第五段（落在读）

是啊，这就是神奇之处。即使倒下，盘古也没有停止创造世界。怎么才能把这一部分读好呢？哪些语句要轻柔一点？哪些要充满力量？（屏幕出示诗歌形式，相机指导，同桌互读、男女对读、师生共读）

板块五：感悟形象，学习写法

1. 将课文与文言文版本对比，再次感受神话的神奇

盘古开天地的故事，最早见于《三五历纪》，我们来读一读。（自由读、齐读）

屏幕出示：天地混沌如鸡子，盘古生其中。万八千岁，天地开辟，阳清为天，阴浊为地。盘古在其中，一日九变，神于天，圣于地。天日高一丈，地日厚一丈，盘古日长

（zhǎng）一丈，如此万八千岁。天数极高，地数极深，盘古极长（cháng）。

对比课文内容，两者有什么不同？（生思考回答）——没有化为万物。

从而体会神话的神奇魅力。

2. 发挥想象说句子，感悟盘古甘于奉献的人物形象

除了课文中写到的，盘古身体的其他部分还可能变成什么？（屏幕出示句式格式，生发挥想象回答）

感悟神话不仅神奇，更加体现了盘古勇于献身、甘于奉献的人物形象。（板书：勇于献身、甘于奉献）

3. 与文言文对比，感受课文生动的写法

对比课文和文言文，体会课文是怎么把故事写生动的。

引导学生发现课文情节更加丰富，内容书写更加细致。起因、经过、结果顺序分明，动词、形容词等运用合理，充分发挥了想象，突出了人物形象。

板块六：总结方法，指明运用

读《精卫填海》，总结方法，为后文的学习做铺垫。

屏幕出示：炎帝之少女，名曰女娃。女娃游于东海，溺而不返，故为精卫，常衔西山之木石，以堙于东海。（齐读）

这个故事是？——《精卫填海》。这也是一篇文言文，希望同学们学习的时候也能展开想象的翅膀，通过想象事情的起因、经过、结果来丰富情节，通过想象人物的动作、语言来展现人物的品质，让故事更丰富、更神奇！

板块七：课时小结，阅读延续

我们学习了用事情的起因、经过、结果概括主要内容的方法，感受到了神话的神奇魅力，相信通过后面的课文和这本书（屏幕出示《中国古代神话》），大家不仅能更深刻地领略神话的魅力，还能感受我们中华民族的风骨，感受我们的民族精神！

《芙蓉楼送辛渐》教学设计

李宁

教材解读

《芙蓉楼送辛渐》是统编版语文教材四年级下册第七单元《古诗三首》中的第一首古诗。这首诗，不仅蕴含离情别意，而且彰显了诗人王昌龄洁身自好的精神品格，契合单元主题"人物品质"。三年级上册第八单元，学生已经接触过"美好品质"这一主题。本篇课文引导学生感受诗歌中表现的精神品格，在深化对美好品质认知的同时，丰厚对诗歌内涵的理解。四年级上学期，学生学过王昌龄的《出塞》，体会到了其中蕴含的家国情怀，本课的学习将会增加学生对这位诗人的认知。

四年级的学生已经初步掌握借助注释、想象画面等学习古诗的方法。本课的学习承接上面的基础，重在引导学生抓住关键字词，联系诗人的人生际遇，体会诗句所表达的情感，感受诗人的精神品格，从而为高年级品读诗句以及借助相关资料体会诗句的情感打下基础。

教学目标

1. 有感情地朗读古诗，背诵、默写古诗
2. 理解诗句的意思。引导学生用抓关键字词，联系诗人的身世际遇的方法，体会诗中蕴含的情感，感受诗人的品格

教学重难点

引导学生用抓关键字词，联系诗人的身世际遇的方法，体会诗中蕴含的情感，感受诗人的品格。

教学过程

板块一：回顾《出塞》，谈话引入

1. 回顾四年级上册学过的古诗《出塞》

请学生说说从《出塞》中看到了一个怎样的王昌龄。

2. 谈话引入教学内容

师：一首《出塞》让我们认识了拥有家国情怀的王昌龄。这节课，让我们再走进他的另外一首佳作——《芙蓉楼送辛渐》，看看在这首诗的背后又蕴含着这位诗人怎样的品格。

板块二：朗读古诗，理解诗意

1. 朗读古诗

（1）学生自由练读，注意读准字音，读通句子

（2）指名朗读，教师结合学生朗读情况适时纠正字音

重点引导学生关注"洛""壶""平明"的读音

（3）出示朗读停顿，师生合作读出诗的节奏，诗的韵味

2. 理解诗意

（1）学生默读古诗，借助注释理解诗句的大意

（2）交流诗意，教师适时评价、点拨

重点点拨以下几处：

①寒雨连江夜入吴

引导学生了解什么是"寒雨"？想象雨雾迷蒙、水天相连的景象。

点拨"调整语序"这种理解诗意的方法。

②一片冰心在玉壶

补充"冰心玉壶"的含义：古人常以"冰心玉壶"来比喻高洁的品格。

板块三：紧扣字词，体会诗情

1. 粗知诗情

请学生默读古诗，找到最触动自己的字、词，想一想体会到了怎样的感情？

2. 集体交流，教师紧扣"寒""孤""冰心"引导学生体会诗中蕴含的感情，并指导朗读

（1）品"寒"悟情

预设：学生会紧扣"寒"体会到王昌龄与好友分别时的悲伤。

点拨：这雨弥漫在江天，还弥漫在谁的心里？

（2）品"孤"悟情

学生可能会紧扣"楚山孤"理解王昌龄因与好友分别看到孤峙的楚山而触景生情，感到孤独。

点拨：一切景语皆情语。王昌龄把对好友的不舍与牵挂寄托在了孤峙的楚山。谁能读出王昌龄那颗依依不舍的心？

出示：寒雨连江夜入吴，平明送客楚山孤。

· 187 ·

学生朗读，教师相机进行指导评价。

（3）品"冰心"悟情

预设：学生可能会联系"冰心"的内涵，体会王昌龄想表白自己做高洁之人的志向。

点拨：联系关键词语的内涵，你读懂了诗人表达的另一番的情感，真会学习。

3. 观看微课，了解诗人的身世际遇，深入体会诗人孤苦、孤傲的内心

课件播放有关王昌龄人生际遇的微课。

观看微课之后，请学生结合诗句再谈谈自己对诗人情感更深入的体会。教师结合学生谈话引导学生体会诗人的苦闷与孤傲的风骨。

①苦闷

引导学生结合前两句诗以及微课中诗人"屡遭贬斥、谤议沸腾"的经历，体会王昌龄痛苦的心情。

②孤傲

引导学生结合后两句诗联系诗人坎坷的经历，体会王昌龄的坚强，感受他面对权贵的排挤不谄媚，面对他人的流言恶语不低头的孤傲风骨。

板块四：情境朗读，升华情感

1. 配乐创设情境朗读后两句诗

出示：洛阳亲友如相问，一片冰心在玉壶。

师：饮下最后一杯送别的酒，辛渐就要远行。孩子们，此时，你就是王昌龄。遥望着洛阳的方向，屡遭贬斥的你，脱口而吟——

身处流言交恶之中，遭受谤议沸腾的你，告诉世人——

一叶扁舟带去的不只离愁别恨，万顷波涛带走的是你高洁的心灵——

2. 总结学法

师：这节课，我们抓住关键字词，联系诗人的身世际遇，走近了一位伟大的诗人王昌龄，体会到了他与好友分别时的孤独，屡遭贬斥、谤议沸腾时的孤苦，更体会到了他蕴藏在"一片冰心在玉壶"中的高洁风骨。抓住关键字词，联系诗人的身世际遇，是我们体会诗词情感，感受诗人精神品质的好方法。课下，让我们运用这样的方法走近更多的诗，认识更多伟大的诗人！

《山居秋暝》教学设计

王颖

教材解读

《山居秋暝》是统编教材五年级上册第七单元《古诗词三首》中的第一首。这一单元的单元主题是"自然之趣",语文阅读要素是"初步体会课文中的静态描写和动态描写"。这是教材第一次以单元编排的方式对学生进行专门的文学品鉴能力的培养。三年级下册第一单元,教材提出试着一边读一边想象画面,四年级上册第一单元变为一边读一边想象画面。而到五年级下册第七单元则是体会静态描写和动态描写的表达效果。这体现出教材的层次性和连续性,对学生是一个由浅到深、由表及里的训练和引导过程。

本课承担的教学任务是学会区分哪些是静态描写和动态描写。借助注释,体会诗句中的静态描写和动态描写,想象诗词描绘的景象。

教学目标

1. 通过有感情地朗读古诗,感受古诗描绘的意境
2. 学习通过抓关键词,想象诗句描绘景象的方法
3. 初步体会诗中的静态描写和动态描写

教学重难点

1. 学习通过抓关键词想象诗句描绘景象的方法
2. 初步体会课文中的静态描写和动态描写

教学过程

板块一:由诗人引入

唐代是诗的国度,涌现出很多有名的大诗人。我来说一位,请你猜猜他是谁?

他是个大书法家、大画家、著名的音乐家,他是山水田园派诗人,被称为诗佛,他是——王维。

今天这节课，我们就来学习王维的《山居秋暝》。

板块二：理解诗题

1. 齐读诗题

2. 通过读诗题，你知道了什么？重点讲解"暝"字

3. 总结

把诗题弄明白了，我们基本上就知道这首诗所描写的内容了，解诗题是学习古诗的一种好方法。

板块三：反复诵读

1. 自由读

2. 指名读，纠正字音，强调"浣"的读音

讲解："浣"是形声字。从水，完声。本义是洗衣服。诗中的词语"浣女"就是洗衣服的女子。我国古代有一个著名的浣女——西施，她是我国古代四大美女之一，在我国一直流传着西施浣纱的故事。由这个故事，衍生出来一个词牌名，就是"浣溪沙"，最著名的词要数晏殊的《浣溪沙》。

这是一首五言律诗，读时要做到"二三停顿"。

3. 再次指名读

4. 总结

俗话说"读书百遍，其义自见"，有些诗，我们反复诵读，就会明白其意思。所以，同学们在读文学诗时，记得反复诵读。

板块四：理解诗意

1. 小组内交流诗意

2. 全班交流

3. 学生个别交流

板块五：体会静态描写和动态描写

1. PPT出示"空山新雨后，天气晚来秋"

（1）齐读句子

（2）谈读后感受

（3）指名读句子

2. PPT出示"明月松间照，清泉石上流"

（1）在这句话中你看到了什么？听到了什么？

预设：我看到了皎洁的月光照在松林中间，听到了清泉哗哗地流动……

（2）说说哪里是静态描写，哪里是动态描写？

①会区分诗句中的静态描写和动态描写

静态描写：明月松间照

动态描写：清泉石上流

②总结方法

板书：明晓动静

③指导朗读

"明月松间照"，静态描写的句子，读得轻缓一些，犹如美景就在眼前；

"清泉石上流"，动态描写的句子，读得活泼一些，让人感受到动态场景。

④老师范读、指名读、齐读

3.PPT出示"竹喧归浣女"

（1）你觉得这半句话是动态描写还是静态描写？从哪个词看出来的？

（2）通过这些词，你脑海中出现了怎样的景象？

预设：我仿佛看到在一片竹林里，一群洗衣物的女子说笑着走来的情景。

（3）指名读

（4）老师描绘画面

竹林里传来一阵银铃般的笑声，那是一群少女刚洗完衣服，披着月光笑盈盈地归来了，说笑声在竹林间回荡。

4.PPT出示"莲动下渔舟"

（1）学生仿说诗句情景

亭亭玉立的荷叶纷纷倒向两旁，莲花摇动，水波荡漾，那是顺流而下的渔舟划破了荷塘月色的宁静。

总结：你的描述让我们感受到了美好的意境。（板书：感受意境）

（2）发挥想象，会是谁从渔舟上下来呢？

预设：

采莲女：提着裙角轻盈地下，该怎样读这句话呢？——轻柔

采莲的小孩儿：贪玩的孩子采莲回来，该怎样读？——欢快

渔夫：渔夫满载而归，那个喜悦啊！该怎样读？——愉悦

总结：这一"归"一"下"两个动词，就让这画面由静变动了，透过诗句，我们看到了晚归的人们那份潇洒、那份惬意，愉悦之情跃然纸上，出现在我们的脑海里。

（3）指名读、齐读

5.体会动静结合的方法

山林空旷幽静，所以浣女们聊天的声音在诗人王维的耳中是那么清晰可辨，这是以动衬静的写法，让静变得更静。

板书：以动衬静

王维很擅长运用以动衬静的写法，例如《鸟鸣涧》《鹿柴》这两首诗。（PPT 出示《鸟鸣涧》《鹿柴》）

让我们一起感受一下诗句带给我们的那份静谧！

7. PPT 出示"随意春芳歇，王孙自可留"

正所谓"一切景语皆情语"，所有的古诗都是借景抒情的，诗中表达的是王维怎样的一份情感呢？

（1）指名读诗句

（2）出示《楚辞》名句

"王孙兮归来，山中兮不可久留"，这句话被王维反用，他愿意留下来，仅仅是因为山中的景、山中的人、山中的生活吗？

（3）微课介绍王维

来看一段有关王维的微课介绍。我们在读诗想象画面时，相信同学们也感受到了诗人那份寄情山水田园，对隐居生活怡然自得的心情。

板块六：背诵古诗

1. 总结

寄情闲云野鹤，悠游山水田园，在中国古典山水诗歌中，总蕴含着一种淡泊宁静，与自然相亲相拥的生活之美。这种美便是诗人通过动态描写和静态描写表现出来的。

2. 齐背整首诗

《军神》教学设计

唱晓旭

教材解读

《军神》是统编教材五年级下册第四单元的一篇精讲课文。这一单元的主题是"家国责任",语文阅读要素是"通过课文中动作、语言、神态的描写体会人物的内心"。从三年级的"抓住关键词句体会句子含义"到四年级时的"通过人物的动作、语言、神态体会人物心情、感受人物品质",再到五年级的"通过课文中动作、语言、神态的描写体会人物的内心",充分体现了统编版教材阅读方法由浅入深、阅读策略由易到难的整体性、梯度性。作为本单元的第二篇精读课文,本课的教学既要继续夯实学生"通过课文中动作、语言、神态的描写体会人物的内心"的掌握,又要进一步学习"通过侧面烘托体会人物内心、感受人物品质"的阅读方法。

教学目标

1. 有感情地朗读课文
2. 从动作、语言、神态描写体会人物的内心
3. 理解侧面烘托的作用,体会刘伯承的坚强意志,进一步感受单元主题"家国责任"

教学重难点

1. 从动作、语言、神态描写体会人物的内心
2. 理解侧面烘托的作用,体会刘伯承的坚强意志,进一步感受单元主题"家国责任"

教学过程

板块一:预习开篇,初识刘伯承

1. 谈话导入、引入课题

教师板书课题"军神",并提问:"军神是谁?"学生:"刘伯承。"

根据准备的资料,用自己的话说一说,你了解的有关刘伯承的事迹。学生依次发言,

讲述刘伯承的生平和事迹。

2. 出示背景、师生合作朗读

（师）让我们把时间定格在1916年，在反对袁世凯称帝的护国战争中，刘伯承率领的护国军攻占四川丰都城时，（生）他身先士卒，带头冲锋。当他掉头招呼一个落在后面的士兵时，却不幸被一颗敌弹射中，子弹从颅顶射入，从右眼眶飞出，血流如注，他当即昏厥倒地。后来，刘伯承被群众所救，来到了重庆临江门外的一个德国人开设的诊所里……

3. 明确目标、找准相关句子

出示课后题第二题：沃克医生是怎么发现刘伯承是军人的？后来为什么称他为"军神"？

学生快速地默读课文定位关键句子并分享交流。

4. 抓关键词、体会准确的表达

师：我们要想更好地品味到人物的内心，光有句子不行，还要找关键词。

①他愣住了，蓝色的眼睛里闪出一丝惊疑。

思考：沃克医生愣住了，为什么沃克医生会愣住？

"惊疑"换成"怀疑"行不行？"惊"的是什么？"疑"的是什么？联系上下文来体会。

②他重新审视着眼前这个人，冷冷地问："你是干什么的？"

思考："审视"是什么意思？能不能换成"端详"？

板块二：品读课文，走进人物内心

1. 联系上下文，走进人物内心

师：沃克医生先是看见伤势重，他愣住了，心中一惊，就产生了怀疑。然后他重新审视着眼前这个人。结合下面的文章，此时此刻，他心中是否有了自己的想法？

沃克医生通过刘伯承的镇定看出他是个军人，沃克医生还从哪里知道刘伯承是军人呢？请从文中勾画出来。

①病人微微一笑，说："沃克医生，你说我是军人，我就是军人吧。"

他是在什么情况下"微微一笑"？是在忍着疼痛的情况下，是在沃克医生发现他是个军人的情况下。齐读刘伯承的语言。

沃克医生的心里发生了一系列复杂的变化，同时，他的神态也发生了变化——"冷冷地问"。找出文中两处"冷冷地问"，对比分析。

②他重新审视着眼前这个人，冷冷地问："你是干什么的？"

这里暗示沃克医生对刘伯承向自己隐瞒身份的不满。

③他头也不抬，冷冷地问："你叫什么名字？"

这里表现的是沃克医生问诊时的冷漠。

师：沃克医生一直是这样冷冷地，冷下去吗？ 生：目光柔和了。

师点拨：通过找课文中描写人物动作、语言、神态的句子，抓关键词，联系上下文，体会沃克医生问诊过程中一系列心理变化和态度的转变。

2. 体会情感、品读人物情感

师：我们走进人物内心，才能感受人物的心理，读出恰当的语气。请你朗读7～11自然段，注意抓住提示语中的关键词体会人物的内心，读出语气。

师生共读7～11自然段。

师：按照我们刚才学习的方法，找一找为什么沃克医生称刘伯承是"军神"？

①沃克医生，眼睛离脑子太近，我担心施行麻醉会影响脑神经。而我，今后需要一个非常清醒的大脑。

②病人脸色苍白。他勉力一笑，说："我一直在数你的刀数。"

沃克医生吓了一跳，不相信地问："我割了多少刀？"

"七十二刀。"

沃克医生惊呆了，大声嚷道："你是一个真正的男子汉，一块会说话的钢板！你堪称军神！"

③手术台上，一向从容镇定的沃克医生，这次双手却有些颤抖。他额上汗珠滚滚，护士帮他擦了一次又一次。最后他忍不住开口对病人说："你挺不住可以哼叫。"

课件出示：病人一声不吭，他双手紧紧抓住身下的白床单，手背青筋暴起，汗如雨下。他越来越使劲，崭新的白床单居然被抓破了。

抓住"青筋暴起"感受到刘伯承的坚强和镇定。"汗如雨下"说明刘伯承在坚持，在数着医生的刀数。

板块三：对比阅读，深化主题兼要素

出示：没有删减的原文，沃克医生为刘伯承做手术的过程。

手术开始后，沃克医生聚精会神地用锋利的手术刀先将腐肉割去，然后将破碎的眼球挖掉，然后再将断裂的血管缝好……在长长的三个小时的手术中，刘伯承始终未呻吟一声。

师补充：事实上，刘伯承眼部的手术共经历了两次。第一次只是把眼球摘掉，时间比较短，没有打麻药，但是刀刀割肉，切肤之痛是可以感受到的，第二次就是我们看到的这场手术。两次手术，刘伯承都知道将要承受的痛苦，而且知道这痛苦将长达三个小时。这个痛苦是漫长的，是极其难以忍受的。他说他不用麻药，为什么呢？

生：因为日后需要指挥作战，他需要一个清醒的大脑。

背景过渡：当时袁世凯想称帝。国内有军阀混战，国外有帝国在虎视眈眈，国家风雨飘摇，民不聊生。在这样的情况下，刘伯承作为军人，作为川东的将领，他需要有军事头脑，需要一个清醒的大脑。这名24岁的青年，将救国家于危难，救人民于水火，他将这份沉甸甸的责任扛在了自己的肩头。他当时一定会想起林则徐的那句话——

苟利国家生死以，岂因祸福避趋之。

师生合作朗读：

手术开始后，沃克医生聚精会神地用锋利的手术刀先将腐肉割去，然后将破碎的眼球挖掉，再将断裂的血管缝好。病人一声不吭，他双手紧紧抓住身下的白床单，手背青筋暴起，汗如雨下。病人越来越使劲，崭新的白床单居然被抓破了。

在长长的三个小时的手术中，刘伯承始终未呻吟一声。

师：所以当手术结束后，沃克医生惊呆了。大声嚷道：——

生：你是一个真正的男子汉，一块会说话的钢板！你堪称军神！

板块四：回归课文，点拨正侧描写方法

师：本文的主角是刘伯承，如果我们写作文的话，写刘伯承是不是着笔墨多一些？请你快速浏览课文，写谁写得多呢？为什么？

沃克医生的侧面描写，是为了烘托和渲染刘伯承的高大形象。

请大家看课后第四题：从课文中找出对沃克医生动作、语言、神态的描写，体会他的心理变化，再以他的口吻讲一讲这个故事。

课件出示建议：人物可以选择不同的年龄，书中的沃克医生大概是中年，你可以以中年沃克医生的口吻来讲述；也可以以暮年的沃克医生的口吻，以回忆的形式，讲述这个故事。我们要通过对沃克医生动作、语言、神态的描写，体会他的心理变化。

难度升级：一个人分饰三个角色，旁白、沃克、刘伯承。把三个不同的角色读出来，同桌交流。

板块五：复读课文，教师总结再提升

学生读课文，回顾板书。

板书设计：

语文要素：通过课文中动作、语言、神态的描写体会人物内心

单元主题：家国责任

军神

刘伯承　坚强的意志

沃克医生　人物内心的变化：冷冷　柔和　敬佩

衬托

侧面描写

找关键词、抓关键句、

联系上下文、体会人物内心

《伯牙鼓琴》教学设计

李宁

教材解读

《伯牙鼓琴》是统编版六年级上册语文教材第七单元的首篇课文。它从音乐的角度契合单元主题——艺术之美。"借助语言文字展开想象,感受艺术之美"是本单元的训练点。这一训练点在本册教材乃至整套教材中都起着重要的作用。从整套教材看,它是在低年级"展开想象,获得初步的情感体验""根据课文内容,展开想象",中年级"感受想象的神奇""边读边想象画面"这些训练基础上的提升。从本册教材看,它与第一单元的训练点"阅读时能从所读的内容想开去"相辅相成,是对第一单元学到的展开想象方法的细化和运用。作为单元的首篇课文,它将从借助关键词句,联系文本的空白点展开想象的角度渗透想象的方法,进而加强学生对文本的认知。

教学目标

1. 正确、流利、有感情地朗读课文
2. 结合相关资料,借助关键词句,联系文本空白点展开想象,感受文中蕴含的知音文化,艺术之美,激发民族自豪感

教学重难点

结合相关资料,借助关键词句,联系文本空白点展开想象,感受文中蕴含的知音文化,艺术之美

教学过程

板块一:揭示课题,引入新课

1. 听《高山流水》引入课题

师:还记得第七单元的单元主题吗?(艺术之美)这节课就让我们伴随着一首乐曲开始艺术的旅程。你们听。

课件播放古琴曲《高山流水》。

师：知道这首曲子的名字吗？它叫《高山流水》。（板书：高山流水）

说到这首曲子，它和一个故事有很深的渊源。来，读读这个故事的名字。

2.齐读课题，紧扣"鼓"字，点拨题目的意思

（1）理解"鼓琴"

（2）联系《将相和》中"秦王让赵王鼓瑟"一句，了解在古文中，"鼓"有"弹"的意思

板块二：初读课文，了解大意

1.指导学生将课文读正确、读流利

（1）教师范读课文

（2）出示朗读停顿，学生练读

（3）聚焦难读的句子

引导学生依据词意读准"少选""汤汤乎"的字音，点拨"以意定音"的学习方法。指导学生读准最后一句的停顿。

（4）出示带有朗读节奏的课文，指名朗读全文

（5）出示去掉朗读节奏的课文，齐读课文

2.交流课文的大意

（1）学生借助注释理解文章大意

（2）逐句交流大意

结合学生所谈点拨：古文言简意赅，以简为美，往往一个字就是一个意思，解释的时候要逐字翻译。

（3）重点点拨最后一句话的意思

学生有可能对"破琴绝弦"有不同的理解，教师结合学生谈话点拨冯梦龙在《俞伯牙摔琴谢知音》这部小说里对"破琴绝弦"的描述。进而，引导学生了解，无论是摔坏割断还是砸碎剪断，"破琴绝弦"都是说损坏了琴，断了琴弦。

在此基础上，请学生再说一说这句话的意思。

3.齐读课文最后一句话

板块三：研读文本，懂琴声

1.以课文最后一句话为引，激发学生思考：伯牙为何"以为世无足复为鼓琴者"？

2.以交流"伯牙为何以为世无足复为鼓琴者？"为契机，聚焦课文第二、三句话，体会"知音"的字面意思"懂琴声"

（1）结合学生谈话，紧扣"方鼓琴""少选之间""善哉乎"等关键词体会锺子期听懂了伯牙的琴声

二　教学设计

在交流过程中，教师相机指导学生朗读。

①学生可能结合"志在太山""巍巍乎若太山""志在流水""汤汤乎若流水"谈及钟子期听懂了伯牙的琴声。

教师相机引导学生紧扣"巍巍乎""汤汤乎"想象：仿佛看到了怎样的太山，怎样的流水，进而读出自己的感受。在此基础上点拨"展开想象"的学习方法。

②学生可能结合"方鼓琴""少选之间"谈及钟子期很快听懂了伯牙的琴声。教师相机点拨：能这么迅速地听懂伯牙的琴声，难怪值得伯牙为之弹琴呀！

③学生可能结合"善哉乎"谈及钟子期不仅听懂了伯牙的琴声，还发出赞叹。教师相机引导学生朗读相关语句，读出这由衷的赞叹。

（2）朗读课文第二、三句，引入下一环节的教学

①师生合作朗读课文第二、三句。

②引入后续学习。

师：从朗读中听得出来，你们和钟子期一样，听懂了伯牙的琴声。然而，钟子期听懂的仅仅是伯牙的琴声吗？

板块四：微课延展，知志向

1. 聚焦"志"之意，引发对伯牙志向的思考

师：请大家关注这个字"志"。（板书：志）

"志"在这里指的是——（心志，情志）那是心所牵，情所系的志向。

钟子期听懂了伯牙的什么志向？让我们通过一段微课了解一下。

2. 观看微课，了解山水在传统文化中的象征意义，理解伯牙之"志"

课件播放有关山水在传统文化中的象征意义的微课。

3. 交流：钟子期听懂了伯牙的什么志向？

4. 探究：钟子期怎么会听懂伯牙的志向？

教师结合学生谈话相机进行点拨：

（1）学生可能谈到钟子期音乐造诣高，教师适时补充有关钟子期的身世考证

（2）"志向相投"学生不容易谈及，教师适时板书"朋友"的象形字并点拨字义，渗透志向相投的人才能成为"友"，才能读懂彼此的志向

5. 感情朗读，体会伯牙、子期二人志趣相投，理解知音的内涵

师：伯牙鼓琴，志在太山，琴声中反映的是他和钟子期共同的——

出示：

巍巍乎若太山之志。（学生朗读）

师：少选之间，而志在流水，钟子期赞叹的是他和伯牙共同的——

出示：

汤汤乎若流水之志。（学生朗读）

师：看来，知音实乃知志也。像这样，知心、知志，这样真正了解自己的人就是——知音。（教师随讲述板书：知音　知心　知志）这首让伯牙和锺子期相识相知的曲子就是《高山流水》。

板块五：想象补白，感绝弦

1. 创设情境，感受伯牙之悲痛

师：据说，这次高山流水的知音相遇，让伯牙和锺子期一见如故，相见恨晚。他们约定第二年中秋再来相会。月圆之日，团圆之时，当伯牙兴冲冲地赶来，与子期相见，可是，面对的却是钟子期冰冷的墓碑。伯牙再次弹起了那首让两人相识相知的《高山流水》。伯牙鼓琴志在太山，却无人和——

出示：

善哉乎鼓琴，巍巍乎若太山。（学生朗读）

师：志在流水，再无人和——

出示：

善哉乎鼓琴，汤汤乎若流水。（学生朗读）

2. 感受伯牙之决绝

师：无人来和，也无人能和呀！于是——

出示：

伯牙破琴绝弦，终身不复鼓琴，以为世无足复为鼓琴者。（学生朗读）

3. 出示课文填空，师生合作朗读

师：破琴之日，绝弦之时，留给伯牙的是无尽的决绝，是对子期无尽的怀念！

出示：

伯牙鼓琴，_____。方鼓琴____，锺子期曰："____，_____。"少选之间_____，锺子期又曰："___，_____。"锺子期死，____，终身_____，_____。

板块六：了解影响，明传承

1. 借助课后资料袋中内容以及补充的相关资料，了解这个故事在我国的文化传承

（1）出示资料袋中部分内容，请学生朗读

出示：

关于伯牙、锺子期成为知音的传说，《吕氏春秋》《列子》等古书均有记载，也流传于民间。明代小说家冯梦龙根据这个故事创作了小说《俞伯牙摔琴谢知音》。

由于这个传说，人们把真正了解自己的人叫作"知音"，用"高山流水"比喻知音难觅或乐曲高妙。

（2）师生合作朗读与伯牙、锺子期传说相关的诗句

2. 了解《伯牙鼓琴》在海外的影响

出示《伯牙鼓琴》在日本、法国等地区的影响，请学生朗读。

板块七：课堂总结，升华情感

师：这节课，我们了解了一首乐曲——《高山流水》，走进了一段知音佳话——《伯牙鼓琴》，领略了蕴含在乐曲背后、故事背后的——知音文化。这就是音乐的魅力，艺术的魅力。艺术的魅力还有很多很多……让我们伴着今后的学习，继续走进艺术的殿堂，感受艺术之美。

《家乡的风俗》教学设计

张翠月

教材解读

《家长的风俗》是统编教材六年级下册第一单元的一篇习作。这一单元的主题是"民风民俗",语文要素是"分清内容的主次,体会作者是如何详写主要部分的"。从三年级的"试着围绕一个意思写",到四年级时的"了解作者是怎样把事情写清楚的",再到五年级的"把重点部分写具体"。这是在学生已经学习过的表达要素基础上进行的延伸,充分体现了统编版教材习作由易到难的整体性、梯度性。本课的教学紧密结合本单元的人文主题,引导学生从阅读走进生活,学生能够根据自己表达的需要确定习作的重点内容,体现了从阅读到表达的有序过渡。

教学目标

1. 能介绍一种风俗或写自己参加一次风俗活动的经历
2. 能根据表达的需要,抓住重点来写

教学重点

借鉴本单元课文描写风俗的方法,抓住主要特点介绍一种风俗

教学难点

1. 分清详略,学会抓住特点介绍家乡的风俗的方法
2. 能根据表达的需要,抓住重点来写

教学过程

板块一:回顾旧知,导入新课

1. 回顾单元主题

师:同学们,你们还记得本单元的主题是什么吗?

2. 导入新课

从《北京的春节》《腊八粥》《古诗三首》《藏戏》中，又了解到了哪些民风民俗？今天习作的内容也是跟单元主题有关，介绍家乡的风俗。（板书：家乡的风俗）

板块二：明确内容，交流分享

1. 出示习作内容，明确习作内容

课件出示习作内容，学生勾画习作内容。

学生汇报：习作包括两个方面的内容，一是请你介绍一种风俗；二是写一写你参加一次风俗活动的经历。

2. 班内交流搜集的资料

师：课前有的同学已经查阅了资料，深入了解了家乡的一种风俗，下面我们一起来交流一下搜集到的资料吧！

先小组内交流分享再班内交流。

板块三：补充风俗，打开思路

其实在我们生活中还有很多这样的风俗习惯。

（课件出示：抓周习俗和嫁娶习俗）

1. 抓周习俗，具有家庭游戏性质

"抓周"的仪式一般都在宝宝周岁的那一天，吃中午那顿"长寿面"之前进行。抓周前要给宝宝梳洗干净，换上新衣服，大人将孩子抱于事先安排好的物品前，然后由孩子在众多的物品中自主挑选。抓周时大人不予干涉，并根据孩子先抓之物与后抓之物来预测孩子未来的志趣、前途及职业等。

2. 嫁娶习俗

板块四：结合例文，指导写法

1. 学习写"介绍家乡的一种风俗"

（1）回顾《北京的春节》一课写法

通过老师和同学们的介绍，相信大家也想介绍自己家乡的风俗，我们怎样向同学们介绍呢？让我们一起回顾《北京的春节》这篇课文，看看作者老舍先生是如何介绍北京的春节风俗的？

①学生自由发言

②学生总结写法

从不同时间节点的不同风俗习惯，向我们介绍了北京的春节，其实细细来看，这些风俗习惯就是从不同的方面进行着介绍。

这篇课文内容写得有详有略。

③明确这样写的原因

师：作者为什么这样介绍呢？

腊八、腊月二十三、除夕、正月初一、正月十五这几天写得详细，其他的日子则一笔带过，写得很简略。这样写是因为《北京的春节》讲的是当年北京地区过春节的独特风俗，那最能表现北京独特习俗就是这几天，这几天是春节的高潮，其他的日子，有些相似就简写了。

（2）学习例文写法（根据作者想要表达的主要意思决定重点）

师：回顾了从不同方面介绍家乡风俗习惯，内容上有详有略的写法后，让我们再来阅读一位同学的例文。仔细读一读这篇文章，看看文章的小作者通过哪几个方面向我们介绍了家乡的风俗？重点写了什么呢？（出示例文）

①班内交流

第一自然段介绍了清明节的活动，第二自然段介绍了有关清明节的传说，第三自然段介绍了清明节扫墓风俗的内容。这篇文章重点介绍了清明节扫墓风俗的内容。

②教师进行补充

这篇文章重点介绍了清明节扫墓风俗的内容，就是想让我们了解这种风俗。其实如果你想突出这种风俗的历史底蕴，你也可以重点介绍它的由来，如果你的主要目的是想要大家对这种风俗有更深入的认识，你就可以重点来介绍它的文化内涵。也就是说，我们围绕自己想要表达的主要意思来确定重点内容。

③学习"确定重点，写出特点"写法

出示句子：

将食物供祭在亲人墓前，为坟墓培上新土，折新枝插在坟上，吃掉酒食回家。

师：作者为什么要写扫墓的过程？学生班内交流。

总结：作者是抓住了清明节扫墓的特点来写的，这样写出来的文章，详略安排得当，中心突出，给人留下深刻的印象。

2. 学习写"参加一次风俗活动的经历"

（1）课件出示例文：清明节

（2）对比写的重点内容的不同

师：两位同学写的全是清明节扫墓的内容，两位小作者写作的重点有什么不同呢？

班内交流，教师适时引导。

（3）师补充写法

第二个小作者把重点放在了描写扫墓的经历和感受，作者是写参加一次活动的经历，然后按照时间、人员、地点、具体过程、感受这样的顺序来写的。我们在写文章的时候，也要按照一定的顺序来写。他略写了这种风俗的寓意，用"我查资料得知"这样的过渡语穿插在文中，这样的过渡巧妙，文章上下衔接自然。在习作的时候，你不妨也来试一试这样的过渡语吧！

板块五：梳理思路，回顾写法

1. 回顾写法

师：通过刚才的学习，相信你已经学会了如何来写家乡的风俗，让我们一起再来回顾一下吧！

2. 学生总结

如果想介绍一种风俗，就要从不同的方面来进行介绍，内容上要有详有略，重点是根据你想要表达的主要意思来决定，抓住了重点，还要写出特点；如果你想写参加一次风俗活动的经历，那么重点就要描写活动现场的情况和自身的感受，同时，要按照一定的顺序来写，略写的部分呢，可以巧妙运用过渡语。

板块六：自拟提纲，条理清晰

通过刚才的学习，你是否也跃跃欲试，想要介绍你家乡的风俗了呢？你可以尝试着用这个表格梳理一个家乡独特的风俗，填写后还可以学着例文的样子写一写你的家乡风俗。

形式一：表格

风俗	习作内容	详略安排
	由来	
	活动形式	
	寓意	
	实际体验	
	……	

形式二：画思维导图

板块七：学生习作，修改完善

学生自由习作，写好以后和同学分享，根据同学的意见进行修改完善，然后将全班同学的习作集中在一起，编成一本民俗作品集。